新媒体文案写作

主　审　程书强
主　编　张馨予　潘　峰
副主编　曹　娣　范　坤　吴红阳　闫亚飞　魏　梅
参　编　郑明珠　赵远青　冯　枫　王　刚

北京理工大学出版社
BEIJING INSTITUTE OF TECHNOLOGY PRESS

版权专有　侵权必究

图书在版编目（CIP）数据

新媒体文案写作 / 张馨予, 潘峰主编. -- 北京：
北京理工大学出版社, 2024.7.
ISBN 978-7-5763-4338-0

Ⅰ. G206.2

中国国家版本馆 CIP 数据核字第 2024Y5949A 号

责任编辑：徐艳君　　　　**文案编辑**：徐艳君
责任校对：周瑞红　　　　**责任印制**：施胜娟

出版发行 /	北京理工大学出版社有限责任公司
社　　址 /	北京市丰台区四合庄路 6 号
邮　　编 /	100070
电　　话 /	（010）68914026（教材售后服务热线）
	（010）68944437（课件资源服务热线）
网　　址 /	http://www.bitpress.com.cn
版 印 次 /	2024 年 7 月第 1 版第 1 次印刷
印　　刷 /	北京广达印刷有限公司
开　　本 /	787 mm×1092 mm　1/16
印　　张 /	16.75
字　　数 /	324 千字
定　　价 /	88.00 元

图书出现印装质量问题，请拨打售后服务热线，负责调换

前　言

数字化时代，传统媒体受到了来自新媒体的冲击。新媒体以其即时性与交互性、多媒体化、个性与细分化、开放与共享化等优势，为信息的传播提供了更广阔的平台。其中，新媒体文案扮演着越来越重要的角色，成为数字化时代企业宣传和营销的重要手段，新媒体文案写作也成为新媒体时代重要的职场技能。

党的二十大报告提出，要增强中华文明传播力影响力，坚守中华文化立场，讲好中国故事、传播好中国声音，展现可信、可爱、可敬的中国形象，推动中华文化更好走向世界。如何进行个性化、优质化的言语表达，通过数字媒体平台，如微博、微信、贴吧等途径建立与消费者的联系，洞察消费者的心理需求，塑造消费观念，传递社会价值观，推动文化的传承和创新，更好地激发消费活力，成为新媒体文案写作驱动业务发展的工作要求。

本书融入党的二十大报告中关于"全面贯彻党的教育方针，落实立德树人根本任务""推进产教融合""优化职业教育类型定位""推进教育数字化，建设全民终身学习的学习型社会、学习型大国"等相关要求，紧跟市场发展需要，基于高职院校新媒体文案人才培养的现状，以"新商科"人才培养理念为指导，遵循"岗、课、赛、训"融合的思路，渗透"人文内涵""文化素材"，在众多院校实践调研的基础上，由陕西财经职业技术学院、柳州职业技术学院的一线教师和数字产业人才服务（杭州）有限公司等企业的专家共同研讨编写完成。本书是省级在线精品课"新媒体文案写作"的配套教材。与同类教材相比，本书特色及优势主要体现在以下三方面：

1. 突显职教特色，融入课程思政

通过边学边练和实践训练引导学生完成职业岗位工作任务，突显职教特色；以项目分组、在线课程的形式开展混合式教学，注重学生的职业发展，渗透工匠精神及团队协作等课程思政要素。借助新媒体文案推动行业有序发展，服务地方经济、服务产业、服务社会，既坚持宣讲中华优秀传统文化，又融入当地优秀传统文化搭建教学平台。

2. 紧扣岗位要求，突出技能培养

参照文案写作专项职业能力岗位考核要求设计教材内容，通过校企对接、项目导入和任务驱动，突出"岗、课、赛、训"融合课程开发理念。在新媒体文案认知基础上培养思维养成，熟悉媒体平台文案写作特点，继而掌握新媒体文案内容策划和写作技巧。基于工作过程构建教学过程，使用思维导图进行项目小结，利用在线题库进行学习效果检测，体现"做、学、教、评"一体化，突出职业教育新理念，通过教学内容与职业标准相结合，突出职业技能培养。

3. 融入创新创业，鼓励创意输出

鼓励学生建设自己的自媒体账号，如微信公众号、头条号、知乎账号、微博账号等，定期撰写文案，更新账号内容，开展日常运营，并进行小组间、个人间效果评比，激发学生的学习兴趣。在课程中融入创新创业教育，培养学生互联网创新思维和新媒体文案创意能力，引导学生在课内外阅读、学习、训练中汲取创作灵感，写出质量较高的原创内容。

本书由陕西财经职业技术学院张馨予、柳州职业技术大学潘峰担任主编；陕西财经职业技术学院曹娣、吴红阳、闫亚飞，咸阳职业技术学院范坤、西安思源学院魏梅担任副主编；陕西财经职业技术学院郑明珠、赵远青、冯枫、王刚参与编写。本书的每一个项目、每一项任务都是教师与企业人员根据真实企业情景，共同研讨、共同编写的，并且经过反复推敲，数易其稿，力求能够真正展现新媒体文案写作的实际情况。

本书的顺利出版要衷心感谢"新媒体文案写作"省级在线精品课建设项目组的各位成员，感谢合作企业——数字产业人才服务（杭州）有限公司创始人崔立标先生在本书撰写过程中的大力支持；同时也要向北京理工大学出版社编辑老师们致以真诚的感谢！在本书的编写过程中，编者还参阅了有关网站、研究成果和文献，在此一并感谢。

由于新媒体运营正以前所未有的速度发展，其所涉及的知识与技能具有较强的前瞻性与时效性，加之编者水平有限，疏漏之处在所难免，敬请广大读者批评指正。

编　者

目 录

项目一　新媒体文案写作基础 ……………………………………………… 1

任务一　认识新媒体文案 ………………………………………………… 4
一、新媒体文案写作概述 ……………………………………………… 6
二、新媒体文案的类型 ………………………………………………… 10
三、新媒体文案写作的特点和价值体现 ……………………………… 16

任务二　新媒体文案岗位职责和发展路径 ……………………………… 20
一、新媒体文案岗位职责 ……………………………………………… 22
二、新媒体文案岗位的任职要求 ……………………………………… 24
三、新媒体文案从业者职业素养的养成 ……………………………… 26
四、新媒体文案从业者的职业发展路径 ……………………………… 31

任务三　新媒体文案的写作逻辑 ………………………………………… 33
一、新媒体文案写作的思维方式 ……………………………………… 36
二、新媒体文案写作工具 ……………………………………………… 41
三、新媒体文案写作流程 ……………………………………………… 44

项目二　新媒体文案发布平台 …………………………………………… 55

任务一　新媒体平台发布矩阵 …………………………………………… 58
一、新媒体平台的发展背景与趋势 …………………………………… 61
二、新媒体平台分类 …………………………………………………… 66
三、新媒体矩阵的定义 ………………………………………………… 67
四、搭建新媒体矩阵的作用 …………………………………………… 68
五、常见的新媒体矩阵形式 …………………………………………… 69
六、构建新媒体矩阵的步骤 …………………………………………… 70

任务二　常见新媒体平台的文案写作策略 ……………………………… 73
一、新媒体平台文案写作的一般策略 ………………………………… 74
二、不同类型平台文案的写作侧重 …………………………………… 76

任务三　人工智能与新媒体 ……………………………………………… 81
一、什么是人工智能技术 ……………………………………………… 84
二、新媒体与人工智能技术的关系 …………………………………… 84
三、新媒体与人工智能的应用 ………………………………………… 86

四、人工智能对新媒体的意义 ················· 87
　　五、人工智能给新媒体领域带来的风险 ··········· 88

项目三　新媒体文案内容策划 ··················· 97

任务一　前期内容策划流程 ··················· 100
　　一、确定内容目标受众 ····················· 103
　　二、了解内容受众需求 ····················· 105
　　三、分析内容受众行为 ····················· 106
　　四、定位内容受众心理 ····················· 108

任务二　内容创作选题方法 ··················· 112
　　一、什么是选题 ························· 114
　　二、选题的原则 ························· 115
　　三、选题实操方法 ······················· 115

任务三　内容素材积累工具 ··················· 119
　　一、搭建文案素材库 ····················· 121
　　二、常用文案工具分享 ··················· 122

任务四　不同内容形式的写作方式 ············· 137
　　一、认识 SCQOR 结构 ····················· 139
　　二、不同类型文案的写作逻辑 ··············· 141

项目四　新媒体文案写作技巧 ··················· 151

任务一　新媒体文案标题拟定 ················· 154
　　一、新媒体文案标题的作用 ················· 157
　　二、新媒体文案标题拟定的原则 ············· 157
　　三、新媒体文案标题的基本类型 ············· 158
　　四、新媒体文案标题的拟定技巧 ············· 162

任务二　新媒体文案整体架构及正文 ··········· 167
　　一、新媒体文案写作流程 ··················· 169
　　二、新媒体文案结构类型 ··················· 170
　　三、新媒体文案正文写作技巧 ··············· 178

任务三　新媒体文案开头写作技巧 ············· 180
　　一、新媒体文案开头的作用 ················· 182
　　二、新媒体文案开头的方式 ················· 182

任务四　新媒体文案结尾写作技巧 ············· 186
　　一、转折式 ····························· 188
　　二、号召式 ····························· 188
　　三、互动式 ····························· 189

四、金句式 ·· 189

五、首尾呼应式 ·· 189

六、点题式 ·· 190

项目五 新媒体文案的写作 201

任务一 品牌文案写作 204

一、认识品牌文案 ·· 206

二、品牌文案的写作策略 ·· 209

三、品牌文案的写作流程 ·· 210

四、品牌文案的写作 ·· 211

任务二 产品文案写作 219

一、产品文案的概念 ·· 220

二、产品文案的本质 ·· 220

三、产品文案的种类 ·· 221

四、产品文案的写作技巧 ·· 224

任务三 活动文案写作 229

一、活动文案写作的特点 ·· 231

二、活动文案的写作要素 ·· 232

三、活动文案写作时需要注意的细节 ···················· 233

四、活动文案写作禁忌 ·· 233

任务四 短视频文案写作 235

一、什么是短视频 ·· 237

二、短视频文案框架 ·· 239

任务五 直播脚本写作 246

一、直播脚本的概念 ·· 248

二、直播预热文案的写作技巧 ································ 248

三、直播文案的通用写作技巧 ································ 249

四、不同类型直播文案的写作策略 ························ 250

参考文献 258

项目一

新媒体文案写作基础

伴随新媒体的快速发展,人们的生活已经全面信息化、数字化,尤其是人们的生活方式、消费观念、购买行为,都受到了数字营销信息的深刻影响。人们主要从各类新媒体平台,如微博、微信、抖音等新媒体平台获得消费信息的指引,从而形成品牌认知、情感联结、购买行为和分享行为。其中,新媒体文案作为重要的营销信息载体,承担着与受众沟通的重要职责,对受众的态度与行为具有重大影响。因此,新媒体文案要更贴近受众,契合受众的心理需求,使其符合消费潮流和社会文化潮流的变化动向,从而让受众在购买产品获得物质满足之外,获得更多的心理享受和情感价值。

【知识图谱】

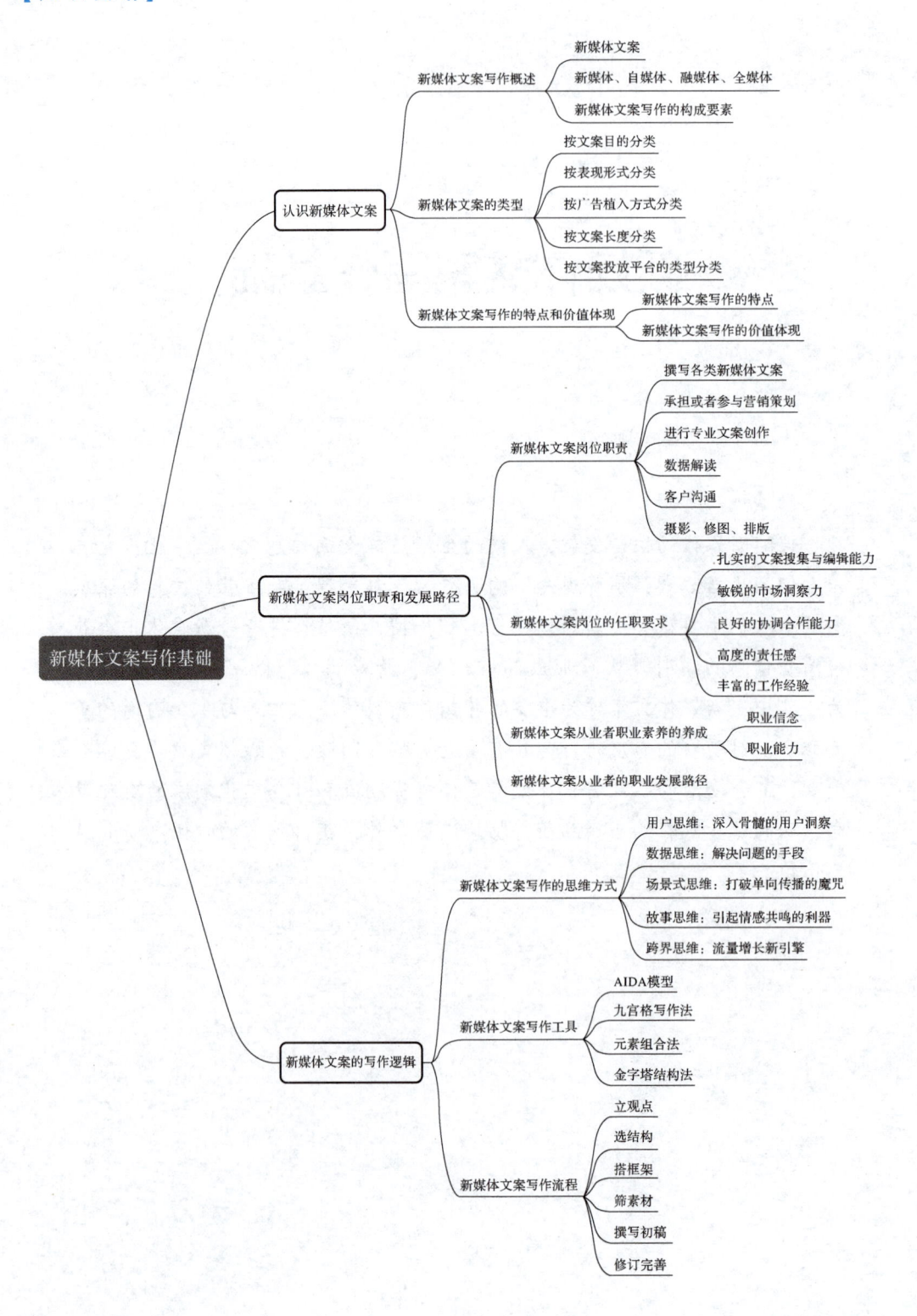

- 新媒体文案写作基础
  - 认识新媒体文案
    - 新媒体文案写作概述
      - 新媒体文案
      - 新媒体、自媒体、融媒体、全媒体
      - 新媒体文案写作的构成要素
    - 新媒体文案的类型
      - 按文案目的分类
      - 按表现形式分类
      - 按广告植入方式分类
      - 按文案长度分类
      - 按文案投放平台的类型分类
    - 新媒体文案写作的特点和价值体现
      - 新媒体文案写作的特点
      - 新媒体文案写作的价值体现
  - 新媒体文案岗位职责和发展路径
    - 新媒体文案岗位职责
      - 撰写各类新媒体文案
      - 承担或者参与营销策划
      - 进行专业文案创作
      - 数据解读
      - 客户沟通
      - 摄影、修图、排版
    - 新媒体文案岗位的任职要求
      - 扎实的文案搜集与编辑能力
      - 敏锐的市场洞察力
      - 良好的协调合作能力
      - 高度的责任感
      - 丰富的工作经验
    - 新媒体文案从业者职业素养的养成
      - 职业信念
      - 职业能力
    - 新媒体文案从业者的职业发展路径
  - 新媒体文案的写作逻辑
    - 新媒体文案写作的思维方式
      - 用户思维:深入骨髓的用户洞察
      - 数据思维:解决问题的手段
      - 场景思维:打破单向传播的魔咒
      - 故事思维:引起情感共鸣的利器
      - 跨界思维:流量增长新引擎
    - 新媒体文案写作工具
      - AIDA模型
      - 九宫格写作法
      - 元素组合法
      - 金字塔结构法
    - 新媒体文案写作流程
      - 立观点
      - 选结构
      - 搭框架
      - 筛素材
      - 撰写初稿
      - 修订完善

项目一　新媒体文案写作基础

【开篇案例】

一步一诗　灯光中尽显"长安浪漫"

2023年开年,"西安有条古诗词路"(如图1-1所示)登上热搜,网友们纷纷点赞留言"一步一诗,灯火阑珊,这就是中国式浪漫""一击而中的美,最美的长安在诗词里""这是属于西安独有的浪漫"。

诗词路上,有着"慈恩塔下题名处,十七人中最少年"的得志喜悦,有着"春风得意马蹄疾,一日看尽长安花"的神采飞扬,有着"三月三日天气新,长安水边多丽人"的生动叹诵,也有着"秋风生渭水,落叶满长安"的绵绵思念……迎着人流,走进西安大唐不夜城北边大雁塔景区旁边的步行街,只见挂满了写满诗句的灯,将文化氛围拉满,让人不禁直呼"西安一下子变成了长安",也有人戏称"千年前的弹幕"。

图1-1　西安的"古诗词路"一步一诗

夜幕降临,灯火阑珊,树木为骨,诗词为魂,百余组唐诗灯牌如荧荧流星,袅娜悬于空中,撩动雁塔夜色,穿行于"诗意长安"灯组之下,恍若梦回千年前的盛唐。今年春节,灯会这一传统命题在西安曲江以绚烂的演绎形式绽放出不一样的光彩。无数市民游客前来打卡,沉浸在唯美的氛围中,感受传统文化的魅力。

显然,大唐不夜城景区以唐文化作为创新创意的重要源泉,并抓住了年轻游客喜欢社交分享的特点,在春节期间打造了注重细节和仪式感的"诗意长安"灯组,让游客在沉浸式文旅街区中,仰望高悬于空的"树灯"获得愉悦和感动,被传统文化所滋养。

"我们旨在让文化情怀永远年轻,随着时代的变迁,优美的诗意可以在每个人的心中凝聚,变成属于一代人的记忆。""古诗词路"创意团队的工作人员介绍,从卢照邻的"玉辇纵横过主第,金鞭络绎向侯家"品味车水马龙的长安盛世繁华;从大雁塔遥望八百里秦川想起王维那句"太乙近天都,连山接海隅";枝条下展开一句杜甫的"绣

3

罗衣裳照暮春，蹙金孔雀银麒麟"，仿佛能看见体态娴雅的长安丽人；光芒闪亮处有白居易的"几处早莺争暖树，谁家新燕啄春泥"，长安的早春气息仿佛扑面而来，这又与不远处韩愈的"天街小雨润如酥，草色遥看近却无"有着异曲同工之妙。

不得不说，让历史资源从静态到动态，让文化符号从抽象变得生动，提升游客的获得感和参与度，寻求人与城市的精神共鸣……这个春节，大唐不夜城推出的"古诗词路"让更多的游客遇见了诗意的温暖的长安，越来越多的人爱上西安，"西安年·最中国"城市IP越发深入人心。

（根据《中国旅游报》等网络资源改编）

【案例思考】

（1）什么是文案？

（2）大唐不夜城的文案为什么更受网友青睐？

（3）请为大唐不夜城写一篇传播文案。

任务一　认识新媒体文案

【学习目标】

➢ **知识目标**

1. 了解新媒体写作的概念和发展现状。
2. 掌握新媒体文案的常见类型和特点。
3. 理解新媒体文案写作的价值体现。

➢ **能力目标**

1. 能够分辨新媒体文案的类型。
2. 能够对新媒体文案的构成要素进行拆解，并分析优缺点。

➢ **素质目标**

1. 具备团队精神，能够与人分享自己的资源。
2. 具备资源整合能力，能够借助外部资源获取信息。

【课前学习】

1. 课前在线学习

加入学堂在线"新媒体文案写作"在线课程，根据教师要求学习相关内容（如图1-2所示）。

项目一　新媒体文案写作基础

图1–2　线上学堂小程序二维码

3. 课前任务

课前任务名称：寻找我最喜欢的文案。

课前任务说明：请你寻找 2~3 篇自己最喜欢的文案，收集文案的相关图片和文字资料，并分析该文案最能触动自己内心的原因。

课前任务成果：用 200 字以内的文字稿，简要介绍选择该文案的原因。

【案例导入】

"报款"也是爆款：人民日报×李宁打造"报款"联名

——时代的沙漏，国潮的传承与创新

　　国潮当道的时代，谁最火？毫无疑问，李宁算一个！作为成功转型的运动品牌，李宁不仅受到了年轻人的狂热追捧，登上了国际秀场，还与人民日报新媒体，来了一场跨界合作。一个是传统官方媒体，一个是潮流运动品牌，两者究竟会产生怎样有趣的碰撞？

　　在设计上，双方都用了各自的经典元素，如 Logo、报纸文字等，将自己的特色风格展示了出来（如图 1–3 所示）。人民日报新媒体还开了一间快闪店"有间国潮馆"，并撰文展示了与李宁合作的一系列服饰，把方方正正的中国汉字印在衣服上，将奥运精彩瞬间印于帽衫上，还原领奖服、训练鞋花样，代表中国制造的李宁品牌成为真正的国货之光，吸引了众多人前往打卡。同时，还有网友晒出 20 世纪《人民日报》的新

图1–3　人民日报×李宁跨界设计款海报

闻——关于李宁品牌商标征集的胜出作品。作为时代见证者的《人民日报》，也见证了中国李宁的品牌崛起之路。

在这个新时代，让我们一起见证中国品牌的崛起与辉煌。当穿着中国品牌的衣服走在中国街头，说着地道的中国话，这感觉真爽！

（根据人民日报公众号、李宁官方品牌宣传等网络资源整理）

案例解析：李宁，一个中国体育用品的代表，一个见证了中国体育事业发展的品牌。人民日报新媒体，国内最具影响力的新媒体之一，传承着中华民族的精神与文化。当两者相遇，是一次品牌间的交融，更是一次文化的碰撞。李宁联名人民日报新媒体，将体育与文化相结合，打造出具有时代特色的产品。中国品牌将借助新媒体的传播力量，推动国潮的崛起，也为中国品牌的崛起提供新的思路与方向。

【知识储备】

新媒体自从诞生那天起，就和文案脱不开关系。新媒体文案也是广告文案的一种，具备广告文案迎合市场、提高产品转化率的特征。同时新媒体文案又具有互联网的属性，在写作方式和传播媒介上与传统的广告文案又有所不同，它更侧重互动和分享。

移动互联网时代，一篇文章，一句文案，一份简历，甚至敲在微信聊天窗口的一句话，都会成为个人价值的体现。个人价值会反映在"文案营销能力"上，也就是说，"文案营销能力"有多强，体现的个人价值就有多大。

一、新媒体文案写作概述

（一）新媒体文案

新媒体文案通常有两种解释，一是指职业称呼；二是指内容呈现形式。

作为职业称呼，新媒体文案是指新媒体文案从业者，或者称为新媒体编辑，即以现有的新兴媒体（多指移动互联网媒体）为传播平台，为达到某种传播目的，面向特定人群进行文字内容写作输出的人员。新媒体文案的核心工作是利用网络媒体、社交平台等进行有创意的内容输出，以达到广泛传播的目的。

作为内容呈现形式，新媒体文案遵循新媒体平台的规则和要求，根据不同平台的用户特点和文化背景，运用文字、图片、视频等多种表现形式创作具有吸引力和创意的内容，吸引用户的注意力，激发用户的兴趣和情感，从而达到品牌宣传、产品销售、口碑传播等目的。

新媒体文案的写作目的，是在新媒体平台上精准定位用户，通过创意化的设计呈现传播信息，使产品符合用户需求，从而达到甚至超越预期的传播目的。

视频：什么是内容

(二) 新媒体、自媒体、融媒体、全媒体

新闻媒体变迁如表 1-1 所示。

表 1-1 新闻媒体变迁

媒体阶段	名称	表现形式	营销策略
新闻媒体 1.0	旧媒体或传统媒体（Traditional Media）	报纸、杂志、广播、电视	强化品牌形象，占领受众心智
新闻媒体 2.0	新媒体（New Media）	新的技术支撑体系下出现的媒体形态，如数字杂志、数字报纸、数字广播、数字电视、手机短信、移动电视、计算机网络、桌面视窗、数字电影、触摸媒体和手机网络等	通过平台打造企业形象，对应的是用户和订阅者。通过生产优质内容，来触达受众，从而形成传播和达到流量转化的目标
新闻媒体 3.0	自媒体（We-Media）	私人化、平民化、普泛化、自主化的传播者，以现代化、电子化为手段，向不特定的大多数或者特定的单个人传递规范性及非规范性信息的新媒体的总称	利用平台打造个人的品牌，对应的人群则是个人粉丝。通过内容驱动用户产生转发、评论、点赞、分享、种草、下单等行为

1. 新媒体、自媒体、融媒体、全媒体的概念

新媒体是一个相对的概念，是继报纸、杂志、广播、电视四大传统媒体之后发展起来的新的媒体形态，是指利用数字技术和网络技术，通过互联网、宽带局域网、无线通信网、卫星等渠道，以计算机、手机、数字电视等数字或智能终端为载体，向用户提供信息和娱乐服务的传播形式和媒体形态。它除具有报纸、电视、电台等传统媒体的功能外，还具有交互、即时、延展和融合的新特征。

自媒体是普通大众经由数字科技强化、与全球知识体系相连之后，一种开始理解普通大众如何提供与分享他们本身的事实和新闻的途径。自媒体的本质是信息共享的即时交互平台，传播主体是利用网络新技术自主进行信息发布的那些个体。自媒体包含两个主要因素：一是运用互联网技术；二是具有个人作为传播者的自主性。

融媒体不是一个独立的实体媒体，而是一个把广播、电视、互联网等既有共同点，又存在互补性的不同媒介载体，在人力、内容、宣传等方面进行全面整合，使其功能、手段、价值得以全面提升的一种运作模式，从而实现"资源通融、内容兼融、宣传互

融、利益共融"。

全媒体的概念并没有在学界被正式提出，它来自传媒界的应用层面。由于媒体形式的不断变化，以及媒体内容、渠道、功能层面的融合，使人们在使用媒体的概念时需要意义涵盖更广阔的词语，"全媒体"的概念应运而生。全媒体指媒介信息采用文字、声音、影像、动画、网页等多种媒体表现手段，利用广播、电视、音像、电影、图书、报纸、杂志、网站等不同媒介形态，通过融合的广电网络、电信网络及互联网络进行传播，实现任何人、任何时间、任何地点、以任何终端都能获得任何想要的信息。2020年2月25日，人力资源社会保障部、市场监督总局、国家统计局联合发布，正式把"全媒体运营师"纳入职业分类目录。

2. 新媒体和自媒体的区别与联系

自媒体和新媒体都是数字媒体的典型代表，基于技术平台运作，主要以内容为核心，实现信息的传播。

自媒体和新媒体之间没有绝对的界限，自媒体从属于新媒体，具有其独特的个性，两者间相互促进。自媒体通过新媒体平台，可以扩大传播范围，提高曝光度。而新媒体可以借助自媒体的力量实现内容的更新迭代。

浙江传媒学院吴潮教授将新媒体与自媒体的关系做了一个形象的比喻：自媒体是新媒体大树上一段强有力的枝丫，离开了新媒体技术背景的支撑，自媒体无法单独存在。自媒体是新媒体的衍生物或子概念，而非有别于新媒体的全新物种。

视频：新媒体和自媒体

（三）新媒体文案写作的构成要素

新媒体文案的构成要素，包括文本要素、营销要素、传播要素三大部分。

1. 文本要素

文本要素是指新媒体文案作为一种信息作品、信息实体，用来向受众传递具有价值的信息内容，从而吸引、影响、触动受众，进而使受众能够接收其中的营销信息。根据新媒体文案文本要素的内容特征，可以将其分为五种主要类型：表达观点类、讲述故事类、分享体会类、营造氛围类、娱乐休闲类（如表1-2所示）。

表1-2 文本要素类型及其表现形式

文本类型	表现形式
表达观点类	表达或者协助表达一种独特的观点，与受众进行深度沟通，获得受众的认同。这些观点通常是新奇、独特、具有深度的，能够使受众感受到观点本身的魅力
讲述故事类	讲述一个故事，情节动人，发人深省，能够激起受众的情感，进而将这种情感转移到推销的产品或者品牌上

续表

文本类型	表现形式
分享体会类	分享一些生活体验、消费体验以及进行一些消费指导,从而满足受众对信息的深度需求,使得他们能够避免各种消费误区、浪费
营造氛围类	通过细腻的文字、触动人心的视频和音频,营造一种独特的氛围,使得受众充分地感受到该品牌和产品的个性和风格
娱乐休闲类	借助娱乐化的方式为受众提供休闲、放松的感受,如借助相声、脱口秀、戏剧、评书、广播剧等

2. 营销要素

营销要素是指新媒体文案为了实现营销使命,在文本中设置了与营销策划相关的内容,如诉求目的、诉求对象、诉求手法等,如表1–3所示。

表1–3 营销要素及其表现形式

营销要素	表现形式
诉求目的	新媒体文案通常需要实现非常具体的营销任务,如协助品牌或者产品提升知名度、好感度,促进产品销售等
诉求对象	诉求对象主要是指新媒体文案所针对的目标消费群体。新媒体时代,受众分化细致,新媒体文案需要充分考虑诉求对象的消费水平、文化风格偏好、消费习惯等
诉求手法	新媒体文案能够运用的手法具体可以分为感性诉求、理性诉求、感性与理性结合诉求。感性诉求通常会采用煽情、恐吓、幽默、怀旧等方式;理性诉求通常采用具体的说理、论述、案例解析、科学数据等方式。诉求手法的选择通常需要结合诉求目的和诉求对象等来决定

3. 传播要素

传播要素是指新媒体文案为了实现良好的传播效果,在文本中设置能够刺激信息再次、多次传播的内容。通常新媒体文案的传播要素,包括信息价值、信息匹配度、信息沟通力和再传播吸引力,如表1–4所示。

表1–4 传播要素及其表现形式

传播要素	表现形式
信息价值	新媒体文案能够解决受众的信息需求,填补其信息空白,避免伪劣信息的干扰等,具有针对性、实用性、真实性、知识性等特征

续表

传播要素	表现形式
信息匹配度	新媒体文案的信息特征与受众特征之间具有明显的一致性，要求信息和受众的信息接收习惯、文化水平、信息需求等相吻合，信息内容和传播方式符合受众的信息接收习惯等
信息沟通力	新媒体文案能够深入受众的内心深处，与受众建立密切联系和深刻的社会认同，从而在竞争激烈的营销环境中获得强大的影响力
再传播吸引力	新媒体文案吸引受众在收看之后，主动进行分享，形成二次传播，从而使得新媒体文案扩散到更大范围，影响更多的个体

> **课堂讨论**：请结合任务一导入案例背景，查找人民日报新媒体的文案《他们说，人民日报和李宁联名款，竟然有点好看》，分析该新媒体文案的构成要素。

二、新媒体文案的类型

新媒体文案从业者若想写出更加符合受众需求的新媒体文案，达到提升销售业绩、加强品牌建设等目的，就必须了解新媒体文案的类型。根据文案目的、表现形式、广告植入方式、文案长度、文案投放平台等的不同，新媒体文案可划分为不同的类型。

视频：新媒体相关概念知多少？

（一）按文案目的分类

按文案目的分类，新媒体文案可分为销售文案和推广文案。

1. 销售文案

销售文案是指文案发布之后能够提升产品或服务销售转化效果，提升销售业绩的文案，如介绍产品信息的产品详情页文案，为了促进销售而制作的引流广告图等。销售文案一定要能打动受众，能激发受众的购买欲望，引导其产生购买行为。

2. 推广文案

推广文案是指能推广产品或品牌，从而提高品牌影响力的文案，如企业品牌故事、创始人故事、品牌节假日情怀营销文案等。推广文案的重要目的是引起受众的情感共鸣，使其自发地进行文案传播，如农夫山泉"十二生肖典藏系列"（如图1-4所示）。

图1-4 农夫山泉"十二生肖典藏系列"

从2016年的金猴瓶开始，农夫山泉每年都会推出限量生肖瓶，在设计理念上，崇尚自然风格的农夫山泉将视角转向了更深远的文化和生态层面。与十二生肖文化深度绑定，借势这些超级IP之力唤醒国人对新年和传统文化的情感共鸣；以水源地长白山为灵感，生态之美与设计之美相碰撞，人文与自然相得益彰。农夫山泉借助生肖瓶的高颜值和稀缺性，一边俘获受众的心，一边促使受众在社交平台主动分享，从而扩大了产品的传播，提升了品牌声望，同时也让这款限量版瓶子设计更受欢迎。

（二）按表现形式分类

按表现形式分类，新媒体文案可分为文字式文案、图片式文案、视频式文案、音频式文案等。

1. 文字式文案

文字式文案是指以大段的文字输出为主的文案，包括微信公众号文案、微博头条、门户网站上的营销软文等。文字式文案篇幅较长，部分文字式文案会穿插图片、链接等，是当前主流的文案表现形式之一。

首先，文字类文案可以利用文字的准确性和生动性，将相关信息传递给受众，打动受众；其次，文字类文案还会留给受众足够的想象空间和思考空间；此外，文字类文案属于"静态"信息，方便受众在各种场合接收，且便于受众通览。一般来说，文字类文案适合文化水平较高的受众。

【案例点评】

有人说
每个人的历史
从出生前就开始了
爱与烦恼
幸福与秘密
时间与魔幻

永恒交替
女人，从母亲开始
就是我们一生中最早记得和最后忘却的名字

三十岁以后
人生的见证者越来越少
但还可以自我见证
三十岁以后
所有的可能性不断退却
但还可以越过时间
越过自己

三十而励
在时光的洗练　时代的铿锵中
我们不断更新　对世界
对生命提问的能力

三十而立
我们从每一寓言里　辨认自己
也认识他人的内心　他人的真理

三十而骊
骊色骏马　飞云踏海
我们关心成功　也关心失败
更关心每个人要面对的那座山
我们关心美好　关心热爱
更关心日新月异的未来
努力与翻越　不馁与坚信

肆意笑泪　青春归位
一切过往　皆为序章
直挂云帆　乘风破浪

点评：《乘风破浪的姐姐》刚一开播，就霸占了全网，看点是"30＋的女性如何绽放自我"。年龄仿佛是一个枷锁，牢牢地束缚着女人，甚至成为女性焦虑的一大来源。《乘风破浪的姐姐》迎合"社会热点"产生，节目一开始就用"又燃又飒"的文案，以"乘风破浪"的姿态,向社会传统的价值观念提出挑战,引发了众多女性的共鸣。文案的画龙点睛之处是,让我们看到"30+"的女性拥有无限可能。

2. 图片式文案

图片式文案是指以图片为载体的文案,其代表为海报文案和H5(HTML5,超文本标记语言)文案。该类文案对图片创意与信息选择的要求较高,一般要求新媒体文案从业者利用有限的文字传达主题思想和重要信息。

3. 视频式文案

视频式文案是指以视频为载体的文案,主要指直播和短视频类的文案,抖音、快手、哔哩哔哩等平台发布的多为这类文案。一般来说,视频式文案内容主题相对丰富,包括品牌宣传、新品试用介绍、产品测评、好物分享、知识科普、作品(绘画、音乐等)分享等。

视觉影像具有强大的吸引力和冲击力,适用的受众范围很广。视频类文案多为语言、字幕、旁白等,语言大多通俗易懂,字幕和旁白多是为影音内容提供辅助说明。"短视频+社交"营销模式近几年非常受欢迎。

例如,在2021世界旅游日,中国旅游集团联合《三联生活周刊》发布宣传短片《播种旅行的人》(如图1-5所示),该视频文案雕琢准确,脚本句式简单而内在张力大,信息表达流畅,并能巧妙地运用明显情绪指向性的句子,引起受众的共鸣,激发受众的青睐及分享欲。

图1-5 宣传短片《播种旅行的人》

4. 音频式文案

音频式文案是指针对广告、电商、品牌宣传等领域设计的语言表述,通过音乐、声音、语音等表达形式,建立语言识别性符号,来达成产品和受众之间的沟通。音频文案要考虑到宣传语言、趣味性、吸引力和可读性等多种因素。

首先,音频式文案口语特征明显,较为通俗、亲切;其次,网络音频节目大多是伴随收听,音频类文案以渗透式的方式影响受众;再次,音频类文案大多以融入节目内容的方式存在,对受众的干扰性较小;最后,网络音频内容的细分度极高,音频类文案也就具有了极强的针对性,如国内很多网络音频细分领域里都涌现出了知名"大咖",比如相声领域的郭德纲、教育领域的夏鹏、安宁,小说领域的陶勇祥(有声的紫襟)。

【案例赏析】

孩子：（高兴）搬新家喽——

妈妈：看你那小脏手，快去洗洗。

（跑步声）

孩子：（慢念）T——O——T——O。

妈妈：念TOTO。

（水声起）

孩子：妈妈，这个水龙头真好玩，手一伸水就出来了，（水声停）呀，怎么没了？

妈妈：这是TOTO感应水龙头，能节约用水。

孩子：TOTO，名字好听。

男白：TOTO感应水龙头，您的节水专家。

唱：TOTO——

赏析：这是一则感应水龙头的广告，通过孩子与母亲的对话使受众在短时间内就记住了品牌名，而且这则广告也充满画面感。

封闭环境，是一个比较充分的单向灌输空间，有助于音频广告的"信息种植"，从而让受众产生认知反应。如今，很多城市的公交车上，在车辆报站时，也会听到一些广播广告。如西安公交站语音，很多年一直播放一条广告："治近视，到爱尔。爱尔眼科提醒您：××站到了。"每次乘坐公交车的时候，总不自觉地被洗脑。

需要注意的是，由于新媒体文案的传播渠道不同，其在各平台中也会有不同的表现形式，目前很多平台中的文案并不只是单纯的文字式、图片式或视频式文案。例如，微博中的文案可以是以图文为主、以主图片为主、以主文字为主或以主视频为主的文案，但图片和视频很少同时出现在一篇文案中。

（三）按广告植入方式分类

按广告植入方式分类，新媒体文案可分为软文和直接推广文案。

1. 软文

软文具有一定的隐蔽性，文案不直接介绍产品或服务，而是将其巧妙地植入情感故事或干货分享，达到一种"润物细无声"的营销效果。如在故事情节、文章案例分析中植入品牌广告。

2. 直接推广文案

直接推广文案则是新媒体文案从业者将直白的内容发布在对应的媒体平台上进行宣传，清楚明白、开门见山。如地铁上、公交车上和电梯间的广告，以及朋友圈"刷屏"的产品海报等。

这两种文案都是商家常用的，如果商家要高强度地宣传曝光推广内容，会选择直接推广文案，如果商家想要推广内容达到出其不意或补充增强的效果，则会选择软文。

（四）按文案长度分类

按文案长短分类，新媒体文案可分为短文案和长文案。

1. 短文案

短文案一般为字数低于 500 字的文案。在撰写时应尽量使用能够直击痛点的词语，且撰写前需要深入分析受众的核心痛点，利用有限的字数实现受众的情感共鸣，多用在海报图、朋友圈或微博中。短文案更强调激发目标受众交流的需求，通过后续的沟通进行转化。

2. 长文案

长文案一般为字数在 500 字以上的文案。在撰写长文案时尽量以叙事为主，可以通过描述产品的特点及特长进行信息的铺述分析，也可以展开大的情感场景进行叙述，来吸引受众关注，在结尾处需要以一句有力的内容来进行收尾，升华主题，打动受众。如微信公众号里的产品推广文案、电商产品详情页，目标受众可通过详细阅读这些新媒体文案后引发购买行为。

新媒体文案从业者在写作文案时，可以根据产品的需要和特点确定文案的长度。

（五）按文案投放平台的类型分类

按文案投放平台的类型分类，新媒体文案可分为微信文案、微博文案、电商文案、社群文案。

1. 微信文案

微信文案通过微信朋友圈、公众号、微信群及各类小程序等来发布。微信文案的内容大多轻松，亲和力强，针对性强，并且依靠人际圈层获得受众的信任，形成购买。

2. 微博文案

微博文案是基于微博平台发布的，对某项产品、服务或品牌形象等进行宣传或者推广的，有吸引力的文章。目前主流的微博平台是新浪微博，通过在该平台上进行推广，可以让更多网友了解并知道公司的产品或服务，加大对公司品牌形象的传播。

3. 电商文案

电商文案是指在电子商务平台上，为了促进商品销售、推广品牌、提升用户转化率而写作的文字内容。电商文案除了店铺广告、定向广告推送等方式，也有直播、达人推荐、短视频等方式。目前，电商平台的娱乐化、内容化、社交化的趋势越来越明显。

4. 社群文案

网络社群是指网民在网络空间中依据不同的志趣、特征（如亚文化、消费需求、业余爱好、品牌偏好）而形成的群体聚集，群体内部信任度较高。网络社群文案是针对网络社群成员发布的产品信息或品牌信息，通常会集中在特定的品类，且具有一定的专业度。

> **课堂分析**：请你针对提交的课前任务中"我最喜欢的文案"进行分析，判断文案的类型。

三、新媒体文案写作的特点和价值体现

（一）新媒体文案写作的特点

新媒体文案具有传播力强、形式多样、亲和力强、针对性强、便捷性明显的特点，这使其具有强大的表现力、感染力和影响力。

视频：新媒体文案的写作核心

1. 成本经济化

相比传统广告，新媒体文案的发布成本相对较低。网络传播的路径宽，一般来说，只要文案写得足够精彩，吸引力足够强，自然会有人自发地对文案进行传播与分享，从而达到意想不到的营销效果。但要注意，随着加入新媒体平台的企业、品牌的增加，获取流量的成本也在增加，想要获得更好的营销效果，企业或品牌通常需要投入更多的新媒体广告推广费用。

2. 定位精准化

新媒体呈现出非常明显的"圈层"特征，各个平台都包含着众多以特定信息主题为核心的群体，其中大多活跃着熟知该主题的KOL（Key Opinion Leader，关键意见领袖），关注该主题的受众群体，其中发布的新媒体文案也通常围绕该主题，目标性很强。例如，知乎、豆瓣、微信、微博等比较适合上班族，所以推送的新媒体文案都围绕职场人群的需要来撰写。受众在平台上产生的各种数据会被后台记录，平台会基于这些记录精准地为受众推送相关内容。企业或品牌一旦与这些平台合作，就可以根据这些数据对受众进行精确定位，从而取得良好的营销效果。

3. 内容多元化

随着新媒体的发展，出现在新媒体平台上的信息种类越来越多，其表现方式也越来越多样化。一是可以借助不断推陈出新的新媒体产品更换发布平台，来改变表现形式，如利用微博、微信、H5、小程序、短视频等；二是可以借助各种新技术，如视频、音频、人工智能（AI）、视觉识别系统（VI）等，增强表现力；三是可以借助传统文化、网络亚文化、外国文化等多种文化元素进行创意设计。

这种多元化加大了企业、商家或个人精准发布与传播营销信息给受众的难度，新媒体文案从业者就要对信息进行再加工与处理，通过文字的转换、动图、超链接、视频、音频等的灵活组合，使其能够在不同的新媒体平台中有效传播。

4. 发布便捷化

新媒体内容的编辑制作、发布、推送日渐简便，这使新媒体文案能够高频次地推陈

出新，维持受众的关注度，并且可以随时紧跟社会热点，针对受众反馈，快速调整。

5. 互动轻松化

相比传统媒体，新媒体文案传播不再是单向输出，受众可借助微信、微博等社交平台，与文案的发起方进行各种形式的互动（如留言、评论、点赞、分享、转发等）。

例如，对于发布在微博中的文案，受众可以根据文案内容自由地发表看法，并对其进行评论、点赞或转发，甚至还可以@好友进行讨论。这种文案互动性强，能够增强企业、商家或个人与用户之间的联系，提高用户黏性。

6. 传播灵活化

新媒体文案具有非常强大的传播力，且传播形式非常灵活。首先，新媒体文案可以触达数量巨大的受众；其次，具有话题性的新媒体文案能够形成病毒传播或口碑传播，引起受众的热议或者追捧；最后，不少新媒体文案都设置了沟通环节，受众可以了解更多信息。

例如，2020年10月16日，时值第40个世界粮食日，大众点评与胖哥俩肉蟹煲、五芳斋、百事可乐等21家品牌联动，迅速发起"光盘行动"挑战赛公益活动，积极响应国家"节约粮食，杜绝浪费"的号召，让"晒光盘"成为一种新"食"尚。截至10月26日，在大众点评App站内，活动已吸引超过372万人次参与，并在站外产生1 500多万次曝光。多个品牌如此快速地联合在一起，响应时事热点，并迅速组织活动，扩散影响，充分体现了新媒体文案传播的灵活性。

（二）新媒体文案写作的价值体现

一个好的新媒体文案能够有效地传达信息、吸引受众、建立品牌形象和提高销售，为公司带来长期的商业价值。因此，重视文案的写作和运用，不断提高新媒体文案的质量和效果，是提升品牌市场竞争力和影响力的有力手段。

视频：新媒体文案写作特点

1. 传递信息

新媒体文案需要在有限的篇幅内传递品牌或产品的核心优势和特点。精准、生动的文案能够让受众快速了解产品或品牌，获得信息的最大化传递效果。在产品进入市场的初级阶段，文案的主要目标就是让受众认识企业的品牌、业务和产品，知道企业是做什么的，能解决什么问题，可以提供什么服务，能给受众带来怎样的价值，如图1-6所示。

简短的文案铿锵有力，一方面强化了一碗好汤对面的重要性，突出产品卖点，另一方面激发起受众喝汤的兴趣，鼓励尝试。一般来说，大家吃方便面是不会喝汤的，品牌的这种做法既宣传了产品特质，也让"喝汤"这个动作作为记忆点，将汤达人与其他方便面区分开。

图1-6 汤达人海报

2. 吸引受众的注意力

新媒体传播呈现出越来越碎片化的趋势，用户的阅读时间和注意力都极为有限。一个好的文案能够抓住受众的注意力，促使受众停留在该平台上，甚至转化为忠实的粉丝，如图1-7所示。

如何用一句话概括下北京的气温？

春天，乍暖还寒的季节，前一天可能是30℃，第二天可能就暴降15℃，满30减15是商业打折促销策略，突然应用到形容北京的天气上，形象又生动，为这位博主的机智点赞。

满30立减15

图1-7 某微博电台促销文案

3. 激发情感共鸣

文案通过富有情感的语言和表达方式，触动受众的内心，让受众感受到品牌的核心价值观和情感诉求，从而建立起与品牌的情感联系，帮助品牌与受众建立深厚的情感联系，提高品牌的知名度和美誉度。

例如，一个温馨的母亲节祝福文案，能够激发人们对母爱的感激和思念，从而提升品牌的好感和忠诚度；一个感人的环保主题文案，能够唤起人们对环保的关注和行动，从而提升品牌的形象和影响力。一部华为手机的宣传文案是这样激起人们的感情共鸣的，如图1-8所示。

翻开手机相册，看看自己用手机记录下的一个个美好瞬间，其中有多少能打动自己呢？华为P50系列用"归家""出嫁""毕业"三个故事改编，发布了三支广告短片，精准抓住那些琐碎生活场景中的温情与感动。三段小故事，展现了华为手机的拍摄功能，细节清晰可见，真实再现难忘的瞬间，让华为手机有了温度，见证着幸福，陪伴着用户。

图1-8 华为P50视频文案

4. 塑造品牌形象，建立信任感

通过新媒体文案，品牌可以传达自己的价值观、理念和特色，从而在受众心中塑造独特的品牌形象。真实、诚恳的文案有助于建立受众对品牌、产品的信任感。通过展示品牌的优势、实力和信誉，文案可以帮助品牌赢得受众的信任和支持（如图1-9所示）。

将受众最关心的品质问题放在文案最前面，快速抓住受众眼球，然后再顺势推出品牌，给人留下深刻印象。

图1-9 格力海报文案

5. 引导消费行为

新媒体文案通过复杂的心理诱导、情感调动、语言挑战等手段，一是可以有效地引导受众了解产品、服务，并激发他们的购买欲望；二是通过提供有吸引力的优惠、促销信息，促使受众做出购买决策，引导受众做出预期的行为；三是促使受众将文案分享给朋友或家人，从而扩大品牌的影响力（如图1-10所示）。

当流行语出现，有不少品牌主动接梗，接下网友的调侃，用玩梗制造欢乐。相应地，这层好感也反哺到品牌身上，引发更大范围的讨论。要让这场流量对品牌的作用更大，可以口头回应，延续话题热度，也可以继续把梗玩下去，变成下集更精彩。

图1-10　Kindle促销海报文案

【边学边练】

练习一　寻找优秀的新媒体文案

任务描述：学生4~5人为一小组，在课前任务搜集的新媒体文案的基础上，进一步分析其优点（至少3条），填写在表1-5中，并在组内进行分享。

表1-5　优秀文案推荐表

序号	文案标题和类型	主要内容	新媒体平台来源	推荐理由

练习二　学会拆解新媒体文案

任务描述：每个小组选择小组成员认为最好的1~2篇新媒体文案，收集资料，填写表1-6，并在班内进行分享。

表1-6　优秀文案分享表

项目		内容
写作目的		
市场调研	产品特点	
	竞品特点	
	目标受众	

续表

项目	内容
创意梳理	
文案执行	
优点	
缺点	

任务二　新媒体文案岗位职责和发展路径

【学习目标】

➢ 知识目标

1. 了解新媒体文案岗位的工作职责和任职要求。
2. 掌握新媒体文案从业者职业素养的养成方式。

➢ 能力目标

1. 能够根据岗位知识与能力要求，制订可行的职业训练计划，提升职业能力和素养。
2. 能够根据新媒体文案的岗位层级，制定职业规划报告。

➢ 素质目标

1. 养成与时俱进的职业素养。
2. 提高创新意识，培养创意精神。
3. 培养爱岗敬业的责任感和自我分析能力。

【课前学习】

1. 课前在线学习

加入学堂在线"新媒体文案写作"在线课程，根据教师要求学习相关内容。

2. 课前任务

课前任务名称：我能做什么。

课前任务说明：请你登录各类招聘网站，查找关于新媒体文案相关岗位的招聘信息，分析新媒体文案从业者需要做的工作，成为一名优秀的新媒体文案从业者需要具备的能力。

课前任务成果：制作PPT，对新媒体文案岗位进行认知分析。

【案例导入】

新媒体运营人的时间轴

新媒体行业是一个充满活力和创新的行业，随着社交媒体和数字营销的不断发展，企业对新媒体相关职位的需求也日益增加。

那么新媒体运营人的一天是怎样的呢？我们从时间的角度一探究竟。

1. 工作反思（9：00）

汇报前一日的工作成果、工作任务进度，分析并解决项目问题。比如，正常日增粉数量是100，但是昨日增粉只有80，必须分析原因。是内容原因，还是标题原因，还是其他原因？

2. 处理邮件（9：30）

回复各种消息留言，处理邮件。

3. 记录工作任务（10：00）

记录新增的工作任务，给所有任务标记"重要不紧急""重要紧急""不重要紧急""不重要不紧急"。"重要"就是你必须认真对待的，"紧急"就是你必须现在完成的。如：

追踪热点（重要紧急）

观察同行（重要不紧急）

通过微博、知乎、微信群、微信朋友圈追踪最热门的几个热点事件，同时观察同类公众号，是否也蹭了热点，阅读率是否急剧上升。

根据热点事件、同行行为、粉丝需求、自身调性，分析最适合自己的选题，与同事商榷或开会研讨，撰写当日的文章。

4. 工作任务执行（10：30）

确定选题后，搜索相关内容，挖掘整理信息，撰写文章。蹭热点的文章，要么快，抢占时间；要么有深度，强调价值；要么标新立异，与众不同。

注意：尽快把文章写完。公众号撰写文章，宁可写得早，也不能写得晚。一是预留时间修改；二是你不知道接下来会发生什么突发事件；三是上级领导有可能突然让你改稿写其他文章。

5. 休息时间（12：00—14：00）

吃饭时间可以刷着朋友圈、翻着公众号、盯着知乎，碎片化学习，研究同行。这时候你会默默地把所有灵感记录下来，同时用最快的时间一次性阅读数十篇文章。

6. 预览文章（15：00）

把文章推送给上级预览，根据意见进行标题、内容等的修改。确认无误后，定推送时间。20:00—22:00一般是推送黄金时间段。

7. 处理项目（16:00）

比如，策划一次群推涨粉活动，在最短时间内筛选群推伙伴，确定所有账号的阅读量相差不大，制定群推方式，挨个私聊，确定是否参与群推。

拉微信小群，再次告知所有合作伙伴群推流程和群推时间。让所有合作伙伴提供相应的文案内容，开始撰写文章，准备群推。

新媒体运营的一天就是在不断执行任务，不断遇到问题，不断解决问题中度过的。大多数时候，新媒体运营都不可能按照预定的时间轴工作。

（根据知乎资源整理而成）

案例点评：不能让习惯限制了你的状态，而是努力让你的状态更好。移动互联网时代最重要的能力，是适应环境的能力。环境一直在改变，工作习惯、阅读习惯也应相应改变。如一个人不太可能在8个小时的工作时间内，持续性的集中精力工作，可以尝试将一天24小时切割成三个黄金工作时间段：9:00—11:00，14:00—15:00，19:00—22:00。在这三个时间段内，集中精力工作，完成任务，其他时间段碎片化学习及深度学习。

【知识储备】

随着新媒体的迅猛发展，各企业也将其作为自身品牌宣传、营销推广的重要阵地，由此催生出新的岗位需求——新媒体文案。

越来越多的企业或品牌开始重视新媒体文案岗位，但行业不同、企业不同、运营平台不同，新媒体文案岗位的具体工作内容也不同。借助传播要素，激发受众自动转发，或者引发传播热潮，扩大传播范围，成为新媒体文案工作区别于传统文案工作的重要特征之一。下面对新媒体文案岗位的职责、任职要求和发展前景进行详细介绍。

一、新媒体文案岗位职责

通过网上搜索或在招聘网站上查询新媒体文案岗位需求信息（如图1-11所示）可以发现，新媒体文案从业者的职责不仅是文案的编写与发送、内容的策划与编辑，还包括渠道的运营与推广等，如活动策划、广告宣传、品牌推广、数据分析、产品卖点的梳理打造及图片设计等所有与文案的宣传、推广、营销相关的工作。

视频：新媒体文案岗位认知

综合以上关于新媒体文案岗位的职责描述，可总结出新媒体文案岗位职责主要包括以下几项：

（1）移动互联网新媒体平台（以微信、微博、移动终端为主）内容的日常更新、维护、审核和发布等工作。

文案编辑 5名	文案策划
综合月薪：4000~6000元/月	4500~6000元/月
岗位职责：	岗位职责：
1.负责营销推广项目的文案撰写和编辑，包括产品文案撰写、促销文案撰写、网站文案的撰写、专题策划和编辑等；	1.根据公司及客户要求，撰写产品策划文案、活动宣传文案、网络新闻稿、广告软文及其他宣传文案；
2.负责运营公司微信公众号及朋友圈、微博等社交和媒体平台推送内容的编辑、发布；	2.负责新媒体平台活动的策划方案、广告方案、品牌宣传活动文案的编辑；
3.配合校区招生宣传、课程推广、学校品牌宣传、营销活动策划，推广文案及宣传资料采集及整理；	3.完成企业宣传性软文及内部各类稿件（新闻稿、综述稿、评论稿、专访稿等）、策划方案、报告等的撰写；
4.广告发布前的文案校对工作；	4.在文案策划的过程中，配合广告策略，与设计人员共同完成宣传资料。
5.协助部门领导，完成相关项目推广方案的策划和上级交代的其他工作。	

图1-11 新媒体文案相关岗位招聘信息岗位职责要求

（2）提供优质、具备传播价值的文字创意，整合及优化优质的文章和内容，如新闻稿件、活动海报、品牌文案等。

（3）微博、微信等新媒体平台的粉丝互动、话题制造及活动执行。

（4）挖掘和分析受众的浏览习惯、兴趣及体验感受，把握受众的需求，找到用户痛点并进行原创输出，有效完成活动专题策划。

（5）抓住卖点，跟进热点，编写能突出产品特点、展现产品价值、使受众产生强烈购买欲的文案。

（6）进行广告文案、品牌宣传文案、活动文案等各类营销文案或软文的写作。

（7）对各个新媒体平台的数据进行分析，包括粉丝量、阅读量、转发量等。

（8）积极探索新媒体平台的内容生产运营模式，掌握新媒体内容的制作方法。

可以看出，由于新媒体传播的复杂性、多样性，新媒体文案岗位职责范围比较广泛。新媒体文案在大部分企业所承担的工作内容已远远超越了"文案"这个词字面的意思，甚至可以说是"文案＋编辑＋策划＋运营"的角色。

（一）撰写各类新媒体文案

新媒体时代，需要在多平台进行营销传播，因此，新媒体文案从业者需要熟练撰写各种类型的新媒体文案，并且具有一定的实操经验。不少招聘信息中对新媒体文案从业者的文案撰写职责的具体要求为"负责新媒体平台活动的策划方案、广告方案、品牌宣传活动文案的编辑""完成企业宣传性软文及内部各类稿件（新闻稿、综述稿、评论稿、专访稿等）、策划方案、报告等的撰写"。

（二）承担或者参与营销策划

文案不是孤立的部分，而是企业营销传播整体战略的组成部分，优质的文案内容，通常需要在前期策划的基础上进行有针对性的写作。因此，新媒体文案从业者必须参与前期策划工作，才能够充分地了解此次营销传播战略的目的和思路，进而将其充分贯穿文案写作。不少招聘信息中对新媒体文案从业者的策划能力的具体要求为"具备较强的市场策划能力和运作能力，敏锐的市场洞察能力；具备整体营销方案的策划和执行经验""可以独立撰写全程营销策划项目，能独立撰写重要报告""熟悉传媒行业营销策划流程"等。

（三）进行专业文案写作

目前的新媒体平台有着非常明显的细分领域，如时尚领域、美食领域、教育领域等。新媒体文案从业者通常需要对某一领域有足够的洞察力，才能够撰写出有深度、有水平的专业文案内容，从而在信息冗杂的新媒体环境中脱颖而出。同时新媒体文案从业者应根据社会时事热点，有选择地跟进以达到企业的宣传目的。如某时尚公众号的招聘信息中对新媒体文案从业者的专业职责的具体要求为"热爱时尚、美妆、穿搭、生活、发型，关注行业动态，能够进行专题策划和专题采访"。

（四）数据解读

数据作为重要的营销素材，是新媒体文案从业者掌握受众需求、分析市场状况，以及进行受众分析的重要依据。因此，新媒体文案从业者必须拥有数据解读能力。例如，微信公众号推送一条图文消息，则需统计阅读人数、转发人数，并与往期数据进行对比，以评估效果，并检讨标题及文案内容品质。

（五）客户沟通

为了保证工作的顺利进行，新媒体文案从业者需要充分掌握受众意图，同时还需要向受众阐释自己撰写的文案，之后结合受众的意见进行修改。因此，新媒体文案从业者需要具备良好的沟通能力，以及精准掌握受众需求的能力。某些招聘信息中对新媒体文案从业者的沟通能力的具体要求为"具备较强的沟通领悟能力""思维敏捷、善于沟通，具有良好的语言表达能力"等。

（六）摄影、修图、排版

图片和版式是影响新媒体文案接收效果的重要因素，也是新媒体文案从业者需要承担的工作内容。某些招聘信息中对新媒体文案从业者这方面职责的具体要求为"熟练掌握各种图片处理软件，会拍照、会修图者优先"。

二、新媒体文案岗位的任职要求

一名优秀的新媒体文案从业者需要具备相应的职业能力，以满足新媒体文案岗位的任职要求。通常情况下，新媒体文案从业者的任职要求如下：

视频：如何修图才"高大上"？

（一）扎实的文案搜集与编辑能力

新媒体文案从业者要具备较强的新媒体写作能力与出色的文字组织能力，能够驾驭不同的写作风格，具有较强的搜集素材、整合文章、优化资源等能力，能够按照一定的要求对信息进行策划、整理与加工。

> **课堂分析**：如何提高文案水平？
>
> 总结起来其实就是四个字：多看多写。
>
> **1. 看什么——看方法，看案例**
>
> 当看得足够多，文案的鉴别能力自然会提高，知道何为好何为坏，写出好文案的前提，是知道好文案长什么样。但只看是不够的，输入的是知识，输出的才是能力，因此还要多写文案。
>
> **2. 怎么写——工作写，练习写**
>
> 最好的练习就是在工作中实践，在甲方的威逼、领导的监督、前辈的指导下快速成长。但手头的工作往往覆盖面较小，要想尝试更多文案类型，就需要自己找机会练习，练习短文案、长文案、金句文案、宣言文案、配图文案等，外加不同行业、不同产品类型的文案。
>
> 当看得足够广，写得足够多，积累的经验足够深时，在一次次反馈中，你会清晰地察觉到自己的成长。

（二）敏锐的市场洞察力

敏感度是新媒体文案岗位的任职要求之一，对社会热点及趋势的敏锐感知能够帮助新媒体文案从业者结合市场需求对产品进行深入分析，确定产品核心卖点，更好地完成新媒体文案工作，从而实现内容的有效传播。新媒体文案从业者要能从多样化的角度看待事物，找到事物不同的切入点，要有创意，如图 1-12 所示。

一句文案的洞察力在哪里?在于深刻?在于角度刁钻?
我觉得最主要的是在于"对"！
对，就是要很多人(不是说所有人，而是很大一部分人)都认同，都觉得"深有同感"，或者发出一句："嗯，就是这样的!"
所以说这句文案太有共鸣了，虽然带着些无奈，但的确是每个人都有的经历和感受，我们总是用打出"哈哈哈"甚至用表情包来表达开心，但小孩子确实用笑声来表达快乐。

图 1-12 小红书六一儿童节文案

(三)良好的协调合作能力

文案写作涉及的范围较广,对内需要和各部门的工作人员进行多方协调与沟通,对外需要和合作伙伴加强联系,因此新媒体文案从业者要具备良好的协调合作能力,协调合作能力的提升能够帮助自己用最短的时间解决问题。

> **课堂分析**:某企业要召开年会,有一项任务是寻找合作伙伴帮企业推送一篇年会软文,可以给所有的合作伙伴在线上海报及线下峰会渠道露出 Logo,你会如何完成此项任务?
>
> 任务完成一般流程:
> (1)启动,找到 50 个合作伙伴,希望置换资源,帮公司发布年会软文。
> (2)执行,确定 30 个合作伙伴,撰写 30 篇年会软文,分发给合作伙伴们,并确定推送日期。
> (3)完成,30 个合作伙伴在相应日期推送。
>
> 如果找不到那么多合作伙伴怎么办?所以工作需要留有余地,需要设定一个周期,如提前 20 天就把所有合作伙伴确定好,然后提供软文给他们。再比如,流量大的合作伙伴,需要花费更长的时间撰写文案,提供更大的曝光量给对方,Logo 在海报中的排名靠前。
>
> 成功确定一个合作伙伴后,可以让对方推荐有没有关系好的合作伙伴,就免去了自己找合作伙伴的时间成本。

(四)高度的责任感

一名合格的新媒体文案从业者应当具备高度的责任感,热爱新媒体文案工作,具有团队协作精神、敬业精神与较强的抗压能力。

(五)丰富的工作经验

虽然新媒体文案岗位常有专业及学历要求,但新媒体文案岗位的灵活性较强,若是应聘者拥有良好的文字功底或是对该行业有独到见解,并且具有创新、创意精神,企业也会放宽录用条件。很多招聘信息中有这样一条加分项:有运营微信公众号、小红书等新媒体经验,有个人文字作品集者优先考虑。

三、新媒体文案从业者职业素养的养成

拥有良好的职业素养,可以帮助新媒体文案从业者更好地应对文案写作工作中的各种问题,促使其不断学习、进步,写出优秀的文案。一般来说,新媒体文案从业者的职业素养主要包括职业信念和职业能力。职业能力包括储备大量的广告学和传播学知识,具有文案能力、创意能力、审美能力和学习能力。

（一）职业信念

新媒体文案从业者在写作时应持有正确的信念，才能为文案的写作树立大局观，具体内容如下：

1. 树立正确的营销意识和行业竞争观

树立正确的营销意识和行业竞争观，可以为文案写作提供方向与动力，更好地撰写出有价值、有吸引力的文案，提升品牌知名度和销售业绩。同时，还需要不断学习和探索新的营销方法和技巧，以保持自己在竞争中的优势地位。

> **课堂讨论**：树立正确的营销意识和行业竞争观的途径有哪些？
>
> （1）了解目标受众。在撰写文案之前，需要深入了解目标受众的需求、兴趣和消费习惯。通过了解目标受众，可以更好地为他们提供有价值的信息、产品或服务，从而促进销售和品牌知名度的提升。
>
> （2）突出产品或服务优势：在文案中，需要突出自己产品或服务的特点和优势，向目标受众展示差异化竞争优势。这有助于吸引潜在受众的关注，并促使他们做出购买决策。
>
> （3）传达品牌价值。品牌价值是吸引受众的重要因素之一。在撰写文案时，需要明确传达自己的品牌价值观和理念，让受众更好地了解品牌内涵和文化。
>
> （4）关注行业动态。了解行业动态可以及时掌握市场变化和竞争对手的动态，从而调整自己的营销策略和文案内容。通过关注行业动态，可以更好地把握市场机会，提升自己在行业中的竞争力。
>
> （5）不断创新。创新是营销文案的核心之一。在撰写文案时，需要注重创新思维，不断尝试新的表达方式和思路，使文案更具吸引力和可读性。同时，还需要不断优化和完善自己的营销策略，以适应市场变化和受众需求。

2. 培养创新思维、创新意识和创新能力

文案策划与写作是营销和品牌推广的核心环节，要想在这个快速变化的时代立足，就必须以创新为立足点，不断突破传统思维定式，关注市场动态，尝试新的创意和表现形式，注重数据分析和效果评估，培养创新思维、创新意识和创新能力。

（1）要突破传统思维定式，勇于挑战既有的认知。很多时候，受到传统观念的影响，我们对某个行业或领域的认知形成了思维定式。要想打破这种定式，就需要勇于挑战既有认知，从不同的角度去思考问题，寻找新的解决方案。这样，才能在文案策划与写作中独树一帜，吸引受众的眼球。

（2）要关注市场动态，善于捕捉创新点。市场是不断变化的，受众需求也在不断升级。要想在文案策划与写作中抓住受众心理，就必须时刻关注市场动态，了解行业趋势和竞争对手的动态。同时，要善于从生活中捕捉创新点，将生活中的元素融入文案策划与写作中，让文案更加生动有趣。

（3）要不断尝试新的创意和表现形式。创意和表现形式是文案策划与写作中的重要元素。要想在这个信息爆炸的时代脱颖而出，就必须不断尝试新的创意和表现形式。可以借鉴其他行业的成功案例，结合自身特点进行创新。同时，注意文案的排版和设计，让文案更具视觉冲击力。

（4）要注重数据分析和效果评估。文案策划与写作的最终目的是实现营销和品牌推广，因此，必须注重数据分析和效果评估，了解文案投放后的效果和反馈。通过对数据的分析，可以发现文案中的不足之处，及时进行调整和优化。同时，要根据效果评估的结果，总结经验教训，不断提高文案策划与写作的水平。

3. 形成系统、完整、条理清晰的产品推广理念

一套成功的产品推广理念需要深入理解产品、明确目标市场、挖掘产品优势、制定有力的价值主张以及持续优化和调整推广策略。这是一个系统而完整的过程，每一个环节都相互关联、缺一不可。只有这样，我们才能真正地打动受众，赢得市场的认可。

视频：
互联网思维

首先，对产品的理解不能仅停留在表面，而应深入探究其内在价值、特点和优势。我们不仅是在推广一款产品，更是在推广一种理念、一种生活态度。

其次，在明确目标市场的过程中，我们需要对市场进行细分，深入分析不同消费群体的需求和习惯。不同的市场定位需要不同的推广策略，因此，这一步至关重要。我们要找出与竞争对手的差异点，这样文案才能在市场上脱颖而出。

再次，确定价值主张。价值主张是一个产品的灵魂，不仅传达了产品的核心价值，更是向用户承诺了一种生活质量的提升。这个价值主张必须是独特且有力的，能够瞬间打动用户。

最后，推广策略则是将价值主张传递给受众的桥梁。广告、公关、销售促销等手段，都需要围绕价值主张来制定。这些策略需要富有创意，有吸引力，同时又具有实效性。

需要注意的是，任何理念都不是一成不变的。市场是动态的，受众需求也在不断变化。因此，我们需要持续地收集市场反馈，分析销售数据，以便及时调整和优化推广策略。

（二）职业能力

1. 学习能力

新媒体文案从业者需要大量的知识，一是具备广泛的涉及各领域和主题的常识和信息。拥有广泛的一般知识能够帮助新媒体文案从业者更好地理解和应对各种工作需求，提升创意和表达的多样性，以便能够创造出有趣、有启发性、有说服力的内容。通过不断积累和学习，新媒体文案从业者能够将一般知识与具体的工作内容相结合，形成更具创意和实用性的文案。

二是具备特殊的针对性知识。这部分知识主要涉及特定的行业、领域或产品，要求新媒体文案从业者对相关知识和信息有深入的了解和认识。通过学习和掌握与工作相关的专业知识，新媒体文案从业者能够更好地把握目标受众的需求和心理，更有针对性地写写符合特定要求的文案。例如，如果你正在为一家旅游公司写作文案，就需要了解旅游目的地、旅游景点、不同的旅游方式等。如果你正在为一家科技公司撰写文案，就需要了解最新的科技趋势、科技产品等。

此外，新媒体文案从业者还需要了解语言和文学，以便能够以最有效的方式表达信息。他们需要了解如何使用词汇、语法、修辞等工具来传达信息，以使内容更具吸引力。

具备了充足的知识储备，新媒体文案从业者可以更加自信地应对各种工作挑战，提升文案的质量和效果。同时，不断地学习和积累也是新媒体文案从业者成长和发展的重要途径，可以帮助他们在职业生涯中不断进步和提高。因此，新媒体文案从业者应该保持学习的态度，持续积累知识，不断提升自己的专业素养和技能水平。

视频：如何找文章、图片、视频素材

> **课堂讨论**：你准备从哪些方面提升自己的知识储备？推荐 2~3 本书填写到表 1-7 中，作为本学期本门课程的课外拓展阅读。

表 1-7　课外拓展阅读计划表

知识选项	书名	行动完成时间	备注
广告学知识			
传播学知识			
文学知识			
行业知识			
其他知识			

2. 文案能力

一是写作文案的语法、逻辑等能力。

二是对文案语言风格的把控能力。新媒体文案从业者需要了解阳春白雪如诗如画的语言风格，以及下里巴人通俗易懂平易近人的语言风格。

三是灵活写作文案具体内容的能力，即根据文案类型的不同进行不同的描述。如新媒体文案从业者需要能驾驭各种风格的文字，根据具体需求写作对应风格的文案内容。

四是运用文案写作技巧的能力。如善用图片、音乐、视频、超链接等元素。

例如，我们提到小度，就会想到两个字——"陪伴"。如图1-13所示，小度海报文案不仅在于对"中年爱情"的精准洞察，同时还在于有一层"双关"含义，其实这里面的每一条文案，讲的也是小度本身：回复永远及时，总是富有耐心，更新不倦，也懂得适时沉默。它用一种巧妙的类比、通俗的语言，让小度的"陪伴"变得具体可感、生动鲜活，不仅是物理层面的陪在身边，更是情感层面的相伴。

图1-13 小度海报文案

3. 创意能力

好的创意能让文案传播深入人心，引起人们的共鸣。据统计，99%的网络流行词汇都是由新媒体文案从业者创造出来的。创意能力可以通过后天的练习达到，可以通过跳出常规去体验。比如，走一条不常走的路，去新的地方旅行，体验新的食物等，来激发新的创意。同时，保持好奇心，对世界保持开放的心态，也有助于创意的产生。

例如，比亚迪成为全球第一个达成第500万辆新能源汽车的车企，为了宣传这一里程碑时刻，比亚迪发布了短片《在一起，才是中国汽车》（如图1-14所示）。此广告颇有反套路的精神，比亚迪并没有单纯宣传自己，而是很有格局地把国产友商汽车品牌一一介绍了一遍，传达出一层含义：今日的成绩绝非比亚迪一家成就，而是整个中国汽车共同努力的结果。大家既是同行，也是同行，中国汽车只有在一起，才能走向更辽阔的天地！

视频：3个套路，让写文案从无话可说到娓娓道来

图1-14 比亚迪视频短片《在一起，才是中国汽车》

> **课堂讨论**：语言是记录和表达社会生活的符号，每一年产生的流行语更是一个年度的缩影。请查找 2021—2023 年由《语言文字周报》主办的年度"十大网络流行语"，看你常用的网络语有没有上榜？并分析一下你喜欢该语言的原因。

4. 审美能力

一般来说，审美能力主要表现在文字排版和图文搭配两个方面。审美能力可通过解析优秀文案来提升。在观摩优秀文案时，新媒体文案从业者可以分析文案版式及文字是否具有节奏、韵律与美感，包括每段、每行、每句，甚至标点符号等细节的设计。

四、新媒体文案从业者的职业发展路径

不同的企业对新媒体文案岗位的名称可能有所不同，随着新媒体行业的不断发展，岗位名称和职责也会不断变化和调整。新媒体文案从业者的职业发展路径是一个不断进阶的过程，如表 1-8 所示。新媒体文案从业者在每个阶段都需要注重自身能力的提升和经验的积累，同时，保持对新技术的敏感性和创新性。

表 1-8 新媒体文案从业者的不同阶段岗位名称

级别	岗位名称	工作内容
初级	文案助理 新媒体编辑 新媒体文案撰稿人	负责协助资深文案人员完成日常的文案撰写工作。他们需要具备基本的文字功底和创意能力，能够根据不同的媒体平台和目标受众，撰写出吸引人的文案
中级	文案策划 文案主管 内容运营	需要具备更加丰富的经验和技能，不仅需要对各种媒体平台有深入的了解，还要能够独立策划和撰写各类文案，包括新闻稿、社交媒体文案、广告语等。此外，他们还需要与团队成员密切合作，确保文案内容与品牌形象和宣传策略相一致
高级	文案策划经理 内容总监 创意总监	他们是引领整个文案团队的人物，不仅需要具备卓越的文案撰写和策划能力，还要具备出色的领导和管理能力，能够带领团队完成各种复杂的文案任务，并对最终的宣传效果负责

在初级阶段，新媒体文案从业者需要掌握扎实的写作技巧，从标题构思到内容撰写，都需要展现出独特的创意和表达能力。在这个阶段，不断积累经验是关键。通过

参与各类文案的撰写，逐渐熟悉并掌握新媒体平台的特性及传播规律。此外，深入了解行业趋势和受众心理，对提高文案的质量和传播效果至关重要。

当达到主管阶段，新媒体文案从业者需要承担更多的管理职责。除了具备较强的选题策划能力，能够根据热点话题或受众需求进行有针对性的内容创作，还需要对整个团队的内容产出进行指导和把关，以确保输出的内容能够吸引并留住目标受众。在这个阶段，新媒体文案从业者不仅需要关注个人能力的提升，还要注重团队整体水平的提高。这意味着要花费更多的时间和精力进行团队管理和培训。在这个过程中，新媒体从业者需具备出色的沟通协调能力，以促进团队内部的良好合作。此外，还要与各部门进行有效的沟通和合作，以确保内容产出的质量和效果。

在完成团队管理的历练后，新媒体文案从业者可以考虑竞聘内容总监或创意总监，这些职位需要具备丰富的行业经验和卓越的领导能力，能够制定并执行整体内容战略，引领团队创作出高质量、有影响力的内容。在职业发展上，高级从业者可能进一步晋升为高级管理职位，如总经理或副总裁等，也可以考虑迈向自主创业，这需要具备丰富的行业经验和资源积累，以及独特的商业洞察力。通过开设自己的新媒体公司或工作室，能够为各类企业提供专业的媒体运营和营销服务；创业过程中可能会面临诸多挑战，但只要凭借敏锐的市场感知和创新意识，就能够打造出独具特色的新媒体品牌。

> **课堂讨论**：随着人工智能和大数据等技术的广泛应用，新媒体平台也在进行智能化改革，其推荐的内容也越来越精准。据此，你认为新媒体文案岗位的发展有可能出现哪些趋势？

【边学边练】

练习　为梦想启航

任务描述：学生4~5人为一小组，对照课前任务中分析的新媒体文案从业者需要具备的能力，结合自身找差距，填写表1-9。

表1-9　梦想启航任务表

岗位能力	我具备的	我欠缺的	我努力的
文字表达能力			
用户洞察能力			
人际沟通能力			
热点跟进能力			
渠道整合能力			

续表

岗位能力	我具备的	我欠缺的	我努力的
数据分析能力			
项目管理能力			
其他方面能力			

任务三 新媒体文案的写作逻辑

【学习目标】

➢ 知识目标

1. 了解新媒体文案的写作步骤。
2. 掌握新媒体文案写作的思维方式。
3. 熟悉新媒体文案的写作方法。

➢ 能力目标

1. 能够利用多种新媒体文案写作的方法发散思维，寻找灵感和创意。
2. 能够掌握新媒体文案写作的流程。

➢ 素质目标

1. 培养高度的责任感，提高创新意识。
2. 树立正确的消费观和生活观。

【课前学习】

1. 课前在线学习

加入学堂在线"新媒体文案写作"在线课程，根据教师要求学习相关内容。

2. 课前任务

课前任务名称：让传统福文化焕发新活力。

课前任务说明：福文化源自中国的民俗文化，它所折射出的是整个中华民族的生活观念及价值观。有价值的福文化IP衍生品，既会受到受众的喜爱，又可以传递具有正能量的价值观，如舍得酒创意大片《追福的人》，完美诠释"舍得是福"；福建打造

"福"文化品牌等。请你寻找成功的"福文化IP衍生品",并收集文案相关的图片和文字资料,并在班内进行分享。

课前任务成果:制作福文化IP衍生品的介绍PPT。

【案例导入】

"用银联,纳百福"——付出必有回报

2019年,中国银联首次发布百福IP,用以致敬各行各业的劳动者。每一个"福"字的设计,都是由劳动者的肖像演变而来(如图1-15所示)。

图1-15 2019中国银联百福(职业福)

2023年,银联百福IP再度回归。设计师聚焦亲人、爱人、朋友间的美好情感,将100个生活场景融入福字设计中。每一款"福"贴中,每一句文案都蕴含着亲友、爱人之间的殷殷嘱托或祝福(如图1-16所示)。

图1-16 2023中国银联百福(嘱咐福)

2024年,中国银联以"祝福自己"为创意核心,聚焦1~100岁每一个体的不同感受需要,并落在不同个体的共性层面,针对个体每一岁面临的共同人生议题,如成长、高考、工作、升职、加薪、健康、家人、恋爱等,推出100张各具特色的"福"字,代表了在成长的不同阶段,我们都有对自己的小小期许与祝福,每一岁的"自己",有每一岁的"福"(如图1-17所示)。

图 1-17 2024 中国银联百福（百岁福）

福文化历史悠久，与中华民族同生，与中华民族同步发展，是中华民族的基因文化。5 年间，银联百福从致敬各行各业的"职业福"，到关切身边人的"嘱咐福"，再到今年推出的"百岁福"，实现了一次又一次的迭代升级。不同于往年，今年的"福"更聚焦个人感受，线下结合前沿 AI 技术，在上海开展"中国银联 AI 百福展"，让广大参与者现场解锁自己 1~100 岁的模样，看到不同年龄的自己和银联送上的百岁福。同时广大参与者还可参加丰富多彩的互动活动，如盖章集福卡兑换银圆圆精美 IP 礼品。

今年银联百福更是首次开展了"全球送福"的活动，中国银联以"福自东方来"为主题，将福送至新加坡、法国、南非等世界各地，同时结合 AI 技术将"福"字张贴在法国凯旋门、美国金门大桥等世界各地的地标建筑上，再配合银联 2024 限量版百岁福数字藏品，用这样的方式让全世界更多的人了解中国福文化，感受来自中国银联的新年"温度"，体验中国式浪漫的传承与创新。

（根据网络资源整理）

案例解析：福文化 IP 是当代文化创意产业创新发展的永恒亮点和重要元素之一，要打造有价值的福文化 IP，其必须具有独特鲜明的文化内涵，并依托于面向社会展示、沟通的平台。回顾银联百福图，它的一步步走来，也像是一次福文化在银联品牌叙事层面和在用户心目中完成的拼图，构建起中国银联围绕"福文化"品牌的内容型 IP。从中能看到，中国银联间接探讨了一个人置身于社会时所要面对的三种关系："国与我""家与我""我与我"。中国银联在品牌层面的文案中所传达出来的品牌形象，是奔着打造一个立足支持国计、社会、关注民生的品牌，具体的沟通主张是中国银联所传递的"付出必有回报"的品牌形象。

分析中国银联百福图的流量密码主要体现在：一是洞察人性。2023 年开始中国银联把关注的重心，从社会层面更多地转向了家庭层面。原因是那个时期，人与人之间的正常交流时不时就被阻隔和打断，越来越多的人渴望在家庭、在附近、在细微之中重新建立情感联结。二是产品关联。文案中说出了每一位日常消费者，也是生活里的付出者。三是情感关联。文案符合当下的主流社会价值观，道出了每一个个体所拥有的朴素愿望。四是传播角度。内容转向更为具体，也更加关注个体。中国银联更加注重通过一个个福字，来构建人与人之间的互动联结和情感连接。

最后想问一句：如果今年想送出一句祝福给自己，你想到的是什么？

【知识储备】

一、新媒体文案写作的思维方式

新媒体文案写作需要严密的逻辑，写作过程就是思维具象化的过程。新媒体文案的质量与新媒体文案从业者的思维方式密不可分。一篇好文案诞生的前提是这篇文案的主题、结构、语言、内容等各方面都没有硬伤。爆款文案的背后，一般具备以下五种思维方式。

视频：什么是互联网文案写作思维？

（一）用户思维：深入骨髓的用户洞察

在新媒体环境中，用户的喜怒哀乐决定着内容的命运。深入挖掘用户需求，揣摩他们的心理，是每一个新媒体文案从业者必须掌握的技能。只有从用户的角度出发，用他们的语言、喜好去表达，内容才能打动人。

初级新媒体文案的写作思路大多是一味地罗列自己产品的优势，向用户传递自己的想法，不顾及用户的买点与痛点，这便是利己思维的影响。用户也会从自身的利益角度出发，去思考自己是否要购买产品。

老子的《道德经》中说："将欲取之必先予之，以其无私故能成其私，有生于无，先无我，而后才能有我。"利他，就是最高境界的利己。所以用利他的用户思维写作文案，从用户的视角去看待文案内容，从而写作出能够直击用户内心痛点的文案，与用户实现情感共鸣，才能促使交易达成。

感受、信念与渴望是影响用户购买行为的三个主要因素，文案撰写过程中需要围绕这三个因素来审查，并不断地回答这样的问题："用户在看到我的文案后，会有怎样的心理感受，会做出何种决策？"通过这两个问题，可以让自己与用户达到心有灵犀，通过文案改变用户的消费决策，实现流量变现的最终目的。

比如，小红书能够成长到如今的状态，是因为其宗旨是希望通过社交、电商和内容写作等多种元素的融合，为用户打造一个全新的、有趣的社交电商平台，让用户在这里可以自由分享自己的生活方式、购物心得、美妆技巧、旅游经验等内容，并与其他用户互动交流。品牌定位是"生活方式社交平台"。

一组小红书大家时装周的邀请文案（如图1-18所示），点出了那些喜欢穿搭的人，或欢喜或自恋或"戏精"或自信或迷之自信的小心理。邀请大家报名参与走秀看秀，以此拉近用户与时尚的距离，这让小红书的时髦属性与平台的内容社区电商生态得到进一步强化和推广。

图 1-18　小红书大家时装周的邀请海报文案

培养用户思维，需要先了解文案能够促使用户认可的动力机制是什么，并根据动力机制了解用户的心路历程。之后，调动这些因素，告诉用户他能得到什么，而不是你有什么，促成购买行动。与其说"我们能提供一流的服务"，不如说"你能拥有一流的服务"，人总是更关心自己。所以，尽量避免第一人称。

再比如，把"怕上火喝王老吉"变成"能消解人体内热的寒性中草药饮料"，你还会记住吗？知道的东西往往比不知道的东西更能激发信心，陌生的东西只能产生敬畏和猜测。

锦上添花不如雪中送炭，虽然都是为用户带来利益的行为，两种思维起到的效果却是云泥之别。锦上添花的产品对于用户是可有可无的，而雪中送炭的产品是用户必须使用的。

> **课堂思考**：如果要为某品牌矿泉水写作文案，你会从哪个角度思考？
>
> **解析**：如果你的思维只停留在对用户的主观认知上，可能写出来的销售文案着重在用专业标准突出矿泉水的高品质上，如使用"小分子水""活化水"等内容来告诉用户水的品质好，请购买。但大多数用户的记忆、知识和经验与你写作时可能完全不同，根本无法理解"活化水"是什么。
>
> 当换个角度，站在用户角度写作文案时，想要调动用户对"高品质水"的认知与经验，可以这样写作文案：为什么你需要一杯真正的好水？这样的文案更能引起用户的注意，并使其将自身对好水的理解带到文案中，从而产生认同感，促成交易。

（二）数据思维：解决问题的手段

新媒体写作不仅仅是写作，更是一场数据驱动的内容实验。新媒体文案从业者善于运用数据，不仅能够帮助优化内容，还能预见未来的趋势。

1. 优化内容

在文案写作的过程中，用数字来代替形容词，更能准确地把产品或服务的关键信息传递给受众，让受众能够更加准确地理解与接收信息。

以一篇个人介绍为例："我叫×××，来自×××地方，做×××工作，平时喜欢跑步、读书、做饭等。"非常简短，又很模糊，因为"喜欢"或"爱好"这两个词，在人们大脑里的认知是不一样，判断的标准也不一样，很抽象和笼统。

要想传播效果更好，方便对方理解，需要用数据优化。比如，"我喜欢跑步，2年跑了近2 000千米，参加了2场马拉松；我喜欢看书，1年看了50本书，有经济学、营销学、心理学等，写了20万字的读书笔记，并发布到简书上，有近1.5万次的阅读量；我喜欢做饭，2年学会了30道家常菜……"写作文案时，尽量不要让受众动脑筋；用数据来传达，可以增强受众的感知度。

一些企业，会在产品文案中添加一些数字，信息接收率会大大提升。如胖蛋瓜子的"10斤瓜子选2两"，突出了胖蛋瓜子精挑细选，品质突出，值得卖这么高的价格。再比如，西贝莜面村的"30分钟，上齐一桌菜"，这句文案突出上菜快。

2. 预测用户的行为偏好

用户行为的不同数据都有内在联系，这可以用来预测用户的行为偏好。数据思维能够帮助新媒体文案从业者更好地理解用户需求，优化内容创作，提升文章的阅读量、收藏量、点赞量和转发量等。

比如，写作一篇文案，可以先通过公众号后台、新榜、西瓜数据、清博数据等找到并收集相关数据。然后对数据进行分析：一是将同类型数据在不同时间点进行比较，如3月和4月的粉丝增长数；二是找到数据表现突出的数据点、特殊事件，如3月推出了促销活动，活动当天粉丝大幅上升；三是看数据规律和趋势，如3月粉丝开始取关，要考虑运营决策是否出了问题；四是整理分析结果及出现结果的各种原因，通过分析排除，找到真正原因。最后通过数据分析来制订创作计划和决策，例如，可以根据历史数据预测未来的阅读趋势，从而制订相应的创作计划；根据数据反馈调整文案的结构和形式，提高用户的体验感和满意度。

（三）场景式思维：打破单向传播的魔咒

在进行文案写作时，除"需求"外，高频出现的另一个词就是"场景"，新媒体文案从业者常常会被问的一个问题是：这个需求的场景是什么？

对"场景"这个词做解释的话，就是什么人在什么时候在什么地方出于什么目的做了什么事，人、时间、地方、目的和要做的事这些元素组成了一个具体的画面，而这个画面就是场景。这既是在设计产品或验证产品可用性时的重要参考依据，也是进行文案宣传引流的重要方面。

例如，当人到了一个陌生的地方，在打车或自己开车的时候，会使用导航指路；

当去找餐馆吃饭的时候，会使用大众点评进行搜索；吃完饭后，还会使用支付宝或微信支付完成结账。餐饮的广告，点餐的牌子，支付的落地页，这个过程当中它们和人的交流，没有办法单一去处理。但是，当用场景的方式去思考的时候，我们会发现以人的沟通为目的，调动这些资源就能够形成更高效的组合。这种组合是以一类受众的沟通为目的，可以把这个组合效率最大化。

所以，在写作引发受众兴趣、激发受众情感与欲望的文案过程中，运用场景式思维是有效方式之一。运用此种思维写作销售文案的关键在于受众，你需要找出产品与受众之间的联系，创建情感联结点，掌控受众的情绪变化，在尊重受众个性的同时，展现出产品的优势。

> **课堂分析**："××卸妆水，你的面部清洁专家"，这一宣传文案描述了产品的清洁卸妆功能，但没有表明其功能的强弱，试运用场景式思维对这一文案进行修改。
>
> 例如：××卸妆水，给毛孔进行一场大扫除，再给皮肤加道防护，3个月的时间，还你"牛奶肌"。
>
> 这样的修改让销售文案更加具体，让文案变得接地气，真正走进受众的生活，让受众对该产品的清洁卸妆能力有一个具体的认识。在写作文案时，需要判断产品、受众目标是否适合用场景式思维来写作。

（四）故事思维：引起情感共鸣的利器

故事不仅是沟通的方式，更是实现目标、拓展未来的关键工具。无论是在职场还是在生活中，我们都应该注重培养故事思维。通过构建一个好故事，更好地与人沟通交流，实现目标。在写作文案时，用故事构建具体的场景与画面，增加受众的联想，可以激发受众的情感，加深受众对产品的印象，让其对销售文案产生共鸣，引导消费欲望的形成。

视频：场景化营销的魅力

什么是好故事呢？首先，它必须与受众息息相关，从受众的角度出发，阐述问题的重要性和意义。只有当受众感受到故事与自己有关，他们才会投入其中。

其次，一个好的故事必须有冲突。冲突就是不符合社会常理，冲突是推动故事情节发展的关键，也是吸引受众注意力的源泉。

再者，好的故事需要视觉化的呈现。当我们描述一个人或事物时，如果能构建丰富的场景，让受众在脑海中形成画面，那么故事的感染力就会增强。比如，"8月的天很炎热，办公室里就一张普通办公桌，一双粘满了灰白泥浆的皮鞋，墙上挂着一件充满汗臭味的黑灰色短袖，这是他刚换下的，这也是他每天工作的常态。"这样的描述是不是很有画面感？比"他的工作很辛苦"这句干巴巴的话更有说服力。

最后，真实情感是故事的灵魂。无论是科研还是职场故事，如果缺乏真实情感，那么一切都会显得苍白无力。只有真实情感，才能打动人心，让受众产生共鸣，例如，美团重阳节宣传文案（如图1-19所示）。

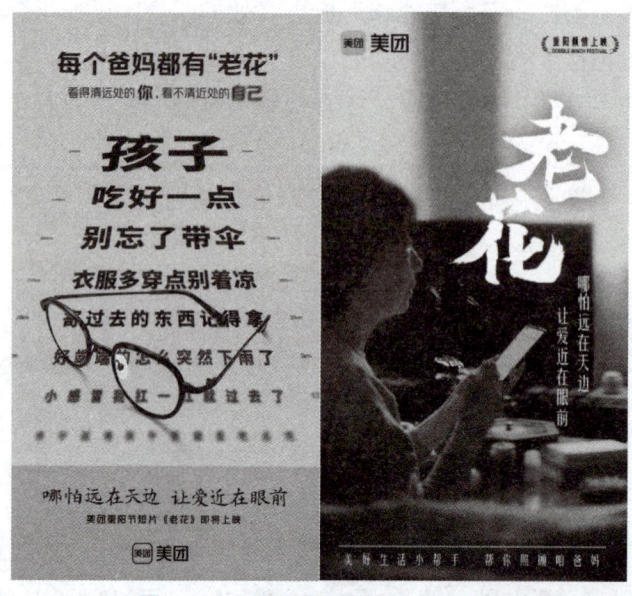

图1-19 美团重阳暖心片《老花》

该文案考虑到重阳节具备的陪伴属性，将目光锁定在长辈身上，希望通过子女与父母之间特有的情感羁绊，作为撬动创意的支点，深耕受众的真实生活场景。在整体剧情构思上，前半段的剧情埋了很多生活的小梗。比如，妈妈提醒孩子台风天带伞，孩子嘴上说带了，但其实是太阳伞；网络用语"不下饭"却引发了妈妈的担心。通过一系列的情节，让故事氛围偏向轻松，同时表现出父母与孩子之间的矛盾点。故事后半段是父母生活的一些不便，通过"老花"这个具象的形式讲述：看不见自己头顶的天气，看不见自己眼前凑合的午饭。让整体故事更加聚焦，对"老花"的理解也更深入。

该文案将创意的内核锁定在老花镜这个物件上进行发散，将"老花"与爸妈关心孩子的种种行为结合起来，对"老花"进行了三层解读：第一层是传统意义上的老花眼，看得清远处，看不清近处；第二层是关心着远方的孩子，忽略了近处的自己；第三层是每个爸妈都有"老花"，是因为他们老花心思在孩子身上。通过"远与近"的对比形式拍摄子女与父母细碎且温暖的生活片段，表现父母与孩子之间的矛盾点，他们虽然不懂，但还是关心着你，同时希望所有人能够为花心思的人花点心思，哪怕远在天边，爱可以近在眼前。

同时该文案创意同样延续"老花"的特点，通过视力表的形式将用户痛点巧妙呈现，与文案内容相呼应，使整个创意得以深度贯穿。

(五) 跨界思维：流量增长新引擎

跨界思维就是打破传统业务的条条框框，用跨界的眼光去发现新的机会，在更广阔的领域中整合行业资源寻找新的增长点。跨界思维需要具备开放性、创新性和敏锐的市场洞察力，以便发现和捕捉跨行业的机会。具体到从老业务到跨行寻找利润，包括寻找利润点、拓展新流量、挖掘新需求。

视频：怎么写出有故事的文案

如小红书最初作为一个旅游攻略分享平台，通过调整跨界，逐渐形成了一个生活方式分享和电商平台生态，通过内容和社区驱动的电商模式创造利润。它使用户能够分享产品使用体验和生活方式内容，同时可直接链接到商品购买页面，促进了品牌曝光。在流量拓展上，小红书通过强大的用户生成内容（UGC）社区，吸引了大量的年轻用户，用户分享的高质量内容为平台带来了自然的流量增长和增强了用户黏性。小红书通过分析用户行为和趋势，不断推出满足用户新需求的功能和服务，比如，个性化推荐、海外购等，满足了用户对于高质量生活方式的追求和对海外商品的需求。

从历史里寻找美，文创产品应该是这方面的佼佼者。例如故宫博物院、中国国家博物馆以及各省级博物馆推出的文创产品，很多都成了爆款。为了迎接新春佳节，舍得酒联合国家图书馆进行深度联动，以馆藏百"福"为撬动点，从传统文化角度出发，共同演绎中国传统福文化、福故事、福智慧，将万千春意祝福融入百种"福"字中，推出创意大片《追福的人》，极具质感的东方美学意象与浓厚的春节氛围感相辅相成，完美诠释"舍得是福"。

视频：新媒体写作思维

二、新媒体文案写作工具

（一）AIDA 模型

有许多新媒体文案从业者认为文案转化率低是因为产品卖点不好、受众不信任等问题，但实际是因为他们没能扎实掌握销售文案的整体写作流程中各个环节的技能。这一流程从部分到整体，既关注单个环节，也注重整体之间的协调。在 AIDA 模型的指导下，可以根据以下四大环节写作出转化率高的销售文案。

视频：文案界的终极三问 FAB

AIDA 模型是营销沟通过程的一种。受众从接触外界营销信息到完成购买行为，根据其反应程度的不同，可划分为注意（Attention）、兴趣（Interest）、欲望（Desire）和行动（Action）四个连续的阶段。这一模型在 1925 年进入广告效果的评估领域，成为测量广告效果的重要工具。我们反其道而行之，根据评估工具来写作销售文案，这样可以事半功倍。

1. 引发注意

在写作文案时,首先需要思考怎样吸引受众的注意力,然后在销售文案中体现出来。传播学学者给出的结论是,反常、意外的信息更有可能让人瞬间记住。正如一句名言所说:"狗咬人不是新闻,人咬狗才是新闻。"例如,一个清华大学毕业生创业,这不是故事,而清华大学毕业生选择回农村养鸡,这就成了故事,因为这不符合社会常规认知。清华大学毕业生和养鸡放在一起,就形成了冲突,正是这种冲突,使故事更具吸引力。

2. 创造兴趣

在引起受众的注意之后,还需要在销售文案中创造兴趣点,吸引受众继续阅读,从而让受众加深对产品的了解。要完成创造兴趣的环节,提供强有力的说服信息是有效方式之一。让受众信任销售文案与产品,随后继续阅读,在阅读中慢慢唤醒受众的消费动机。

要创造的兴趣点可以是购买产品的理由,也可以是受众从中获取的利益,还可以是能够与受众产生情感共鸣的信息等。

例如,电商平台瓜子二手车直卖网的销售文案是这样的:瓜子二手车直卖网,没有中间商赚差价。许多在二手车平台上购车的人最担忧的问题便是中间商赚差价,导致自己购买的二手车与新车原价相差不大。而瓜子二手车平台直接表明"没有中间商赚差价",免去了受众的后顾之忧,给受众一个选择的理由。

3. 调动欲望

在创造兴趣、为受众提供购买理由、唤醒受众的购买动机之后,还需要激发受众的购买欲望,让受众意识到自己有购买产品的需求后,产生急切想要购买的想法。

如果文案能够让受众产生一种共鸣和认同感,将会让受众产生一种品牌方是"自己人"的感觉,拉近产品与受众之间的距离,让受众产生一种亲切感,从而促成交易。

例如,红星二锅头的销售文案是这样的:越是一无所有,越是义无反顾。短短一句话便道尽了大部分游子在外奋斗漂泊的心,让受众联想到自己在外的经历,加深了受众对红星二锅头的印象,使其在饭桌上想起来也会点上一瓶。

4. 促成行动

受众有动机、有欲望都还只停留在想法层面,要将受众的购买想法变成行动,销售文案才算达到了目标。通过前面三个步骤,受众已经动心,但仍在犹豫之中,此时需临门一脚,促成交易。

在受众的消费行为中,往往存在财务风险、健康风险、功能风险。

解决财务风险就是要告诉受众买得十分划算。例如,在文案的末尾加上"全年最低价"等价格信息,让受众产生一种"过了这个村便没了这个店"的想法。

解决健康风险就是要让受众信任产品是健康安全的。例如，在销售文案中增加专业科普等内容提升受众的信任度。

解决功能风险就是要让受众相信产品的质量过硬。例如，香飘飘奶茶的"一年卖出十亿杯，杯子连起来可绕地球三圈"，便是通过销量之多来表现产品质量过硬，其背后的逻辑是：只有我的产品好，才能创造如此多的销量。

（二）九宫格写作法

九宫格写作法是简单有效地产生创意的方法。九宫格图有助于人的思维扩散，被广泛用于构思文案、策划方案等思维活动中。九宫格写作法的步骤如下：

视频：新媒体文案写作的底层逻辑

第一步：取一张白纸，画一个"井"字将白纸分割成九宫格，再将广告主题填在正中间的格子内。

第二步：进行思维扩散，将产品的所有相关信息都罗列出来，如产品的功能、特征、价格、外形、重量、材质、技术优势、品牌特征、目标受众特征、竞争优势等。然后将这些信息进行筛选，经过反复比较，将其中最为重要的八个信息选出来写入环绕主题的八子格子内。注意这些信息通常是该产品无可替代的特色，具有绝对竞争优势。

第三步：反复思考、自我辩证，查看这些点是否必要、明确，内容是否有联系或重合，据此进行修改，修改到满意为止。若是某个点还可以延伸，可以再次使用该方法进行思维发散，去粗取精，留下的就是创意需要表达的中心诉求点。当然，在具体的写作中，通常会选择一个或者几个重要的诉求点，很少把八个特点都纳入其中，但是借助九宫格进行初步筛选之后，新媒体文案从业者接下来的诉求点选择就变得容易了。

使用九宫格思维法时，既可以按顺时针依次填写格子，以便保持思维的连贯，也可以随意填写，充分地发散思维。

另外，在进行文案创意时，新媒体文案从业者并不需要将产品的所有优点都一一列举，而应该着重强化部分功能或一个功能，因为受众在短时间内往往只能记住有限的关键点，过多的、互不联系的信息反而会形成干扰。

（三）元素组合法

很多时候，一件产品是由不同的元素组合而成的，如密封食品加上发热包就成为自热食品，"午睡＋枕头"就有了趴趴枕，"试色＋线上"就有了AR化妆。因此，在写作新媒体文案时，新媒体文案从业者也可以将不同元素组合起来，为产品寻找新的定位、新的作用，写作具有创意的文案。也可以在受众耳熟能详的或普遍关注的事物上，将产品作为元素添加到该事物上面。例如，脉动广告中，将代表实物的东西和代表方位的南北组合起来，形成一种独特的语言双关，"买东西，忘南北"是表达现代人疲惫且迷失了方向的状态，这时广告推出脉动来补充能量，改变状况。

(四) 金字塔结构法

金字塔结构法是指对创意进行梳理，将多个想法按从上至下或从下至上的顺序排列出来，形成由同一思想统领的递进式结构。这种结构中既包含主题与子主题之间的纵向关系，也包含子主题与子主题之间的横向关系，能够帮助新媒体文案从业者快速明白地找准文案的主题和中心论点，让文案逻辑清楚、条理明晰。

构建金字塔结构的方式主要有两种：

1. 自上而下法

如果你对所要陈述或汇报的主题很熟悉，有明确的中心思想，可以采用自上而下的方法构建金字塔结构。

第一步：列出中心思想。

第二步：列出分析问题的经典框架。

第三步：梳理可以获得的各类素材，然后将素材放在对应框架下。

第四步：对以上内容进行整合。

2. 自下而上的方式

如果你对所要分析的问题不是很熟悉，可以采用自下而上的方式逐步推理，来构建金字塔结构。

第一步：先梳理手头已有的零星素材，并想办法搜集更多。

第二步：找出各素材之间的关系，构建框架结构。

第三步：得到结论。

第四步：推导出序言。

三、新媒体文案写作流程

当我们写作一篇文案时，在下笔之前可以试着画出一棵心智树。文章的主题（通常体现为标题）就是这棵心智树的树根，而文章的小标题则是心智树的枝丫，每一个小标题之下的内容（相关数据、故事、论据等）则是枝丫上长出的几片树叶，如此一来，整篇文章的内容就构成了一棵逻辑严密、内容丰富的心智树，它可以有效地帮助我们在下笔之前厘清思路、组织内容，让写作文案的过程变得更加从容且流畅。

(一) 立观点

在开始写作文案之前，首先需要确立一个鲜明、独特的观点。这个观点应能够引起受众的兴趣和共鸣。为了使观点更有说服力，可以进行充分的市场调研，了解目标受众的需求和喜好。在确立观点时，要保持客观、中立的态度，避免偏见和主观臆断。

(二) 选结构

选择一个适合文案观点的结构至关重要。在结构的选择上，应考虑文案的逻辑性和可读性。可以采用总分总结构，先概述主题，再分别论述要点，最后总结全文；也可以采用并列结构，将相关内容分为若干部分，分别进行阐述。选择合适的结构可以使文案层次分明、条理清晰。

（三）搭框架

构建文案的框架是写作过程中的一个重要环节。一个好的框架能够使文案内容更加紧凑、有逻辑。在搭框架时，要明确开头、主体和结尾三个部分，确保文案的结构完整、合理。开头部分应引人入胜，激发受众的阅读兴趣；主体部分应围绕观点展开，条理清晰，论述有力；结尾部分应对全文进行总结，同时留给受众一定的思考空间。

（四）筛素材

为了使文案内容更加丰富、有力，需要筛选合适的素材。在筛选素材时，要注意素材的真实性和相关性，确保它们能够支撑文案观点。同时，要注意素材的来源和可信度，避免使用不准确或虚假的信息。可以通过查阅相关资料、进行实地调查等方式获取素材。

（五）撰写初稿

在完成上述准备工作后，便可以开始撰写初稿。在撰写过程中，要注意语言的准确性和流畅性，以及句子的语法。可以采用适当的修辞手法和表达方式，使文案更具表现力和感染力。同时，要注意控制文案的篇幅和节奏，避免过于冗长或急促。

（六）修订完善

初稿完成后，需要仔细地修订和完善。这一步至关重要，它关系到文案的质量和表达效果。在修订过程中，要检查观点是否明确，结构是否合理，素材是否恰当，语言是否流畅。对于文案中存在的任何问题或不足之处，应及时调整和改进。经过多次修订和完善，最终呈现出一篇高质量的文案。这篇文案不仅观点鲜明、逻辑严密，而且语言优美、表达流畅，能够吸引受众并传递深刻的思想内涵。

【边学边练】

凤翔泥塑为陕西省凤翔县的一种民间艺术，经国务院批准列入第一批国家级非物质文化遗产名录。它起源于周秦时期，盛行于唐代，在明代得到了进一步的发展，在明代以后的流传过程中，经过民间艺人的不断探索和创新，凤翔泥塑成为融周秦文化、汉唐文化、南方文化等诸多文化为一体的民间艺术形态。凤翔泥塑的制作要经过毛稿制模、彩绘、装色、上光等数十道工序，其造型优美、生动逼真，具有乡土生活气息。

请你使用九宫格思考法完成创意设计，撰写出更有创意的文案，让凤翔泥塑非遗焕发新活力。要求如下：

视频：用内容引起共鸣的八要素

（1）使用九宫格思考法展开画面联想，并为文案构建场景。

（2）使用九宫格思考法构思文案创意。

【项目小结】

新媒体文案通常有两种解释：一是指职业称呼；二是指内容呈现形式。

根据文案目的、表现形式、广告植入方式、文案长度、文案投放平台等的不同，新媒体文案可划分为不同的类型。

新媒体文案具有传播力强、形式多样、亲和力强、针对性强、便捷性明显的特点，这使它具有强大的表现力、感染力和影响力。

拥有良好的职业素养，可以帮助新媒体文案从业者更好地应对文案工作中的各种问题。一般来说，新媒体文案的职业素养主要包括职业信念和职业能力，职业能力包括储备大量的广告学和传播学知识，具有文案能力、创新创意能力、审美能力和学习能力。

【知识检测】

（1）新媒体文案与传统文案相比，有哪些异同？

（2）新媒体文案的三类要素分别发挥什么样的作用？如果缺少某一类要素，会产生什么后果？

（3）新媒体文案从业者的主要职责是什么，新媒体文案从业者的价值是什么？

（4）你认为应该怎样进行新媒体文案从业者的素质培养？

【实战训练】

> **实训目的**

为增强毕业生的竞争优势，激发他们的创新活力，学校拟准备进行新媒体文案职业规划大赛。对新媒体文案岗位感兴趣的毕业生，为了真实全面地了解自己、明确学习和发展方向，决定就任职新媒体文案岗位进行规划，确定职业发展目标。

> **实训要求**

（1）掌握新媒体文案岗位的任职要求。

（2）为任职新媒体文案岗位做好规划。

> **实施过程**

根据实训要求，本实训的实施过程分为以下五个部分：

1. 自我分析

从兴趣爱好、性格特征、职业价值观、职业能力等方面进行自我分析，并把结果填在表1-10中。

表 1-10 自我分析

分析要点	具体表现
兴趣爱好	
性格特征	
职业价值观	
职业能力	

2. 职业分析

登录相关招聘网站，搜索新媒体文案相关岗位，查看多个招聘企业的招聘信息后加以总结，将结果填在表 1-11 中。

表 1-11 职业分析

分析要点		具体情况
招聘企业数量		
岗位晋升路径		
月薪范围		
目标岗位	岗位名称	
	任职要求	
	努力方向	

3. 提出目标

提出切实可行的个人目标，包括短期目标（1~2 年的目标）、中期目标（3~5 年的目标）和长期目标（5 年以上的目标）。短期目标应具体、明确和可行；中期目标要具有一定的激励性；长期目标应尽可能地长远，可以不用太具体和详细。将结果填在表 1-12 中。

表 1-12 职业目标规划

分析要点	时间期限	目标任务
短期目标		
中期目标		
长期目标		

4. 制订计划

根据个人短期目标，衡量实现目标的差距，制订计划。

5. 撰写岗位规划

汇总上述内容，形成完整的新媒体文案岗位职业规划，不少于 800 字。

【实训项目评价】

请同学们填写表 1–13，教师填写表 1–14。

表 1–13　学生自评表

序号	技能点/素质点	具体表现	达标	未达标
1	掌握关键概念	能正确识别新媒体和新媒体文案，能识别新媒体平台		
2	新媒体文案写作流程	能够正确分析新媒体文案写作过程中需要注意的各项要点		
3	文案写作	流程完整，分析准确，有一定的创意，能达到传播目的		
4	创新意识	能够在新媒体文案写作过程中提出有创意的写作和表现手法		
5	沟通和交流	能够顺利与他人交流并完成访谈、调研等工作，能够进行有效表达，并有针对性地进行展示		
6	团队合作	能够进行有效的团队合作，并充分发挥各自的特点，互帮互助，共同完成任务		
7	资源整合能力	能够借助网络收集文案素材资料，能通过网络调研等手段了解优秀的新媒体文案写作流程		

表 1–14　教师评价表

序号	技能点/素质点	具体表现	达标	未达标
1	掌握关键概念	能正确识别新媒体和新媒体文案，能识别新媒体平台		
2	新媒体文案写作流程	能够正确分析新媒体文案写作过程中需要注意的各项要点		
3	文案写作	流程完整，分析准确，有一定的创意，能达到传播目的		

续表

序号	技能点/素质点	具体表现	达标	未达标
4	创新意识	能够在新媒体文案写作过程中提出有创意的写作和表现手法		
5	沟通和交流	能够顺利与他人交流并完成访谈、调研等工作，能够进行有效表达，并有针对性地进行展示		
6	团队合作	能够进行有效的团队合作，并充分发挥各自的特点，互帮互助，共同完成任务		
7	资源整合能力	能够借助网络收集文案素材资料，能通过网络调研等手段了解优秀的新媒体文案的写作流程		

【岗课赛证融通】

> 课证融通

"新媒体编辑"职业技能等级证书

新媒体编辑职业技能等级分为三个等级：初级、中级、高级。三个级别依次递进，高级别涵盖低级别职业技能要求。

新媒体编辑初级：主要面向各企事业单位、政府部门等的新媒体运营、融媒体中心部门，从事新媒体文案编辑、图形图像处理、音视频编辑、新媒体内容排版与发布等工作。熟练掌握各种平面设计、音视频、后期合成、数字排版编辑制作软件和新媒体发布平台，根据文稿选题进行文案编辑、视音频编辑制作、内容排版与新媒体内容发布。

新媒体编辑中级：主要面向各企事业单位、政府部门等的新媒体运营、融媒体中心部门，从事新媒体文案策划撰写、互联网媒体内容设计制作、短视频创意策划和制作、新媒体可视化设计等工作。熟练掌握网页设计、网页内容策划编辑、短视频策划拍摄和制作、数据可视化设计等相关软件和平台，根据融媒体平台定位进行网站设计、网站内容制作、推文文案撰写、短视频制作和可视化设计。

新媒体编辑高级：主要面向各企事业单位、政府部门等的新媒体运营、融媒体中心部门，从事新媒体内容平台策划、新媒体影像定位、编导、制作、新媒体运营等工作。具备新媒体平台用户需求分析、新媒体平台策划和运营能力，能根据用户市场需求分析，进行新媒体策划、营销设计、影像策划制作、新媒体客户分析、客户维护和运营推广管理。

➢ 赛证融通

大学生职业规划大赛的介绍

通过举办大赛，努力打造强化职业生涯教育的大课堂、促进人才供需对接的大平台、服务毕业生就业的大市场，加强高校职业生涯教育和就业指导，增强大学生职业生涯规划意识，指导大学生及早做好就业准备，更好地促进高校毕业生高质量充分就业。

大赛采用校赛、省赛、全国总决赛三级赛制，设置成长赛道、就业赛道和大学生职业发展与就业指导课程教学赛道，分别面向高校中低年级学生、高年级学生和大学生职业发展与就业指导课程教学教师。大赛设金奖、银奖、铜奖，另设单项奖、地方和高校优秀组织奖、优秀指导教师奖等奖项。

【素养提升】

走红的是"冰墩墩"，更是中华文化的自信

2022年2月4日，伴随着立春的好节气，北京冬奥会正式开幕，除了优秀的奥运健儿，微博热搜话题"8 000万+"的吉祥物"冰墩墩"彻底"出圈儿"。

"冰墩墩"形象将熊猫形象与冰晶外壳相结合，将中华文化要素和冰雪运动特质紧密融合，具有鲜明的文化属性和特征。在开幕式后不久，作为冬奥会特许商品的"冰墩墩"玩偶迅速走红，成为热销商品。人们不吝对"冰墩墩"的喜爱：各国运动员折服在"冰墩墩"的可爱之下，争先在社交平台、被采访时"晒"出"冰墩墩"的各个"周边"；各国记者清一色成了"冰墩墩"的"铁粉"，镜头前报道时皆是"星星眼"，寄回国的"周边"也是多方提醒护其周全；国宴上的嘉宾忍不住为了家中的宝贝开口多要一只"冰墩墩"小可爱……当然，国民对这个吉祥物的喜爱程度早就体现在官方旗舰店的不断缺货上。

人人都爱"冰墩墩"，全世界都在抢"冰墩墩"，"冰墩墩"一瞬成为爆款，除了产品本身的优秀，还在于传统文化底蕴带来的高价值情感。

（1）请从新媒体传播的角度分析"冰墩墩"爆火的原因。

（2）思考你如何推动"吉祥物"经济的长虹发展。

【案例分析】

（1）请从新媒体传播的角度分析"冰墩墩"爆火的原因。

"冰墩墩"文化的成功传播既是出乎意料的，也是耐人寻味的，对于这一现象，不能仅作为偶然性现象来看待，也不能作为大型国际赛事的花絮看待，而是要以小见大、举一反三，探索其内在的有普遍意义的规律，由此来更好地推动中华文化的国际传播。

①拟人化的情感传播。拟人化的情感表达是卡通形象火爆流行的不二法门。

"冰墩墩"作为北京冬奥会吉祥物，如果只以静态化、平面化的造型特点呈现，即便形象可爱，也只是冷冰冰的"物"，与人产生情感联结的热烈度不高。

分析此次冬奥会期间"冰墩墩"火爆流行的过程可以发现，不同人与"冰墩墩"的亲密互动，追逐"冰墩墩"进行合影的动态影像，让大众看到了"冰墩墩"动态的拟人化情感，"冰墩墩"成了热乎乎的"人"，具有可爱、友善特点的"人"。在传播过程中，拟人化的"冰墩墩"迅速"活"了起来，更多契合大众情感需求的拟人化姿态被挖掘出来。如"冰墩墩"和"雪容融"争相进门被双双卡住的动态图片，使不少网友大呼"萌翻"。

②中立化的"他者"传播。在冬奥会结束后，外交部发言人华春莹在推特上用日文发布推文感谢一位记者，"'义墩墩'先生，感谢你对于'冰墩墩'充满爱的有趣报道。即使本届冬奥会结束了，也可以随时来中国采访，也非常欢迎你常驻北京。""托'义墩墩'先生的福，'冰墩墩'的衍生商品卖爆了。虽然中国外交部蓝厅入口处放有'冰墩墩'，但也是'一墩难求'。"

事实上，辻冈义堂的称赞作为一种"他者"视角，具有较强的中立性，毫无本国文化传播的"宣传性"，从传播者上看具有了较强的可信度，又具有了较强的差异性。

除了作为外国记者的媒体人员的"他者"传播，各种外事场合活动的助推也使得"冰墩墩"形象深入人心。不管是摩洛哥元首对"冰墩墩"的称赞，还是比赛获胜后各国运动员对作为冬奥纪念品的"金墩墩"的亲近和喜爱，都通过新闻报道或电视直播的方式展现在大众面前，使"冰墩墩"这一形象得到持久的曝光，形成了巨大的助推效果。

③市场化的创意传播。"冰墩墩"之所以能够在历届奥林匹克运动会中脱颖而出，成为极具现象级传播力的吉祥物，与其玩偶等文创"周边"产品在市场销售中的优秀表现密不可分。对于任何文化符号的传播来说，从艺术性的形象到市场化的产品都要经过转化过程，这个转化过程的核心要素是创意。

"冰墩墩"原型为风靡世界的中国"国宝"熊猫，其形象圆润憨厚，在世界范围内被熟知并喜爱，但只是单纯展示熊猫形象只能带来审美疲劳且效果有限。

在此次"冰墩墩"的形象和文创品设计时，作为冰雪象征的冰晶外壳等创意设计使得"冰墩墩"具备了较强的运动感、科技感和未来感，呈现出完全不同以往的具有时尚感的熊猫形象，从而获得了市场的认同。

这样的设计投入文创产品生产后，更突显了"冰墩墩"设计的创意性，其手办将毛绒内衬和透明硅胶外壳结合起来，是令消费者耳目一新的尝试。

值得提出的是，春节期间"冰墩墩"签约生产工厂供货不及的客观条件，也使得无意间出现了"饥饿营销"现象，这也是一种没有意料到的市场化创意传播。

吉祥物"冰墩墩"的成功传播得益于文化元素、科技元素、运动元素、情感元素、市场元素等。这一跨文化传播的有效实践成为此次冬奥会的又一不可忽视的成效体现。从此次传播实践中可以看出，具有人文感、民间性、情感化的文化传播门槛低，普及性强，受众基础广泛，接受效果明显，易于在世界范围内获得认可。

（2）思考你如何推动"吉祥物"经济的长虹发展。

新媒体文案写作的目的主要体现在两个方面：一是为了品牌宣传，整体文案需思考内容如何符合品牌风格，容易引起共鸣。二是为了推广销售，文案需要思考如何满足受众需求，让受众产生信任。

聚焦经济效益，吉祥物可以成为提高产业活力和吸引游客的起爆剂。在此视角下，吉祥物IP效应也可以持续发挥，不仅成为城市品牌，更能成为国家名片，进而带动起更大的经济价值与社会价值。

以IP创作为上游驱动，"冰墩墩"还可以向影视、游戏、玩具、主题公园、衍生周边、IP授权等各种盈利模式进行拓展。

【案例启示】

对于"冰墩墩"的火爆，身为一名中国人真的感到无比自豪，这是中华文化的输出，传递着团结互助的友好信号，展示着不断努力、热情好客的民族品格。

在当代中华文化的国际传播中，要善于发动更广泛的传播主体，制作更具创意的传播内容，采用更多样的传播方式，为文化多样性的世界作出持续贡献。

【拓展阅读】

优秀的新媒体文案从业者的个人素养

任何一个职业的从业者，都应该具有相应的职业素养，一个优秀的新媒体文案从业者应该具有哪些特质，或者说专业素养呢？

1. 正确的价值观

优秀的新媒体文案从业者，一定具有正确的价值观。内容营销的过程就是价值观传递的过程，它是以优秀的文案为载体，让传播的信息被接收，进而触发行为的过程。写文案很容易，但要写出有眼界、有格局、能产生持续价值能量的优秀文案却很难。在文案写作的过程中，不能简单地将文案写作视为一种推销和营利的手段，而要将其视为传递和表达自我的方式，是自我价值实现的过程。否则，文案内容的写作就会带有明显的目的性，是生搬硬套的，受众不会为"套路"买单。只有具有正确的价值观，有更高的格局和眼界，才能在文案写作中实现自我价值，形成良性循环。

2. 用户思维

文案，就是用对的方式和对的人进行有效沟通。新媒体时代的信息传播，不再是"企业—客户"，而是"客户—客户"，借用电子商务的概念，可以理解为从B2C转为

C2C。新媒体文案从业者所释放的价值必须与目标用户寻求的价值相符，并以信用为纽带相互作用，才能产生新的更大的价值。互联网思维的本质，就是人与人之间的连接，就是关于"人"的思维。

新媒体文案从业者的"用户思维"主要包括两层含义。一方面，知道文案为谁而写——它是具体面向哪些人的，要促使他们做什么。越是了解目标受众，就越知道该写什么；如果不了解文案的目标受众，写作出的文案就会丧失精准传达的穿透力。另一方面，懂得换位思考——站在受众的角度去思考问题，了解受众最深层次的需求，用文案表达出能打动他们的观点。所谓有共鸣的文案，就是具有受众思维的文案。

3. 逻辑性

大多数新媒体文案从业者经常陷入一个误区，认为好的文案或有创意的文案都是通过发散思维产生的，背后没有什么逻辑的思考和流程。事实上，文案写作并不是单纯的文字输出，而是具有明确的目的，文案的层次也是由此而来的。如世界文案大师约瑟夫·休格曼在《文案训练手册》中写的，他写文案的一个窍门就是创建一份文案逻辑路线图，然后按照图示的逻辑进行推进。在文案写作中，你可能会不断询问自己以下问题：

（1）写作这一文案的最终目的是什么？需要如何层层推进以达到目的？为达到这个目的，需要受众先了解什么或者产生什么情绪？

（2）需要调动受众的什么情绪？如何调动？整篇文案的逻辑结构是什么？是否能环环相扣？

（3）文案的每个部分的作用是什么？是对目标的实现或策略的推动有帮助，还是可有可无？

有了这个清晰的逻辑之后，新媒体文案从业者就能清楚地知道需要收集什么资料，该在什么时机提出关键问题，要写哪些内容，哪些内容并不需要，所有问题都会顺着这个逻辑迎刃而解。

而最后，受众就会对自己说："好吧，我想得到这个东西，就是它了。"

4. 想象力和好奇心

想象力和好奇心是新媒体文案从业者的写作利器。"没有想象力，文案就是一支只有黑色墨水的笔，永远写不出彩色。"优秀文案最主要的特征就是"有创意"，人无我有。

意料之外、情理之中的创意，常常来自丰富的想象力。詹姆斯·韦伯·扬在《创意》一书中说："创意是各种元素的重新组合。"乔布斯也说："创意只是将一系列事物相互连接起来而已。"许多有创意的优秀文案，都来自天马行空的想象力。比如，把一些看似毫无关系的事物巧妙地联系在一起；比如，打破常规，从全新的视角去诠释；比如，颠覆固有认知，让所有人被某种合理的"脑洞"折服；比如，让一件根本不可能发生的事情发生。

然而，文案写作同样是一个未必能够得到及时反馈的工作，往往难以让人持续不断地保持热情，但充满好奇心能够让你不满足于现在的知识，对生活处处充满期待，喜欢去探索新的事物，喜欢去发现事物的本质。好奇心是人类寻求知识的动力，也是创造型人才的重要特征，更是新媒体文案从业者必备的素养。

5. 匠心

所谓匠心，就是"匠人之心"，指能工巧匠的心思。各行业的工匠们都有一个共同的特点，对自己的产品精雕细琢、精益求精，希望它更加完美。新媒体文案从业者面对自己的文案作品，也需要以这样的精神，认真对待每一个作品，反复推敲。

以工匠之心去了解产品，努力把握每一个细节，掌握它的特征、功能、产地、工艺、生产过程、使用场景等，把每一个数据、每一个场景、每一种感受等都记录下来，以工匠之心去对待文案作品，去对待每一个字、每一个标点、每一个空格等，长此以往，文案写作能力必定能获得质的提升。

6. 持之以恒地学习

新媒体文案从业者需要输出大量的内容，对于他们来说，丰富的知识积累就是优势。文案的功夫在文案以外，好的文案靠的是洞察、是阅历、是生活、是见识，但是所有的积累都有"坐吃山空"的一天，而持之以恒地学习和思考，就是自我修复和补充的过程。精彩的文字、优秀的文笔都需要持之以恒地学习和训练。最简单也是成本最低的，同时又能获得较高回报的学习就是保持阅读。这里说的阅读，不是刷微博、看推文，而是阅读高质量的书籍。你可以每天都给自己留一段固定的时间进行系统学习，可以是一小时，也可以是半小时，持之以恒，去感受更广阔的知识世界。

无数的事实告诉我们，成功的背后往往是无数汗水的凝结，是自律，是不断战胜自我、突破自我、完善自我。优秀的新媒体文案从业者，也当如此。

项目二

新媒体文案发布平台

在当前信息技术高速发展的时代,传统的媒体渠道已经无法满足人们对于信息获取的需求。新媒体平台可以进一步提高软文的传播效果,是所有品牌和企业在获客方面不可或缺的一环。面对众多的新媒体平台,如何选择最适合的,如何利用平台发挥最大效果?我们需要明确目标受众的特点和需求,确定所发布的内容符合新媒体平台的要求和特点,关注新媒体平台数据和指标,以及新媒体平台的可持续性和稳定性,结合自身的品牌形象和定位,选择与品牌形象相符合的新媒体平台,以提升品牌的知名度和美誉度。

【知识图谱】

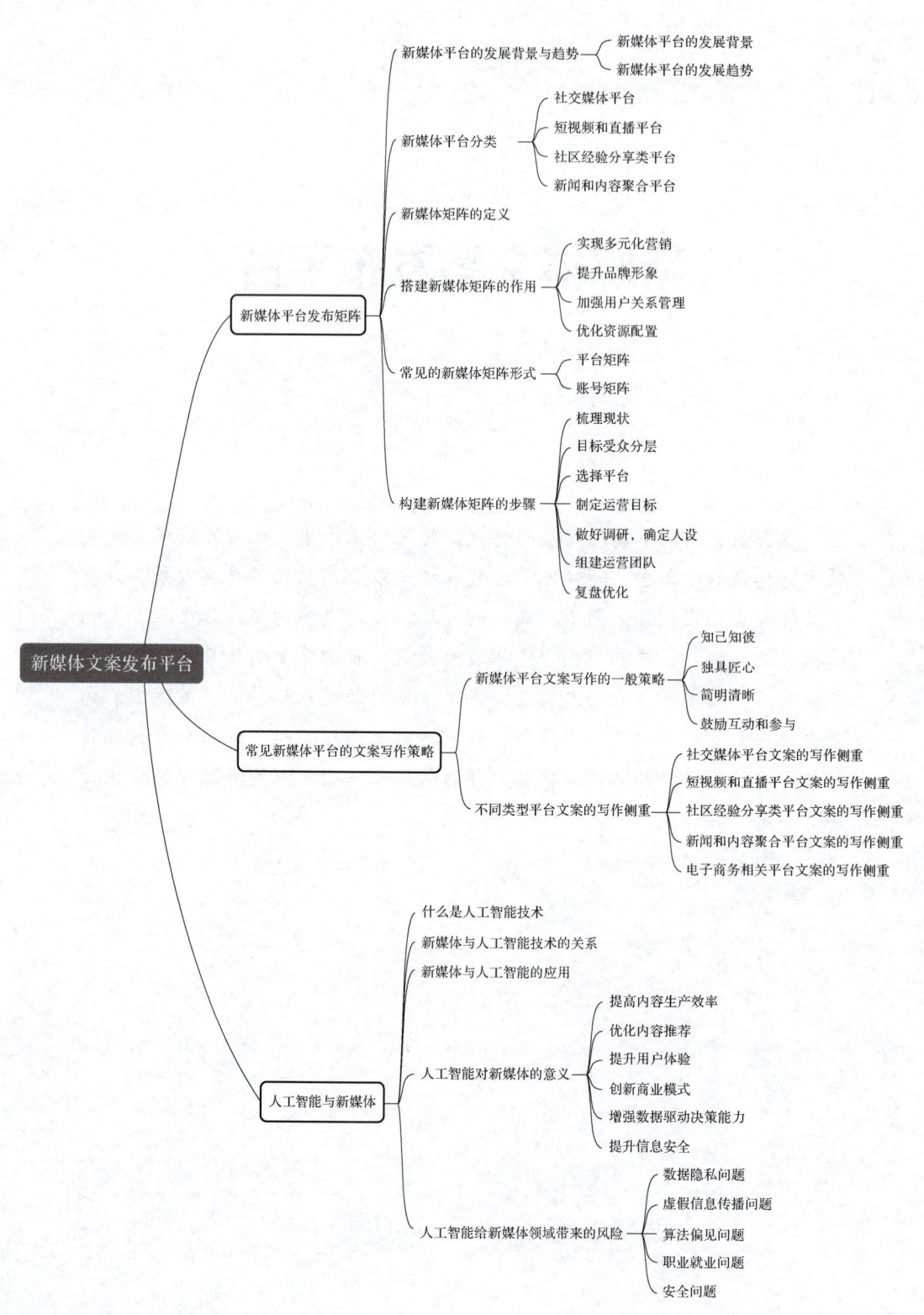

- 新媒体文案发布平台
  - 新媒体平台发布矩阵
    - 新媒体平台的发展背景与趋势
      - 新媒体平台的发展背景
      - 新媒体平台的发展趋势
    - 新媒体平台分类
      - 社交媒体平台
      - 短视频和直播平台
      - 社区经验分享类平台
      - 新闻和内容聚合平台
    - 新媒体矩阵的定义
    - 搭建新媒体矩阵的作用
      - 实现多元化营销
      - 提升品牌形象
      - 加强用户关系管理
      - 优化资源配置
    - 常见的新媒体矩阵形式
      - 平台矩阵
      - 账号矩阵
    - 构建新媒体矩阵的步骤
      - 梳理现状
      - 目标受众分层
      - 选择平台
      - 制定运营目标
      - 做好调研，确定人设
      - 组建运营团队
      - 复盘优化
  - 常见新媒体平台的文案写作策略
    - 新媒体平台文案写作的一般策略
      - 知己知彼
      - 独具匠心
      - 简明清晰
      - 鼓励互动和参与
    - 不同类型平台文案的写作侧重
      - 社交媒体平台文案的写作侧重
      - 短视频和直播平台文案的写作侧重
      - 社区经验分享类平台文案的写作侧重
      - 新闻和内容聚合平台文案的写作侧重
      - 电子商务相关平台文案的写作侧重
  - 人工智能与新媒体
    - 什么是人工智能技术
    - 新媒体与人工智能技术的关系
    - 新媒体与人工智能的应用
    - 人工智能对新媒体的意义
      - 提高内容生产效率
      - 优化内容推荐
      - 提升用户体验
      - 创新商业模式
      - 增强数据驱动决策能力
      - 提升信息安全
    - 人工智能给新媒体领域带来的风险
      - 数据隐私问题
      - 虚假信息传播问题
      - 算法偏见问题
      - 职业就业问题
      - 安全问题

【开篇案例】

一场属于年轻人的线上求职招聘会

2020年，受疫情影响，全民就业压力大，求职竞争也越发激烈，58同城在当年的超职季选择最适合当代年轻人的渠道形式，通过联合圈层顶级IP，扩大求职活动和雇主的影响力，提供海量的各领域名企岗位，引领年轻人线上求职（如图2-1所示）。

图2-1 58同城招聘海报

一、跨界创造双赢

58同城此次超职季通过跨界《这就是街舞》、CBA、中超、AG俱乐部、嘉行工作室等IP资源，共生出专属的品牌IP传播物料。一方面，将IP本身的流量注入58同城超职季；另一方面，依托名企的传播物料，覆盖北上广深等城市的热门商圈、机场和写字楼进行宣传。

二、构建高效传播矩阵

58同城超职季根据不同的传播渠道进行了颗粒化运营，横向做辐射，纵向做渗透，彻底打通户外、线上媒体和社交传播，形成了立体的认知传达体系。

1. 横向辐射

58同城超职季通过不同类型、不同角色的媒介相互协作配合，多维度联合曝光形成立体传播。一方面，利用热门IP进行影响力辐射，在北上广深四大一线城市，以及南京、杭州、西安等新一线城市的地铁公交、办公楼宇、社区、地标大屏等，多点位触达全量受众，全方位高频影响目标受众，吸引年轻求职者高度关注。另一方面，在传统媒体形式下，在地铁、公交站等这类通勤率高的大众媒体上，携手名企玩起了"花式热招"。比如，携手盒马鲜生，玩起了职场"谐音梗"，以"摸鱼""扒瞌"等互动模式，掀起一轮"职场新鲜感"的热潮。

2. 纵向渗透

一方面，通过与娱乐、体育、游戏圈层的数十位抖音头部KOL合作，创作超职季品牌内容，将"品牌广告"转变为"KOL推荐"，全范围触达圈层受众，进行从外向内的"占圈"。另一方面，在"占领"圈层后，58同城CEO姚劲波组织起了"神奇战队"，通过和梦泪、贾乃亮直播开黑打起了电竞，制造了一波CEO打电竞的社交事件。

58同城作为国民招聘大平台，此次超职季通过汇聚知名企业、顶流热综、海量投放、全网资源于一体等形式，依托顶级品牌跨界合作、顶流资源合力造势，形成年度最强线上招聘声浪。

【案例思考】

(1) 结合以上案例，你觉得构建新媒体矩阵有什么作用？
(2) 你认为该如何构建新媒体传播矩阵？

任务一　新媒体平台发布矩阵

【学习目标】

➤ **知识目标**

1. 了解新媒体矩阵的定义。
2. 了解新媒体矩阵的作用。
3. 了解常见的新媒体矩阵形式。

➤ **能力目标**

1. 能够分析每一种新媒体平台的特点。
2. 能够根据运营目标，构建新媒体矩阵。

➤ **素质目标**

1. 具备团队精神，能够与人分享资源。
2. 具备一定的抗压能力。
3. 具备创新意识、创新精神。

项目二　新媒体文案发布平台

【课前学习】

1. 课前在线学习

加入学堂在线"新媒体文案写作"在线课程，根据教师要求学习相关内容。

2. 课前任务

课前任务名称：新媒体平台大集合。

课前任务说明：请你整理自己生活中所能接触到的新媒体渠道、新媒体平台及新媒体手段。

课前任务成果：请你以表格形式整理出所有的新媒体渠道、新媒体平台及新媒体手段，并在班内进行分享。

【案例导入】

"世界的安踏"正式启程

北京时间 2024 年 3 月 7 日，位于达拉斯街头文化中心的球鞋名店 sneaker politics，被一片沸腾的紫色覆盖了。

在前一天的深夜里，远道而来的数百名球迷，就早早搭起了一长排人墙。

他们为人而来，也为鞋而来——当天，安踏与 NBA 顶流球星凯里·欧文的首款签名球鞋安踏欧文一代（ANTA KAI 1）正式开启全球发售。

对中国品牌安踏，欧文的球迷们已经不算陌生了。

过去几个月里，身为安踏篮球首席创意官（CCO）的凯里·欧文，对这个新身份很是上心。在重要的比赛时刻，总会特意穿上安踏篮球鞋。

而首发即售罄的欧文一代，则开启了安踏品牌全球化赋能之旅。

为了这一刻，安踏已经筹谋多年。

早在十多年前，安踏集团董事局主席丁世忠就曾立下目标，"不做中国的耐克，要做世界的安踏。"

现在，这趟伟大征程正式开启了。

牵手欧文探路全球化：既代言，也代入。

在充足的准备之下，安踏高举高打，直接站到了全球化的至高点上，进攻美国市场。

面对以美国为代表的全球化市场，安踏在品类切入上，以篮球鞋为先锋先行探路。篮球作为国际流行度仅次于足球的第二大运动，在全球拥有超过 27 亿球迷，尤其在美国市场，篮球喜好率达到 15.3%。

从这个细分品类切入，堪称探路全球化的一着妙棋——虽然赛道很垂直，但纵深度足够，用户量很可观。

篮球鞋之外，跑步鞋是安踏全球化的另一落子，其服务的跑步群体数量，同样达到数亿量级。

与欧文等运动明星的合作，则是安踏快速撬动全球市场的品牌杠杆；2023年10月，安踏还邀约埃塞俄比亚长跑名将"长跑之王"贝克勒担任安踏跑步代言人。

欧文和贝克勒"能够把品牌的声量带起来，让美国和全球消费者知道安踏是谁"，朱晨晔坦言。

在球迷心中，欧文有着堪称和权游中龙母一样的长标签——球人合一、一流球星、顶流偶像、超级精神领袖，"擅长一百种运球，有一千种过人之处，够我重播欣赏一万次。"

与很多代言人在和体育品牌联名中只是挂个虚名不同，欧文身兼数职——他既是"刷脸"的代言人，也是以用户视角、参与设计研发的代入者，在外观创意、技术应用、概念定位上都起到了主导作用。

在球鞋的设计研发过程中，欧文更是亲力亲为。

首发球鞋的主色调，是欧文个人最为喜爱的紫色，鞋面绑带印有"Kyrie Irving"，鞋舌上有"欧文之盾"，后跟EVA框架上刻有"the journey is the reward"，都在传递欧文"斗士无双"的精神内核，以及"球场艺术家"的绚丽特质。球鞋采用了低帮设计，全掌采用氮科技，帮助快速启动；中足碳板贯穿前后，提供稳定性；鞋面则采用了特殊编织技术。

"欧文发现，自己现在的脚趾力量较以往增强不少，所以建议缩小前掌碳板面积，以带来更好的反馈速度。"安踏内部人士透露，"总体来说，这双鞋子的目标是前掌带来速度，后掌保证舒适。"

为了与欧文球迷深度互动，融合了虚拟现实技术、覆盖线上线下的欧文粉丝的社区空间——KAI space也同步开启，线上社区作为长期的互动平台，收藏了欧文的球场作品和灵感，欧文一代作为代表作展示其中。

安踏放手欧文深度参与，一方面可以借助其影响力和知名度，提升安踏品牌在全球范围内的曝光度和认知度；另一方面，可以在海外篮球市场（尤其是美国市场）树立起专业化的品牌认知，也与其"专业为本、科技引领、品牌向上"的战略定位一脉相承。

尽管安踏品牌的出海之旅刚刚开启，但放眼安踏集团，在全球化道路上已有丰富经验和成功先例。

丁世忠对安踏集团全球化有着清晰的战略节奏：一是让国际优秀品牌的价值在中国落地；二是将安踏集团独特的商业模式赋能到全球；三是开放与包容的安踏文化被世界认同。

安踏品牌的全球化，并非简单粗暴地把中国产品搬到全球，而是深扎本地化。

在冬奥会等全球瞩目的关键赛事上,安踏品牌已经大放异彩。比如,在2022年北京冬奥会上,安踏成为北京冬奥会的官方合作伙伴,安踏及其集团旗下品牌赞助的代表队,合计夺取37金、26银、20铜,名列第一,其代言人谷爱凌等表现不俗,也为安踏积累了全球化声量。

如果说谷爱凌是安踏全球化的代言人,那么相对而言,欧文则是极度深扎美国市场本土化的代言人,而且在篮球鞋这一品类,安踏品牌就与NBA多次频密合作。

因此,尽管在全球化这张牌桌上,安踏品牌看似初来乍到,但其手中握着主牌,胜算可观。

从中国制造到中国品牌,全球化再造新安踏。

成为中国第一,从来不是安踏品牌和安踏集团的终点。

从十多年前初心萌发,再到一路摸索,对于全球化,丁世忠始终信心满满,"我一直相信,中国的头部企业将会成为世界的头部企业。"

在全球化这一过程中,中企也存在明显的升级换道。过去中企的出海之旅,多是凭借成本和定价低廉的"制造优势"突围;而以安踏为代表的新一轮中企出海,则是以技术、审美、品质多重实力加持下的"品牌优势"出位,同步助力中国从"制造大国"跃升"品牌强国"。

(资料来源:财经故事会)

案例分析:对于国产品牌而言,不仅要通过收购让一些国外品牌"走进来",更要让国产品牌"走出去",把门店开到海外,把产品带进海外消费者生活当中,让本土品牌进化到民族品牌。2024年,安踏主品牌全面启动全球化,也顺带吹响了国产品牌全球化的号角。

【知识储备】

在如今的信息碎片化时代,人们通过网络传媒,了解与以往相比数量更加巨大、内容趋向分散的信息。企业如果想通过单一的新媒体平台实现自身品牌传播,就会变得非常困难。企业若想更加合理地利用新媒体平台,使其发挥最大化的价值,就需要建立一个良好的"新媒体矩阵"来实现"1+1>2"的效果。

一、新媒体平台的发展背景与趋势

随着互联网的普及和深入,人们获取和传递信息的方式发生了巨大变化,传统的媒体形式已经不能满足人们日益增长的需求,因此新媒体平台应运而生。

(一)新媒体平台的发展背景

1. 信息技术的飞速发展

信息技术的飞速发展为新媒体平台提供了强大的技术支持。随着移动互联网的普及，人们可以随时随地通过手机等终端设备获取信息。大数据、云计算、人工智能等技术的应用，为网络新媒体行业提供了更加强大的支撑，促进了新媒体内容和平台的创新。

2. 用户需求的不断升级

随着生活水平的提高和消费观念的转变，用户对信息的需求也在不断升级。传统媒体无法满足用户个性化、多样化的需求，而网络新媒体可以通过不同的平台、针对不同的用户提供定制化的内容服务。此外，随着社交媒体的兴起，用户之间的互动和信息共享变得更加便捷，进一步推动了网络新媒体行业的发展。

3. 广告主的新选择

网络新媒体通过提供比传统媒体更丰富、创意性更强的广告形式，同时通过更准确的定向投放和数据统计分析能力，使广告能够更加精准地触达目标用户，提高广告投放的效果。网络新媒体的高效推广使得广告主更倾向于把重心转移至网络新媒体。

4. 网络新媒体平台的崛起

互联网巨头的崛起为网络新媒体行业的发展提供了巨大助力。像腾讯、阿里巴巴、百度这样的互联网公司拥有雄厚的资金实力和技术优势，它们通过收购、合作等方式进一步扩大了自己在新媒体领域的影响力。此外，新媒体平台的兴起也为更多的创意人才和内容创作者提供了发展的机会，推动了网络新媒体行业的繁荣。

5. 政策环境的积极支持

我国政府高度重视网络新媒体行业的发展，并出台了一系列政策措施予以支持，例如，对新媒体行业实行税收优惠，扶持中小企业发展，加大对其知识产权保护力度等。国家分别对互联网企业所得税税率进行了适度调整，互联网企业的居民企业和非居民企业分别适用15%和20%的所得税税率。税率的调整旨在鼓励互联网企业的发展，通过降低企业的税收压力，增强企业的竞争力。这些政策环境的积极支持为网络新媒体行业的发展打下了坚实基础。

6. 文化需求的多元化

随着社会的进步和人们审美观念的变化，人们的文化需求不再局限于传统媒体所提供的内容形式，网络新媒体以其多样化的表现形式和内容风格，满足了不同人群的多元化文化需求。音乐、影视、绘画、摄影等各类艺术形式都可以通过网络新媒体平台进行传播，为文化产业的繁荣贡献力量。

例如，博物馆既是城市保存先民历史记忆与文化根脉的宝库，也是增进公众文化认同和情感认同的媒介。因此，有人说："想了解一个城市，最好的方式就是去当地的博物馆。"

【案例导入】

近年来，从陕西历史博物馆的频频"出圈"，到《国家宝藏》栏目中中西安文物的吸睛无数，再到无数个新颖、奇特、小众的博物馆纷纷亮相，让人不禁直呼："西安到底还有多少惊喜等着我们发现？"

西安作为十三朝古都和古丝绸之路起点，独特的历史文化遗产为"博物馆之城"建设提供了得天独厚的条件。西安建设的"博物馆之城"，将作为一张亮丽的名片，成为西安彰显新时代国际大都市和国家中心城市地位的重要标志。

2009年，西安市文物工作会议上，首次提出建设"博物馆之城"的构想。

2010年，正式启动建设。

2017年，西安市第十三次党代会明确提出打造"博物馆之城"，使其上升为西安城市文化发展战略。

2019年，西安市政府出台《西安博物馆之城建设总体方案（2019—2021）》。

2022年1月，《西安市"十四五"文物事业发展规划》提出，从优化体系布局、夯实发展基础、提升公共文化服务效能、激发创新活力四个方面推动"博物馆之城"建设。

截至目前，西安拥有各类博物馆159座，其中，国有博物馆38座，行业博物馆51座，非国有博物馆70座，三级以上博物馆17座。涵盖历史综合、红色革命、自然科学、民俗文化、科学普及、非遗中医等40余个类型。免费开放博物馆数量占比达95%以上，全市（包含西咸新区）平均每8.28万人拥有一座博物馆，位居全国前列。

围绕"精""惠""智""融""特"做文章

从一定程度上，西安"博物馆之城"建设在质效提升、核心竞争力培塑上还存在一些问题和短板。比如，博物馆陈设方式相对传统，馆城融合特色彰显尚不充分，科技赋能水平有待强化，文旅深度融合还需拓展提升。

为了让历史文化遗产绽放出新的时代光彩，下一步，西安市"博物馆之城"建设将围绕"精""惠""智""融""特"做文章，兑现城市文化价值，延续城市记忆。

记者日前获悉，市文物局研究拟订了《西安"博物馆之城"建设总体规划》，明确到2025年，以周秦汉唐为主题的博物馆群逐步有序开放，馆城融合更加紧密，文创产业大力发展，产品供给丰富多样，对外交流更为广泛，文化传播力不断提升，全市"博物馆之城"建设实现全方位高质量发展。

"精"
实现大馆做强、小馆建优、微馆盘活

重点培育龙头博物馆。加快碑林博物馆、西安博物院（如图2-2所示）等大馆提升，推进汉长安城遗址博物院一院多馆、陕历博秦汉分馆等新馆建设，创建1~2家中国特色、世界一流博物馆，培育10~15家具有示范带动作用的龙头博物馆。

图 2-2 西安博物院

"惠"
深化博物馆文化产品供给侧改革

实施精品展览工程。加强文物价值挖掘阐释,运用新技术、新方法、新理念,推出一批时代主题突出、文化特色鲜明的精品展览,打造全覆盖、多层级的博物馆展示传播体系。

实施教育传播工程。坚持以民为本,立足共建共享,开发群众喜闻乐见、参与度高的博物馆教育和文化惠民活动。

实施对外文化交流工程。依托国际古迹遗址理事会西安国际保护中心、丝绸之路国际博物馆友好联塑平台等国际交流平台,深化文物"走出去""引进来",持续提升西安国际影响力。

"智"
资源数字化、管理智慧化、服务智能化

打造文物数藏新业态。实施数字化牵引工程,推进西安文物数字资源和展示利用新平台建设。大力实施数字资源开放共享计划,构建博物馆文物数字资源体系。

打造博物馆展示新场景。深度运用现代数字技术,大力发展线上展览、云上国宝、直播导览等系列数字化服务。推进汉长安城、唐大明宫等数字再现示范,为公众提供可视化呈现、互动化传播、沉浸式体验的数字文化产品。

打造智慧化管理新模式。以服务观众为中心,以智慧多元为路径,以文化体验为目的,切实提升博物馆服务能级和服务水平,建设人民满意的博物馆。

"融"
推动博物馆全方位融入社会经济发展

抓文化IP打造。扩大文创产品开发跨界融合,打造以兵马俑、西安城墙等为代表的一批具有世界影响的文化IP符号和品牌。

抓文商旅融合。实施"博物馆+"战略,培育孵化"博物馆+历史文化片区"

"博物馆+酒店""博物馆+商场"等文博创意产业，促进文商旅跨界融合。

抓平台支撑。积极发挥陕文投、陕文旅、西安旅游、曲江文旅四大平台引领作用，推进建设西安中国文物文化创意产业基地，激活消费动能，扩容消费场景。

"特"
以"人无我有、人有我优"凸显城市风格

优化博物馆总体布局体系。围绕"一核两翼"的文化空间规划，以历史文化、自然生态、关中人文三大轴线，构建起多层次、全覆盖的"博物馆之城"馆城肌理。

构建地域特色展示体系。围绕"华夏之源""周秦汉唐""红色记忆""生态人文""工业遗产"五大特色，深入挖掘西安精神内涵和特色元素，打造专题博物馆群落，推动西安成为展示中华文明的重要窗口。

创新博物馆与城市发展体系。推动博物馆之城建设与西安市的发展规划、城市更新、区域改造、产业升级等紧密结合，探索完善"产、城、人、文"的融合发展路径，形成西安风格的城市气质。

（资料来源：西安发布）

（二）新媒体平台的发展趋势

1. 个性化推荐

人们个性化需求的增加，推动了新媒体平台在内容推荐和定制化方面的发展。随着人工智能技术的应用，新媒体平台能够更好地理解用户的需求和兴趣，提供更加个性化的内容和服务。例如，抖音会根据用户的喜好推送视频内容。

视频：APP内容营销经典案例

2. 社交化

社交媒体成为新媒体的重要组成部分，人们通过社交媒体平台进行信息发布、交流和互动，社交媒体平台已经成为人们获取信息的重要渠道。企业通过社交媒体平台与用户互动、建立品牌形象、传播信息和提供服务。社交媒体平台也在不断推出更多社交化的功能，增强用户的参与感和互动性。

3. 短视频化

短视频已成为新媒体的主流形式，人们更倾向于通过观看短视频来获取信息和服务。新媒体平台纷纷加大视频内容的生产力度，提供更加多样化和高质量的短视频内容，以此来满足用户的需求。

4. 跨界融合

新媒体平台与其他行业的融合将更加深入，在内容生产、传播和营销方面形成互补和共生的关系。新媒体平台将为用户提供更加综合的服务体验。

5. 数据驱动

数据将成为新媒体平台决策和发展的重要驱动力，通过数据分析和挖掘，新媒体平台能够更好地理解用户需求和市场趋势，优化内容和产品。

> **课堂讨论**：在使用不同新媒体平台的过程中，你认为它们在哪些方面还需要进一步完善？

二、新媒体平台分类

（一）社交媒体平台

社交平台中以微信、微博、问答三种平台较为突出。

微信是最大且最重要的社交平台，用户黏性高、社交性强。运营人可以通过公众号、微信群、个人号等方式进行推广和广告投放。

微博是目前最大的娱乐类型的社交平台，因此微博存在鲜明的娱乐性、热点性等特点，运营人主要通过企业官博、广告系统投放的方式宣传推广。

问答平台已逐渐到达了成熟期，以知乎、悟空问答、百度问答为代表，具有垂直度高、专业性强等特点，以问答的形式进行推广或经验交流，增加与用户的联系。

视频：不同自媒体平台区别

（二）短视频和直播平台

在视频平台中，主要有直播平台、短视频平台、长视频平台、音频平台四大类。

1. 直播平台

直播平台的代表有斗鱼、熊猫、虎牙等。直播平台能够比较直观且实时地展示信息，受众和内容都比较多元化。运营人通过直播平台可以进行实时沟通、直播活动、名人出镜代言等，增加获客概率。

音频：微信与微博平台的区别

2. 短视频平台

短视频平台的代表有抖音、快手、西瓜视频等。短视频的特点是时长较短，因此比较容易传播，适合现代社会碎片化的大环境。运营人可以使用短视频平台精简地展示产品，举办活动，进行短时的广告推广等。

音频：微博内容的传播特点

例如，梨视频是澎湃新闻原 CEO 邱兵创建的一个资讯类视频平台，于 2016 年 11 月 3 日上线。2019 年 3 月，梨视频与云上智农在北京签署战略合作协议，双方将共同为中国超过 1 500 万新型职业农民提供短视频服务。梨视频涉及"三农"的短视频内容，通过云上智农 App 直接触达广大农民用户。2019 年 8 月底，梨视频与学习强国学习平台签署正能量内容传播战略合作协议，这是学习强国首次引入市场化互联网平台的短视频内容。

3. 长视频平台

长视频平台的代表有 B 站、腾讯、爱奇艺等。长视频与短视频相反，它的时长比较长，因此长视频平台的粉丝群体基本上是固定且具有一定特征的，如 B 站的粉丝是年轻化群体，运营人主要通过博主推广、软广植入、特殊广告等方式宣传产品。

4. 音频平台

音频平台是一个比较新兴的新媒体平台，以喜马拉雅 FM、荔枝 FM 等为代表。音频主要提供听觉的享受，因此，它主要是伴随式的场景体验。运营人主要利用音频平台植入广告，或自己搭建平台账号，或采用节目等形式进行产品宣传推广。

（三）社区经验分享类平台

运营人通过建立和运营社群、发帖宣传等方式，在分享类平台上，分享自己的经验、知识和见解。此类平台互动性较强，社群感也最强，因此用户忠实度也高，如知乎、百度知道等。

例如，知乎是一个以知识分享和问答为主的社区平台，其特点包括以下几点：

（1）知识分享：知乎上的内容以知识分享和问答为主，用户可以在上面找到各种专业领域的回答和见解。

（2）互动性：知乎支持用户之间的互动和讨论，能够形成高质量的问答和讨论氛围。

（3）权威性：知乎上的回答和见解具有一定的权威性和可信度，因此吸引了大量专业人士和机构入驻。例如，李开复等人在知乎上分享专业知识和见解，通过高质量的问答和讨论吸引了大量关注度和粉丝。

（四）新闻和内容聚合平台

新闻和内容聚合平台，如今日头条、网易新闻等，主要功能是对各种新闻和内容进行聚合和推荐。自媒体平台是如今媒体运营人都十分重视的平台，用户忠诚度高，平台的信息投放方向也比较精准。平台给了创作者很大的机会和可能，运营人主要作为创作者在这些平台进行内容输出。

视频：自媒体平台简介 – 头条和知乎

三、新媒体矩阵的定义

新媒体矩阵就是指能够触达目标群体的多种新媒体渠道、平台和手段组合。

常见的新媒体平台有微信公众号、头条号、微博、百家号、小红书、知乎等，常见的新媒体矩阵大多由这些平台渠道组成。同一个运营主体，通过不同的新媒体平台发布有区别的内容，形成多平台渠道矩阵，以此来增加内容的曝光量及浏览的用户数。同一运营主体，在相同的新媒体平台通过不同的账号，发布有区别的内容，形成多手段渠道矩阵。

视频：今日头条媒体平台介绍

新媒体矩阵主要分为横向（平台）和纵向（账号）两种类型。

1. 横向矩阵

横向矩阵指企业在全媒体平台的布局，包括自有 App、网站和各类新媒体平台，如微信、今日头条、微博、企鹅号等，又称外矩阵。

2. 纵向矩阵

纵向矩阵主要指企业在某个媒体平台的生态布局，是其各个产品线的纵深布局，又称内矩阵。企业一般会选择大平台，比如，微信可以布局社群、个人号、服务号、订阅号及小程序。

四、搭建新媒体矩阵的作用

（一）实现多元化营销

视频：自媒体平台简介——百家号与企鹅号

新媒体矩阵的搭建，可以让企业的营销策略更加多元化。每个平台都有独特的内容风格，通过在不同平台上发布内容，可以覆盖到更多的潜在用户，从而提高品牌的知名度和影响力。同时，不同的平台也有各自的特色和受众群体，通过合理搭配，可以更好地满足用户的个性化需求，提高用户的黏性和活跃度。比如，公众号以图文为主，抖音以15秒到3分钟的视频为主。企业通过在多个平台上建立账号，使传播内容的形式多元化，吸引不同受众群体。比如，小米手机在抖音上做的是"特效+产品功能"的展示，小米利用手机本身的拍照功能，教用户摄影技巧，展现手机的拍照性能。在微博上，小米通过不同的账号发布各类企业新闻、宣传活动，发布关于新机发布的消息、手机性能的介绍、各种手机使用技巧及性价比超高的红米手机背后的故事等。无论采用哪个平台进行宣传，小米公司最终的目的都是将品牌形象和产品信息传递给更广泛的受众，增强受众对品牌的认知和信任感。

（二）提升品牌形象

新媒体矩阵不仅可以帮助企业扩大市场，还可以提升企业的品牌形象。通过在不同平台上发布高质量的内容，一方面可以展示企业的专业知识和实力，从而树立良好的品牌形象，另一方面可以加深用户对品牌的了解及印象，进而产生购买欲。比如，进行事件营销，可以先在微博上造势，再在微信上进行转化，最后在今日头条等媒体网站分发品牌公关稿，以达到协同放大营销效果——用户可能在微博上看到品牌宣传，对这个品牌有印象，后来在微信上又看到该品牌的宣传，就会产生消费的冲动。同时，通过与用户互动，进一步增加用户的信任感和忠诚度，提高品牌口碑。

比如，中国航天版《向云端》从抖音"破圈"，冲上微博热搜第三，还被《人民日报》等123家媒体转发，全网传播量超2亿次。这条精心策划的短视频虽然只有31秒，12个镜头，出现了8个导弹武器装备，除了导弹武器，其他4个镜头中都有国旗出现，意在诠释祖国不仅在航天铸剑人的心中，也在我们每一位传播者的心中。

（三）加强用户关系管理

新媒体矩阵可以帮助企业更好地管理用户关系，通过在不同平台上与用户互动，可以了解用户的喜好和需求，从而提供更个性化的服务。同时，也可以通过各种活动和优惠，增强用户的参与感和归属感，提高用户的忠诚度。比如，小米公司在微博上有一个强大的矩阵，包括小米官方微博、小米手机官方微博和红米手机官方微博等。

小米官方微博作为小米矩阵的核心，是小米宣传品牌形象和企业文化的有力武器。小米在这里发布各类企业新闻、宣传活动，同时积极与粉丝互动、回应反馈、解决问题。

小米手机官方微博则专注于手机产品的推广。这里会发布关于新机发布的消息、手机性能的介绍，还有各种手机使用技巧。这个平台主要面向手机用户，通过与粉丝互动，增强他们对小米手机的信任和喜爱。

而红米手机官方微博则主要面向价格敏感的受众。它同样会发布新品信息、手机性能等，还有性价比超高的红米手机背后的故事。

总之，小米公司在微博平台上的矩阵构建了一个相当完善的品牌传播体系。通过多账号的协同宣传，让更多人对小米有了深入的了解和信任。同时，小米通过与粉丝互动，及时反馈问题，这不仅提高了用户满意度，更为品牌的长远发展赢得了无数粉丝的支持。

（四）优化资源配置

新媒体矩阵的搭建，一方面可以让企业的资源得到更有效的利用，另一方面可以有效避免企业因集中在某一平台运营出现"黑天鹅事件"，导致前功尽弃的后果。通过对不同平台的数据进行分析，可以了解各个平台的用户行为和反馈，从而调整营销策略，优化资源配置。同时，也可以通过对平台的监控和管理，降低运营成本，提高运营效率。比如，小米结合产品的不同目标受众，采取了个性化营销策略。如小米手机青春版的目标受众是年轻人和学生群体，注重性价比和时尚外观，于是采用网络媒体、社交平台及视频直播等多元化渠道进行宣传，开展抢购、抽奖、拼团等互动活动，吸引用户关注和参与。小米手机红米系列的目标受众是中低端市场和入门级用户，强调实用性和性价比，于是采用电商平台和线下渠道进行销售，通过广告宣传和促销活动吸引用户购买。同时与电信运营商合作推出定制机型，扩大市场份额。

视频：企业官方微博写作技巧与注意事项

五、常见的新媒体矩阵形式

（一）平台矩阵

企业进行广告宣传时，通过在各个新媒体平台，如微信公众号、知乎、小红书、头条、抖音等开设官方账号，形成的就是平台矩阵。

视频：自媒体运营价值与变现渠道

（二）账号矩阵

对于美食类账号运营者，除了有一个新媒体美食类官方号，还会有一个教美食的人设账号，以及若干个不同城市的美食探店或网红美食家账号，这就是账号矩阵。

1. 官方号

官方号是直接用品牌名称注册的账号。用户通常是通过官方号来认识一个品牌，所以做好官方号非常关键。官方号的人设是由内容、选题和写作语言决定的，可以是品牌资讯、行业知识、科普知识、产品展示及营销活动预告等。

2. 权威个人号

权威个人号和官方号的口吻都是很权威的，两者的不同之处在于，官方号一般是以"官方的口吻"直接推出产品，而权威个人号语言上会以"权威他者的视角"去探讨问题或分享一些干货知识，在提及相关知识时顺带提到产品。

3. 素人号

素人号模拟的是目标用户的真实账号，可以简单理解为"水军"（又名网络枪手，是指在网上针对特内容发布特定信息或雇用的网络写手）。它通过打造真实丰满的人设，展示出在生活中用户真实体验产品的内容。运营内容多围绕产品体验和真实使用分享，在文案上需要更加注意真实性。

比如，生产保健品的企业，官方号可以发布各类有关企业的新闻，发布有关新产品的消息，介绍保健品的功效、使用方法等。权威个人号，可以是各大医院的医务工作人员或者是研究保健品的科研人员，用权威视角去输出各种关于保健品的干货知识，然后顺带提及公司，在回答用户具体的专业性问题时顺便提到相关产品。这样一来，既能向用户传递知识又能构建自己权威的人设，还能在此基础上植入产品。素人号，可以定位成一个生活在某个具体城市，使用或食用过该企业保健品的用户。她可以在知乎提问中回答关于该企业产品效果、使用方法的一些问题，以亲身经历的口吻分享自己在使用该保健品后，身体所发生的变化。在素人号的个人动态中，也可以回答一些简单、接地气的生活类问题，这样的内容让人感觉很真实，很值得信赖。

六、构建新媒体矩阵的步骤

（一）梳理现状

梳理企业或个人的新媒体发展阶段，不同发展阶段重心不同，启动期可以选择有红利的平台进行尝试，增长期可以进行平台拓展和粉丝引流。

视频：公众号内容要避开的写作误区

（二）目标受众分层

对目标受众进行人群细分，做好用户画像。根据不同层级人群的需求和偏好分化出新的账号或平台。

（三）选择平台

选择合适的平台，一方面要明确搭建自媒体的目标及运营对象，另一方面要清楚平台的定位、属性、用户,适合运营什么内容来提升互动和转化。比如,微信公众号可以发布文章、图片、视频等,微博可以发布新闻、娱乐、科技等,抖音可以发布短视频、直播等,如图2-3所示。

图2-3 微博平台文案内容和抖音平台文案内容

(四)制定运营目标

不同平台的运营目的和数据反馈会有比较大的差别,同时不同类型的自媒体账号的数据也不同(如表2-1所示)。

表2-1 不同自媒体账号数据对比

自媒体账号类型	关注的重点
产品型	以用户为中心,立足点为产品,可以关注新注册用户、留存率和付费转化等
卖货型	以客户为中心,立足点是收益,重点关注成交额
媒体型	以读者为中心,立足点是内容,可以关注全平台阅读量、打开率、原创率、留言、阅读完成率、转发率、收藏率、粉丝增长情况,以及品牌联动合作等

(五)做好调研、确定人设

在选定平台,确定矩阵的结构后,对不同账号进行匹配目标群体的人设建设时,可以遵循"1+N模式","1"是品牌"基因","N"是在不同平台搭建的角色,按照平台的风格属性进行改造。

同时，做好调研，了解账号定位在该平台上是否有用户关注，用户在该定位下喜欢的内容风格是什么，用户的需求是什么等。

（六）组建运营团队

新媒体运营团队包括三个组，分别是内容组、运营组和项目组。

内容组的主要任务是做好内容运营，负责追踪社会热点，撰写专题内容。如今是内容为王的新媒体时代，内容是否吸引人，决定了新媒体运营效果。

运营组负责用户运营和流量运营。具体要做的是找准目标用户，对用户进行精准分析，根据分析结果优化运营策略，提升引流效果。

项目组负责活动运营。要定期把流量变现，需要定期举行一些项目活动和用户互动。

（七）复盘优化

根据在平台上所获得的数据，分析用户特点和业务需求，调整后续的工作内容和方向，并持续优化。例如，对于微信公众号，可以根据用户活跃度和阅读数等数据，调整文章的发布时间和内容；对于微博，可以根据用户反馈和数据分析，优化运营策略。

【边学边练】

练习一　分析各个新媒体平台的特点及用户特点

任务描述：4~5 人一组，在课前任务中搜集的新媒体渠道、平台、手段的基础上，进一步分析它们的特点及用户特点，并将内容填写在表 2-2 中。

表 2-2　新媒体渠道、平台、手段的特点及用户特点

序号	新媒体渠道、平台、手段	平台特点	用户特点
1			
2			
3			
4			
5			
6			
7			
8			

任务二　常见新媒体平台的文案写作策略

【学习目标】

➤ 知识目标

1. 了解常见新媒体平台的文案写作策略。

➤ 能力目标

1. 能够根据推广目标，选择合适的新媒体平台。
2. 能够根据新媒体平台的特点，撰写推广效果好的文案。

➤ 素质目标

具备创新意识、创新精神。

【课前学习】

1. 课前在线学习

加入学堂在线"新媒体文案写作"在线课程，根据教师要求学习相关内容。

2. 课前任务

课前任务名称：选择合适的新媒体平台进行宣传。

课前任务说明：企业计划对年货节活动进行线上推广，请结合你对新媒体平台的了解，谈谈你会如何选择。

课前任务成果：请陈述你选择该新媒体平台的原因，形成文稿做分享。

【案例导入】

全国各地公安民警、消防人员公布瓶盖挑战短视频

2022年，瓶盖挑战十分火爆，全国各地公安民警和消防人员也不甘落后，就连军犬也加入考验。7月9日，杭州公安微博发布了一段十分强势的瓶盖挑战短视频，视频里，民警开枪将瓶塞击毁，还能够"一箭双雕"，被网友们夸赞太牛了。安徽淮南警员"独臂所长"鲍志斌的瓶盖挑战短视频，也是赢得一片敬礼之声。

7月1—31日，"公安机关瓶盖挑战"新浪微博有关数据量为1.4万个，截止到8月5日，"警察叔叔强势开瓶盖""失臂警方的瓶盖挑战"等热点话题，总浏览量为

520万次，探讨数为8 300余条。

在所有视频的传播环节中，不仅有多家媒体参加传播，还有多家媒体也加入公安机关瓶盖挑战中，陆续公布瓶盖挑战短视频。

案例解析：网民自发瓶盖挑战，在"各显其能"秀专业技能、秀脑洞大开的前提下，也想不断提升瓶盖挑战的人气。这些"借势营销"做宣传的政务微博，均引起了很多人看热闹与跟评转发，纵览互联网评论，传送出的都是满满的毫无疑问与称赞。这使"网络热点政务服务"的人气累加，造就了新的热门话题，进一步展现了公安民警品牌形象，提升了单位公信力。

【知识储备】

文案是新媒体时代每个人必备的杀手锏技能，一个好的文案，不是单纯的产品介绍，而是能引发受众的共鸣，满足受众的情感需求，进而勾起受众的购买欲望。一个好的文案是有超强转化率，能赚钱的文案。

> **课堂讨论**：相较于文字，人们为什么更愿意阅读图片和视频？
>
> （1）图片和视频可以更直观地传达信息，能够更生动地传达情感、情节和人物性格，使人们更深地投入其中。
>
> （2）色彩、图像和动画等元素能够引起人们的兴趣，更容易吸引人们的注意力。
>
> （3）图片和视频通常可以在较短的时间内传达更多的信息。与读一篇长文相比，观看一个短视频或翻看一组图片通常更为迅速和高效。
>
> （4）图片和视频内容可以跨越语言和文化的障碍，因为视觉和声音是全球通用的语言。这使得图片和视频在国际传播和跨文化交流方面更具优势。
>
> （5）音乐、声音效果和视觉效果可以用来表达情感，使人们更容易与内容产生共鸣。这在广告、音乐视频和情感性内容中特别有用。
>
> （6）视频和图片可以通过交互性元素（点击、滑动、放大等）增加人们的参与度。这可以增强人们的体验，使其参与其中。

一、新媒体平台文案写作的一般策略

每个新媒体平台都面向不同的受众群体和目标市场，每个渠道都有自己独特的定位和目标，以及不同的品牌声誉和价值观。虽然不同的新媒体平台有不同的规则和要求，但通用策略可以提供一个基本框架，在文案写作初期，可以采用包括下面这几个维度的通用策略。

（一）知己知彼

明确文案内容要触及的目标受众和要表达的核心信息。

首先，要明确文案是面向哪个群体的。了解该群体的兴趣、需求、喜好、习惯等，以便撰写更有针对性的内容。其次，确定想要通过文案传达的主要信息和目的。无论是推广产品、分享信息还是增强品牌形象，文案的核心应该围绕这些目标展开。

（二）独具匠心

用新颖独特的方式表达观点，致力于建立情感联结。

新媒体时代强调创意和创新，尝试用新颖独特的方式表达观点，使文案在众多信息中脱颖而出。利用故事、幽默、情感等元素与受众建立情感联系，因为情感化的内容更容易引起共鸣，增加受众的参与和分享。

（三）简明清晰

简洁的文字配合视觉元素更容易获得受众青睐。

首先，标题是吸引受众注意力的第一步，它应该简洁、有吸引力，能够激起受众的好奇心。文案开头需要直击要点，避免冗长和复杂的叙述。其次，可以使用短段落和亮点来帮助受众快速浏览和理解内容。使用粗体、斜体、列表和引用等突出重要信息。最后，注重文案与图片、视频、表情符号等视觉元素配合运用，以增强信息的吸引力和表现力，更直观地传递更多的信息。

（四）鼓励互动和参与

文案要注意引导受众参与互动和反馈。不同平台有不同的功能和特点，鼓励受众积极互动，无论是通过评论、点赞、分享、私信还是其他方式，这样可以增加受众的参与度和文案的影响力。品牌和新媒体文案从业者可以利用这些功能建立与用户的互动，提高受众参与度，并增加受众对品牌的忠诚度。

【案例课堂】

假设你是沉浸式唐风市井生活街区——"长安十二时辰"的宣传文案制作人，需要在新媒体平台上推广该景区，如何使用以上策略去确立文案内容？

首先明确受众对唐朝文化和历史剧的兴趣点，确立"长安十二时辰"主题景区目标受众为历史剧迷、文化旅游爱好者和家庭游客。传播文案突出传达唐朝风情，突出景区沉浸式体验的核心卖点，如历史重现、美食体验、文化周边；强调景区与剧情相关的独特活动以增加受众参与感，如古装体验、手工艺制作、解谜游戏、知识问答等。据此，可以创建一个吸引人的标题，如"穿越回唐朝：一日长安市井生活体验""穿越时空，成为长安城的探案高手"。可以选择使用唐朝风格的美图和视频，展示景区的视觉魅力，将文案核心信息融入视图等。结尾别忘了标注互动和参与的方法，如"你最想体验哪个唐朝活动？""古装选秀等你参与"等。若选择微博平台进行宣传，可以利用热点和话题标签，分享景区的即时动态和活动。如果选择在小红书平台传播，可以发布深度体验分享和游客故事，强调文化和历史体验。可以参考下面这则文案配合图片或视频进行传播。

邀您穿越千年，大唐盛世一日游

欢迎来到唐玄宗开元年间，沉浸式体验长安十二个时辰的唐风市井生活。

旭日初升：在晨曦中闻到的不仅是清晨的花香，更是唐朝市集的热闹。手工艺人开始他们的日常，热气腾腾的小吃摊已经准备好迎接你的到来。

午时已到：品尝历史的味道。从经典的羊肉泡馍到香气四溢的宫廷点心，每一口都是对唐代食文化的完美致敬。

夕阳西下：随着黄昏的临近，长安街头变得更加迷人。身着华丽唐装的舞者在街头翩翩起舞，你也可以选择一袭古装，加入这场时空交错的盛会。

更漏深夜：灯火通明的长安，夜晚的活动更是精彩。品茗、赏月，或是听一场传统音乐会，感受古人夜生活的闲适和雅致。

在长安十二时辰中体验，每一步都是历史的回响，每一次转身都可能遇见不一样的故事。这不仅重现了唐朝的辉煌，更为大家带来了一场视觉和感官的盛宴。

带上你的相机，捕捉这些美好瞬间，与亲朋好友分享你的唐朝奇遇吧！"长安十二时辰"唐风体验，穿越长安历史之旅。

快来预订你的穿越之旅！长安十二时辰，等待你来探索唐朝的世界！预约方式……

二、不同类型平台文案的写作侧重

不同的新媒体平台，用户群体、内容消费习惯、平台特性和功能也不同。比如，年轻人可能更喜欢新潮和有趣的内容，而中老年人可能更偏爱实用性和信息性强的内容。每个平台也有其独特的格式、风格、互动方式、算法差异等，理解和适应每个平台的独特性是创造有效和吸引人文案的关键。根据平台和受众的特点，灵活写作和调整文案策略是很重要的。下面我们来看如何针对不同渠道有效提高文案的写作质量和影响力。

（一）社交媒体平台文案的写作侧重

不同社交媒体平台都有其独特的用户群体和使用习惯，比如，微信更倾向于个人化和私密性较强的内容，朋友圈适合分享个人故事、情感表达，而公众号适合发布更正式的、信息性强的文案。微博公共性和开放性更强，适合快速传播和追踪热点的文案，文案应更具吸引力和话题性。由于社交媒体平台信息流量巨大，标题和内容的开头尤为重要，比如，微信公众号的标题一定要突出核心，提炼精华才能吸引用户点击，开头要能快速引起兴趣。无论是娱乐、教育、推广类的内容，还是即时信息、有趣的见解、感人的故事，都能为用户提供实用价值和情感价值。微信可以分享更多关于行业文化或个人故事的深入内容，增强情感共鸣。

例如，在西安大街小巷几乎各处都能看到一个名为茶话弄的新中式茶饮品牌，茶话弄诞生于十三朝古城西安，品牌从内而外透露出汉唐的古典雅韵。因为该品牌的目标受众主要是年轻人，在微信中，内容可以聚焦于工作与生活平衡，例如，"忙碌过后，你的专属放松时刻，一杯桂花饮陪你。"在微博上，文案可以更加轻松简单，例如，"茶话弄新口味，职场生活不易，来杯鲜茶'加速'！"推广该品牌茶饮的微信标题可以采取预设悬念的方式吸引点击，比如"温暖闺蜜们的竟然是 TA"，而微博标题可以是"茶话弄新品，今天，给你的味蕾来点新鲜感！速来尝鲜！"。

（二）短视频和直播平台文案的写作侧重

短视频和直播平台的用户喜欢新鲜、有趣、具有互动性的内容。在短视频和直播的开头要快速吸引用户的注意力，通常可以在前几秒内展示亮点或提出引人入胜的问题。短视频平台的文案写作更侧重于快速吸引用户、传递信息和表达创意，而直播平台则更注重实时互动、情感连接和详细信息的传递。

短视频平台文案写作要注意趋势敏感性的把控，学会借用平台分析工具观察目前流行的趋势，如热门话题、挑战或流行的音乐，紧跟当前流行趋势、热点和话题，这样可以有助于文案内容与用户产生即时共鸣；可以通过讲述故事、分享个人经历或传递情感来引起共鸣，增加视频的分享度；利用引人注目的视觉效果，如鲜明的色彩、动态图像或吸引人的背景，来增强文案的吸引力；注意个人 IP 打造，保持一致的风格和声音，塑造独特的品牌或个人形象。

直播平台的文案写作主要聚焦于直播脚本和直播话术，脚本要确保内容有清晰的结构和流程，包括主题介绍、教育内容、示范、互动环节、总结和结束语等部分。在开头要有明确和吸引人的直播主题或内容，使用户知道他们将在直播中将看到什么，以及他们可以期待什么，突出直播中的亮点，例如，特别的节目、抽奖、游戏或惊喜，从而吸引用户停留。文案写作通常需要考虑到口头表达和互动的特点，使用生动的语言、有趣的描述和情感表达，使脚本更具吸引力，让用户感到舒适和亲近。直播预热视频文案要提前宣传直播，建议用户关注或设置提醒，以确保他们不会错过直播。如果有特别嘉宾或嘉宾亮点，应在文案中突出展示，吸引更多用户的关注。

（三）社区经验分享类平台文案的写作侧重

社区经验分享类平台注重分享生活经验和个人故事以及生活方式，用户群体特别重视内容的真实性和亲和力，因此，文案应该显得个人化、真诚，避免过度商业化的语气。比如，小红书平台强调的是个人风格和真实分享，因此保持自然和真实至关重要。

人们喜欢听故事，尤其是那些能够引起共鸣的故事。试着将你的旅行、美食、时尚、美妆、健康、读书心得等经验和知识通过故事的形式表达出来。详细和真实地描述通常更受欢迎。无论是旅行日志、产品评测还是生活小技巧，用户喜欢深入了解产品或体验，因此文案应提供详尽的信息，如个人感受、个人建议等，以增加文案的吸引力。根据平台结构优化格式和视觉效果，适当使用段落分隔、加粗关键词、使用清晰的图片或视频等，提高阅读体验。确保内容格式整洁、清晰。合理使用相关标签和关键词，有助于内容被更多感兴趣的用户发现。定期发布内容，保持一致的风格和质量，有助于建立忠实的用户群。

【案例课堂】

小红书平台"茶话弄"案例

我不允许还有人没喝过西安的茶话弄，这几款你一定要喝！附最全点单攻略。

来西安旅游一定要打卡的本土品牌——茶话弄，推荐几款我的最爱！真金白银堆出来的测评！喜欢的话麻烦点赞收藏呀！

1. **桂花引**

必点款，茶话弄的招牌了吧。

新鲜牛乳＋台湾高山洞顶乌龙＋天然桂花。

一杯桂花引的热量＝半盒酸奶，听起来就健康没有负罪感。

2. **梅占摇红**

也是我的爱，茶底是武夷山的金骏眉。推荐点少冰，热的话会有点腻。

3. **桂花引脏脏茶**

这款是我在所有面世黑糖系列的奶茶中内心的 Top1，黑糖珍珠非常软糯，喜欢甜口的必须推荐。

4. **楼兰堆雪**

碧根果仁和奶油是绝配，不含咖啡因的美人茶。

可以喝到咖啡的醇厚，还可以不用担心失眠，很独特的一款，推荐大家试试。

5. **桃芝夭夭**

里面有大量的水蜜桃新鲜果肉，比较偏甜，去冰超级好喝，是我在果茶里的最爱，真的满满的快乐！

茶话弄是西安的本土品牌，从产品名字到包装设计都古色古香的，完全长在我的审美上！真的非常惊喜！大家走过路过千万不要错过呀，哈哈哈哈！希望茶话弄早日冲出西安！

（四）新闻和内容聚合平台文案的写作侧重

今日头条、腾讯新闻等新闻和内容聚合平台与其他平台最大的不同点是这些平的文案侧重新闻信息内容，这些内容应该是及时的、吸引人的、准确的、易于消化的，同时还要能激发用户的互动和评论。

时效性与真实性是新闻的第一要义，文案内容需要紧跟当前事件和热门话题，确保信息是最新的，并与受众关心的热点相关，确保信息的准确性和客观性。标题是吸引用户的第一步，它需要抓住用户的注意力，同时准确反映文案内容。避免写作误导性或夸大的标题，以维持事件可信度。鉴于互联网时代用户的阅读特性，文案应该直截了当，容易理解。避免冗长的引言，应直接进入主题。即使是报道新闻，一个好的叙事方式也能使内容更加吸引人。新媒体文案从业者可以尝试用故事的形式展现信息，并结合相关的图片、视频或图表，以增强文案的吸引力和易读性。鉴于新闻平台的流量分配方式，还需要优化文内相关关键词，以提高在平台内的可见性和搜索引擎排名。

（五）电子商务相关平台文案的写作侧重

在淘宝、京东、拼多多等电子商务平台上往往需要写作有效的产品文案，聚焦产品特性和用户的潜在利益并提高销售转化率。

为了更准确地定位文案风格和内容，首先要了解电商活动对应的潜在用户，聚焦他们的需求、偏好和购买行为。文案内容要强调产品的优势和特点，清楚地展示产品或服务的独特卖点，突出产品的功能、设计、价格优势等。确保商品标题既吸引人又包含关键字，以提高搜索引擎的可见性。详细的描述可以消除用户的疑虑，要提供全面的产品信息，包括尺寸、材料、使用方法等。另外，一定要突出驱动快速购买决策的关键因素，比如优惠、限时折扣或独家交易，并在文案中明确鼓励用户采取特定的行动，比如"立即购买""加入购物车"或"了解更多"。由于用户更容易被图像、视频和其他视觉内容吸引，新媒体文案从业者要确保使用高质量的图片和视频来配合文案展示产品。如今，很多商家另辟蹊径，通过分享产品背后的故事、用户评价或使用体验，与用户建立起更深层次的情感联系，这一方式也取得了很大的成功。

【案例课堂】

淘宝平台花田巷子的文案

秋风吹渭水，稠酒满长安！花田巷子是在西安黄桂稠酒的基础上，开发的一款更适合现代人口味的清汁米酒。因其采用优质糯米固态发酵，未经过蒸馏环节，因而氨基酸、维生素含量非常丰富，近年来成为陕西酒传统与现代相结合的一个代表，在多个电子商务平台都开设有官方旗舰店。以下是其文案推广内容：

标题：中国年！陕西味！微醺的长安味道——花田巷子桂花米酒

产品描述：返璞归真，回归千年米酒本味，优选糯米，挑选五常上好糯米，只有够纯够鲜，才有资格落罐。

甄选优质天然桂花，淡淡桂花能够提升香气，愉悦心情。

澄澈井水，选用地下几百米的深井水，将糯米滋润得尤为甘冽清甜。

纯菌发酵，固态酿造，是都市人对品质的苛刻原则。

详细说明：古法溯源酿酒6部曲。

1. 好米好水，简单配料。
2. 洗米浸米，蒸米不烂。
3. 摊晾熟米，手工拌曲。
4. 发酵听音，翻缸打耙。
5. 过滤分离，沉淀澄清。
6. 灭菌罐装，检验出品。

使用场景：口感绵甜香醇，酒体温和、含有令人愉悦的桂花香，适宜女性、老人及体弱恢复者。无论何时，相聚分散，都市人自有让身体与灵魂休憩的办法。6度的清甜微酸，是令都市人舒服贪恋的口感。桂香与浅醉，是都市人自如自洽的状态。

用户评价展示："清甜解腻，逢年过节总要囤几箱。"——老陕老饕

特别促销信息："屯年货，年货节期间立享9折！"

呼吁行动："全年最低！1月10日——2月10日年货节期间加购立享9折。"

每个媒体平台都有其独特的用户群体和文化，用户在不同平台上的预期和体验不同。了解上述这些差异与侧重点是制定有效平台文案写作策略的关键部分。有效的策略需要对不同平台的特性有深入的理解，并应根据各平台的特点和用户预期对文案和内容策略进行调整。这种定制化的方法有助于提高用户参与度、增加品牌曝光度和促进业务目标的实现。

【边学边练】

练习　分析不同新媒体平台文案写作的侧重点

任务描述：学生3~4人为组，每人负责2~3个平台，分析不同平台的文案写作侧重点，填写表2-3，并在组内进行分享。

表2-3　不同平台的文案写作侧重点

序号	新媒体平台	文案写作的侧重点
1		
2		
3		

任务三　人工智能与新媒体

【学习目标】

➤ 知识目标
1. 了解人工智能技术的定义。
2. 了解人工智能给新媒体带来的影响。

➤ 能力目标
1. 能够利用人工智能技术提高新媒体的效率。
2. 在新媒体营销中，能够合理利用人工智能。

➤ 素质目标
1. 具备学习新知识的能力。
2. 具备一定的判断能力。

【课前学习】

1. 课前在线学习

加入学堂在线"新媒体文案写作"在线课程，根据教师要求学习相关内容。

2. 课前任务

课前任务名称：搜集人工智能的应用领域。

课前任务说明：寻找人工智能的应用领域，整理分析人工智能对新媒体的影响。

课前任务成果：分析人工智能给新媒体领域带来的利与弊。

【案例导入】

人工智能技术在媒体领域中的应用

近年来，人工智能技术在媒体领域的应用越来越广泛。如决策式或分析式 AI，已运用到内容推荐、内容审核、人脸识别、精准广告推送等领域；生成式 AI（Generative AI），已运用到大批量内容生产之中，由 AI 助手根据创意辅助制作内容并进行产品分发，甚至直接根据用户需求生成个性化定制内容，提供解决方案。

1. 新闻采集环节：实现媒体数据的智能汇聚

新一代人工智能技术，推动 PGC（Professional Generated Content，专业生产内容）

数据、UGC（User Generated Content，用户生成内容）数据、AIGC（Artificial Intelligence Generated Content，人工智能生成内容）数据等的全网汇聚。通过精准的搜索引擎、分析引擎和可视化组件，媒体能快速完成新闻线索、热点报告等融媒体产品的自动化采集。

集录音、转写、翻译技能于一体的智能语音笔，能快速实现采访音频识别；实时锁定人物、多人智能识别、自动匹配人物信息、支持实时录制回传的5G采访眼镜，能实现海量资料抓取分析；集合了定位系统、视觉识别、图像跟踪等技术的智能无人机，能实现精准跟随拍摄，能实现素材同步自动处理；支持全息异地同屏的虚拟访谈室，能支持交互式直播……人工智能技术，解放了媒体人的"手""脚""眼""耳""脑"，成为"十项全能"的全媒体"战士"。

2. 新闻生产环节：实现媒体内容的智能创作

人工智能技术助推媒体内容生产逐步向高质、高效、高产的方向发展。同时，人工智能技术还对媒体的内容生产流程进行重构，新闻采集、生产、分发、接收、反馈各环节的人员设置体系被逐步打破，部分岗位弱化甚至消失。

在新闻生产环节，智能创作平台以"知识服务+AI"的方式，为记者、编辑提供更多的知识辅助与支撑；写作机器人、AI创作助手等技术应用，能完成字幕生成、画质自动修复、横竖屏一键转换、文本图片转视频等一系列任务；AIGC新闻、无记者新闻、对话新闻、辟谣新闻等新的新闻形态，开始进入公众视野。

如新华社继推出"媒体大脑·MAGIC短视频智能生产平台"后，又推出全国首个AIGC驱动的"元卯"元宇宙系统，包含数字人、元魔方、积木AIGC视频生产系统、临境线下魔方互动空间等；《人民日报》推出"创作大脑"平台，与百度飞桨、文心一格等合作，通过AI生成视频《AI描绘未来中国》等；央视网AIGC人工智能编辑部，推出智能海报、智慧媒资等服务。

新闻机器人和AI主播也让记者从简单消息报道中解放出来。2022年全国两会期间，《"冠"察两会》节目中，"AI王冠"作为控场主持人，表达清晰、手势自如，展现了AI超仿主播在新闻生产环节的优势。

3. 新闻分发环节：实现媒体用户的智能推荐

在新闻分发环节，决定"谁来上头条"的"把关人"角色，越来越多地由人工智能来代替；今日头条等客户端运用算法、数据挖掘以及机器学习等技术，根据用户画像推荐感兴趣的文章，实现"千人千面"精准推荐。

此外，人工智能技术还催生了全新的新闻数据智库。在信息处理场景下，媒体能提供各种技术接口整合的图像搜索、智能录入、口碑分析、内容分类等信息服务解决方案。2023年9月，人民网人民数据打造的第一家全国性的数据要素公共服务平台上线，基于人民云和人民链，打通数据确权、数据授权、数据流通交易的全流程。

4. 新闻接收环节：实现媒体场景的智慧服务

新一代人工智能的信息资源获取和应用能力，使它成为继搜索引擎、网络浏览器等互联网入口之后的"新入口"，形成全新的"人－人""人－机""机－机"交往关系，并直接影响新闻信息的获取和消费行为。用户开始习惯通过智能耳机、车载智能电台等了解第一手新闻资讯；不少媒体上线聊天机器人、实体机器人等，为用户提供线上线下多场景的智慧服务。与此同时，人工智能还推动媒体从"物理性媒介"向"心理性媒介"过渡，使用户在新闻接收环节的特定场景中，形成情感依赖、情感替代、情感补偿等心理机制。

如"封面新闻"推出"小封机器人"，支持与用户智能聊天，并在聊天中不断推送用户感兴趣的新闻；《长沙晚报》在其融媒体"中央厨房"，推出集接待、解说、采访、直播、聊天、办事、安防等多种功能于一体的新闻机器人"镰刀妹"，并同步在"掌上长沙"上线智能语音小助手，它能根据用户语音指令，自动推送并朗读新闻，回答相关问题。

5. 新闻反馈环节：实现媒体环境的持续净化

人工智能技术运用于内容识别分类、文本内容检测、恶意图片审核、涉及敏感词库、图像反黄比对等项目，能以较高的效率、较低的成本，通过内容理解助力媒体环境净化。价值提升方面，构建可审查、监控和追溯的可信赖人工智能技术，使媒体治理更迅速、更高效、更精准、更全面；自主迭代方面，建立基于 AI 风险等级的检测评估体系，实现从"静态被动"的条块管理到"动态主动"的智能化媒体运行系统的转型与变革；全域融合方面，打造多维度内容理解的人工智能平台，逐步将语音媒体、车载媒体、户外媒体等纳入监管，实行分级、分类管理，实现鉴黄识别、广告识别和违法违规行为识别等多种功能。

（资料来源：洪孟春等，《人工智能技术在媒体融合中的应用场景与创新范式》，《中国记者》2023 年第 11 期）

案例解析： 人工智能技术为新媒体创作提供了广泛的应用空间，在智能化编辑、语音识别、图像处理和数据分析等方面具有重要意义。随着人工智能技术的不断发展，在未来人工智能技术将为新媒体从业者提供更多的创作和营销空间，进一步提高新媒体创作的质量和市场竞争力。

【知识储备】

人工智能是一个思考工具，它和人类的区别是很明显的。新媒体与人工智能的结合塑造着未来的媒体行业，这种结合带来了个性化的信息传播、智能化的内容生产以及数据驱动的决策过程。

一、什么是人工智能技术

人工智能技术是指通过模拟人类智能的方式，使计算机系统具有类似人类智能的能力，比如，像人类一样思考、学习。人工智能技术广泛应用于搜索引擎、智能语音识别、机器翻译、智能推荐系统等领域，通过人工智能技术，我们获取和利用信息变得更加高效（如图 2-4 所示）。

图 2-4 人工智能概念图

二、新媒体与人工智能技术的关系

新媒体与人工智能的结合，使新媒体更加智能化和个性化。

首先，人工智能可以为新媒体提供更好的用户体验。人工智能通过对新媒体数据和信息的分析和处理，为用户提供更加个性化的服务和推荐。例如，在社交媒体上，人工智能可以根据用户的兴趣和偏好，为其推荐感兴趣的内容和服务，提高用户的阅读体验。

例如，你原本计划只刷 5 分钟抖音，不知不觉就刷了 5 分钟以上，计划刷 30 分钟，不知不觉可能就刷了 1 小时，到底是什么原因让你对抖音爱不释手呢？原因就在于抖音的个性化推荐算法。它利用大数据和人工智能技术，分析用户的兴趣、喜好，实现精准的内容推荐。用户在抖音上停留的时间越久，平台对用户的了解就越深入，推荐的内容也就越符合用户的喜好，用户打开抖音看到的都是自己喜欢的内容，自然就提高了用户黏性。

你是否遇到过自己辛辛苦苦拍了视频，但结果却还不如跳舞的小姐姐？为什么别人随便拍的视频点赞就能过万，而自己的视频却没有人看？

让我们一起来揭秘抖音短视频的推荐机制。抖音视频的播放和以下两个因素有关：内容因素和技巧因素。内容因素占比 80%，好的原创内容，平台会优先推荐。技巧因素占比20%，包括账号搭建和账号活跃度及其他技巧。由此可见，要想做好一个账号最主要的还是有优质的内容。

想要获得流量，除了要有优质的内容，还要清楚视频的推荐机制：

1. "人人不同，千人千面"的智能推送机制

智能推送机制，讲的是短视频平台"以用户为中心"，后台通过大数据计算，在不需要个人关注账号的基础上，实现内容个人化阅读，让每个人看到的内容都是各不相同的，最终达到"人人不同，千人千面"的目的。

在这种机制下，你看到的都是你关心喜欢的内容，你会发现，短视频平台"比你更懂你自己"。

2. 贴标签机制

（1）给人贴标签。一方面，后台大数据会根据以下内容进行信息采集：

①个人资料；

②关键词搜索的记录；

③浏览比较多的类目视频；

④点赞视频数据、评论数据、通讯录的圈子关系等。

另一方面，后台会不断地记录个人的浏览、点赞、评论等这些"喜好"，给每个人贴上很多标签。比如，你是一个"爱打扮，常看电影，喜欢健身的'80后'白领"，这就是系统给账号贴上的不同标签，根据标签，系统就会推送你可能感兴趣的内容。

所以，每个人在短视频的平台，都有另外一个"互联网身份"，会被记录很多不同的行为，贴上一个全新的"喜好标签"。

（2）给内容贴标签。除了给人贴标签，短视频平台也会给不同内容贴上标签，根据账号发布的内容，会贴上相应的标签。比如，你经常发服装类视频，平台就会给你的视频内容打上服装的标签。

搞清楚这两个重要的机制之后，我们会发现，其实抖音是机器在对人进行判断。那么，作为一个短视频账号的运营者，机器又如何对账号内容进行推荐呢？

3. 短视频账号及作品推荐机制

对于发布的视频，短视频平台会从传播率、点赞数、评论数、转发数、账号资料完善程度及账号内容等六个方面进行评估，如果各方面都能够得到不错的评分，平台就会把视频推荐给更多的人。

对于账号本身，短视频平台也会从账号的健康度、活跃度、垂直度、互动度、原创度五个维度进行判断，如果评分很高，抖音就会通过大数据流量池对不同"兴趣爱好"的人群进行智能化推送。

抖音的推送机制是根据作品内容的上述六个方面进行判断，然后不断地给予不同数量的"流量池"，优质的视频不断被推荐，最终成为热门。

短视频平台每天要上传上千万个视频，人工无法判断哪个视频内容是好的，平台

也不可能聘用几十万人每天观看内容，而是通过一套大数据算法对内容进行判断。这就解释了为什么我们经常会在抖音上看到重复的经典内容，这个内容火了，另外一个人拿来用也可能火，抖音其实就是机器。想要获得平台的流量，需要懂得平台的算法推荐机制，让平台给予更多的播放量，将视频推荐到更多人面前。

三、新媒体与人工智能的应用

新媒体与人工智能的结合已经在各个领域得到了广泛应用。

在新媒体领域，人工智能可以通过自动化的方式，从海量的数据中提取有价值的信息，并自动生成新闻稿件。同时，人工智能还可以通过自然语言处理和机器学习等技术，对新闻进行分类和推荐，提高用户的阅读体验。

例如，"亚运元宇宙"是杭州亚组委联合中国移动共同打造的元宇宙智能服务平台，是我国首个大型国际综合体育赛事元宇宙，用户以数字人的方式，通过游戏、观赛、竞技等多功能，深度参与亚运火炬传递、开闭幕式等重大活动。用户还可通过支付宝、咪咕视频、中国移动掌上营业厅、咪咕爱看等多平台参与体验。

在 Web 3D 开源互动图形引擎开发、AI 智能、云服务、虚拟现实（Virtual Reality, VR）、区块链等技术的加持下，用户能手动调整数字火炬手的眉毛、服饰等细节，获得独属的数字火炬手形象。

在电子商务领域，人工智能通过分析用户的购买历史、浏览行为、兴趣爱好等数据，为用户推荐适合的商品或服务，这种推荐不仅大大减少了用户在海量商品中寻找自己喜欢的商品的时间，还提高了用户购物的满意度。虚拟试衣技术的应用，使用户只需要在电子商务平台上传自己的照片或相关身材数据，如体重、身高、肩宽等，虚拟试衣系统就会根据用户的数据和商品信息，实现虚拟试穿效果，从而减少用户线下试穿的烦恼和时间成本。智能支付技术的应用，实现了人们可以轻松通过人脸识别、指纹识别等技术完成支付。同时，人工智能通过图像识别技术，为用户提供更便捷的购物体验。

在社交媒体领域，人工智能通过分析用户的浏览习惯，为用户推荐其关心的内容。同时，人工智能还通过情感分析和舆情监测等技术，帮助企业和政府了解用户的需求和反馈，制定更有效的营销和公关策略。

在教育领域，人工智能根据学生个性化特点，为他们提供更好的学习资源和辅导服务。同时，人工智能还可以通过智能评估和反馈等技术，帮助教师了解学生的学习情况，以便制订更有效的教学计划。

例如，随着数字技术的飞速发展，人工智能正成为教育领域的一大核心竞争优势。其迭代升级不仅为教学实践带来了革命性的变化，也为教育行业带来了前所未有的创造力。

首先，在教学模式方面，人工智能的应用正在改变传统的"师—生"二元结构，引入了"师—生—机"的三元教学模式。这种模式下，智能教学工具和平台的支持成为关键。这些工具不仅能够提供个性化的学习路径，还能通过数据分析，为教师提供精准的教学反馈，从而实现个性化教学，改进学生的薄弱环节，使教学效果的最大化。

其次，在人机协同的教学模式下，教师的角色正在发生转变，他们不再是单纯的知识传递者，而是学生学习内驱力的激发者，引导学生探索知识的海洋。同时，教师也从教学过程的主导者变为教育进程的引导者，帮助学生构建知识体系，培养自主学习能力。

同时，学生的自主学习能力在这一过程中显得尤为重要。随着教育资源的极大丰富和教育空间的拓展，学生可以在更加多元、开放的环境中学习，不再受限于传统的课堂。认知大模型的应用改变了知识生产和知识传播的方式，为教育领域带来了深远的影响。

四、人工智能对新媒体的意义

人工智能对新媒体的意义主要体现在以下几个方面：

（一）提高内容生产效率

人工智能技术可以自动化处理大量的数据和信息，快速生成文案、视频等新媒体内容，大大提高了内容生产的效率。例如，某新闻机构开发了一款智能文案撰写工具，能够自动生成高质量的新闻报道，大大提高了内容生产的效率。此外，智能语音合成软件能够将文字转换成自然语音，为广播、语音播报等领域提供便利。

（二）优化内容推荐

人工智能技术可以通过分析用户的行为和兴趣，实现个性化推荐，提高内容与用户的匹配度，增加用户黏性和活跃度。例如，今日头条通过人工智能技术为用户推荐个性化的新闻内容，使其成为一个广受欢迎的新闻阅读平台。

（三）提升用户体验

人工智能技术可以实现智能语音交互、智能客服等，提高用户在新媒体平台上的交互体验，增强用户满意度。例如，腾讯AI语音助手，通过人工智能技术为用户提供智能化的语音交互体验，增强用户与媒体之间的互动。

例如，"春晚"可以说是每代人除夕夜必不可少的节目，尤其是"60后""70后"的朋友。据中央广播电视总台消息，经初步统计，截至2021年2月11日24时，2021年春晚直播观众规模11.4亿人。其中，新媒体直播用户规模5.69亿人，观看次数17.78亿次，比2020年的12.3亿次净增5.48亿次，电视端直播观众规模为5.71亿人，与2020年基本持平。受疫情影响，许多演员不能来到春晚直播现场，但为了满足观众心愿，春晚首次采用"云"传播、"云"互动的形式，实现与演员的隔空连线。本次春晚舞台主屏采用61.4米×12.4米的8K超高清巨型大屏幕，以春晚演播大厅的中心为圆心弧形布置。值得一提的是，舞美首次采用8K超高清视频进行呈现，同时也是首次使用AI+VR裸眼3D演播室技术。该技术突破传统舞台空间呈现形态，十分酷炫，科技感爆棚。

（四）创新商业模式

人工智能技术可以精准分析用户需求，为广告主提供更精准的广告投放和营销策略，创新新媒体的商业模式。

（五）增强数据驱动决策能力

人工智能技术可以对新媒体运营数据进行深入分析，帮助决策者更好地了解用户需求和市场趋势，制定更有效的运营策略。

（六）提升信息安全

人工智能技术可以自动化检测和防御新媒体平台上的恶意攻击和病毒传播，提高平台的安全性和稳定性。

综上所述，人工智能对新媒体的意义在于提高内容生产效率、优化内容推荐、提升用户体验、创新商业模式、增强数据驱动决策能力和提升信息安全等方面。随着人工智能技术的不断发展，新媒体行业将迎来更多的机遇和挑战。

> **课堂讨论**：人工智能的应用领域有哪些？举例说明，人工智能给新媒体带来的影响。

五、人工智能给新媒体领域带来的风险

人工智能给新媒体领域带来的风险主要包括以下几个方面：

（一）数据隐私问题

人工智能需要大量的数据来进行训练和学习，而这些数据往往涉及用户的个人信息。如果这些数据被滥用或泄露，将会对用户的数据隐私造成威胁。

例如，让无数少年念念不忘的"老干妈"，其独家配方被泄密一事曾经受到广泛关注。经警方调查后发现，掌握公司专用技术、生产工艺等核心机密信息的质量部技术员随身携带的硬盘里存有大量涉及老干妈公司商业秘密的内部资料，并且该技术员供职于其他食品加工企业。核心商业机密泄密事件，无疑给"老干妈"造成了巨大的经济损失。

如今人工智能发展已经成为一股无可抵挡的潮流，甚至遍布于各个行业之中。当AI越来越懂人类时，我们不禁要担心，这些AI会不会哪一天就把我们给"卖了"，人工智能带来的不安全性、不稳定性及威胁性，也越来越受到人们的关注。

如果有心人专门去搜集自己在微信朋友圈、微博及其他社交工具上留下的信息和痕迹，很容易就得到个人隐私数据。

近年来，关于数据泄露的报道时有发生，比如，华住酒店泄露用户隐私、脸书5 000万用户的个人信息被英国剑桥分析公司窃取等。在大数据面前，人类几乎无隐私可言；但是，大数据的应用又和人工智能紧密关联。因此，谁拥有大数据的所有权、使用权，由谁来负责大数据的监管以保证其被合理合法使用，如何保护隐私和信息安全等，就成为人工智能时代极其棘手的问题。

人工智能时代，网络安全形势更加严峻和复杂，但人工智能技术也能在网络安全漏洞检测、恶意软件识别、不良信息智能审核、防范网络犯罪等方面发挥独特作用。可以说，人工智能也在赋能网络安全。可以说，这是一把"双刃剑"。

在现实中，不管是百度、谷歌，都将人工智能重心放在云侧智能，因为云端的"大脑"可以很好地实现上述提到三大因素，即互联网公司将用户手机各种数据传送到云端，在云端用强大的计算能力分析处理后，再反馈给端侧指挥应用。但这就存在了一个巨大问题——用户数据在本地和云端来回交换的过程中，存在了更多被截获的可能性，这也是用户信息泄露的新途径。

随着AI时代的到来，个人隐私安全将面临更大的挑战。在享受智能服务的体验时，个人大数据需要被不断地频繁调用，如何保证这些用户个人信息不被泄露和滥用是十分重要的。

（二）虚假信息传播问题

人工智能可以自动化生成内容，但这些内容可能存在虚假、误导性等问题，从而误导用户和影响舆论。

（三）算法偏见问题

人工智能的算法可能存在偏见，导致某些群体或个人受到歧视或不公平待遇。例如，一些社交媒体平台可能会根据用户的性别、种族等因素推荐不同的内容，从而导致信息的不平等。

（四）职业就业问题

人工智能的发展可能会导致一些传统媒体从业人员失去工作机会，从而引发社会不稳定因素。

（五）安全问题

人工智能技术可能会被恶意利用。例如，通过自动化攻击来破坏新媒体平台的正常运行，或者通过智能化的方式进行网络犯罪活动。

> **课堂讨论**：请举例说明，人工智能给人类生活带来的影响。

【边学边练】

练习　分析人工智能对新媒体的影响

任务描述：学生 3~4 人为组，每人负责搜集 1~2 个有关人工智能和新媒体的应用案例，分析人工智能给新媒体带来的影响，填写在表 2-4 中，并在组内进行分享。

表 2-4　案例分析表

序号	案例	影响
1		
2		

【项目小结】

随着互联网的普及和深入，人们获取和传递信息的方式发生了巨大变化，新媒体平台的发展趋势呈现个性化推荐、社交化、短视频化、跨界融合、数据驱动的特点。

新媒体平台分为社交媒体平台、短视频和直播平台、社区经验分享类平台、新闻和内容聚合平台。同一个运营主体，通过不同的新媒体平台发布有区别的内容，形成多平台渠道矩阵。同一个运营主体，在相同的新媒体平台通过不同的账号，发布有区别的内容，形成多手段渠道矩阵。搭建新媒体矩阵可实现多元化营销，提升品牌形象，加强用户关系管理，优化资源配置。

每个新媒体平台面向不同的受众群体和目标市场，每个渠道都有自己独特的定位和目标，在文案写作初期，采用四个维度的通用策略：第一维度，知己知彼；第二维度，独具匠心；第三维度，简明清晰；第四维度，鼓励互动和参与。

新媒体与人工智能的结合塑造着未来的媒体行业，这种结合带来了个性化的信息传播、智能化的内容生产以及数据驱动的决策过程。

【知识检测】

（1）新媒体平台的分类有哪些？

（2）搭建新媒体矩阵的作用有哪些？

（3）常见的新媒体矩阵形式有哪些？

（4）新媒体平台文案写作的一般策略有哪些？

（5）简述新媒体与人工智能的关系。

项目二 新媒体文案发布平台

【实战训练】

➢ 实训背景

受疫情影响，2020年各大电商平台和线下生鲜店的社区团购大战如火如荼。在江苏太仓、苏州等地，来自陕西周至、淳化、旬邑、礼泉等地的生态种植黑布林、猕猴桃、苹果、冬枣、油桃、青皮核桃纷纷被摆上当地3 000多家生鲜柜台，与许多进口高价水果一样，受到当地市民青睐。

然而，在一年前，来自同一产地的黑布林还曾面临"烂在地里"或"低价贱卖"的尴尬，更有甚者，不惜借用网上"卖惨"来悲情促销。探讨"互联网+"背景下，如何让陕货走出去、卖得值。

➢ 实训目的

助力乡村振兴，该实战项目选择了陕西当地的特色农产品，通过该实战项目，一方面，鼓励学生利用自己所学，为农产品上行提供思路；另一方面，鼓励学生积极参与到乡村振兴活动中来。

➢ 实训要求

同一款水果的两种境遇背后，是农产品上行所面临的典型困境。3~5人一组，完成以下任务：

（1）你会通过哪些新媒体平台对农产品进行营销？

（2）针对不同的新媒体平台，你会采用什么样的营销文案？

【实训项目评价】

请学生填写表2–5，教师填写表2–6。

表2–5 学生自评表

序号	技能点、素质点	具体表现	达标	未达标
1	搭建新媒体矩阵	能熟悉新媒体平台的类别，搭建新媒体传播矩阵		
2	新媒体平台文案写作策略	能够掌握新媒体文案写作策略		
3	文案写作	流程完整，分析准确，有一定的创意，能达到传播目的		
4	创新意识	能够在新媒体文案写作过程中提出有创意的写作和表现手法		

续表

序号	技能点、素质点	具体表现	达标	未达标
5	沟通和交流	能够顺利与他人交流并完成访谈、调研等工作，能够进行有效表达，并有针对性地进行展示		
6	团队合作	能够进行有效的团队合作，并充分发挥各自的特点，互帮互助，共同完成任务		
7	资源整合能力	能够借助网络收集文案素材资料，能通过网络调研等手段了解优秀的新媒体文案的写作流程		

表 2-6　学生自评表

序号	技能点、素质点	具体表现	达标	未达标
1	搭建新媒体矩阵	能熟悉新媒体平台的类别，搭建新媒体传播矩阵		
2	新媒体平台文案写作策略	能够掌握新媒体文案写作策略		
3	文案写作	流程完整，分析准确，有一定的创意，能达到传播目的		
4	创新意识	能够在新媒体文案写作过程中提出有创意的写作和表现手法		
5	沟通和交流	能够顺利与他人交流并完成访谈、调研等工作，能够进行有效表达，并有针对性地进行展示		
6	团队合作	能够进行有效的团队合作，并充分发挥各自的特点，互帮互助，共同完成任务		
7	资源整合能力	能够借助网络收集文案素材资料，能通过网络调研等手段了解优秀的新媒体文案的写作流程		

【岗课赛证融通】

➢ 课证融通

"1+X"新媒体技术职业技能等级证书

"新媒体技术"职业技能等级证书立足于"1+X"作为职业教育制度设计这一根本，在提升学生职业素养与市场竞争力的同时，帮助学校重构课程体系，完善实训条件，促进书证融通。

新媒体技术职业技能等级分为初级、中级、高级，三个级别依次递进，高级别涵盖低级别职业技能要求。初级主要从事新媒体平台日常维护、内容加工、数据采集与初步分析等工作。根据融媒体理念和营销方案完成新媒体平台操作和不同类型的信息内容处理，具备应用新媒体技术进行平台维护、内容加工和数据初步分析的能力。中级主要从事新媒体平台运营维护、内容运营、活动运营、新媒体数据分析技术应用等工作。根据融媒体理念和营销目标完成新媒体营销平台选择、内容策划和活动运营，具备应用新媒体技术开展创意策划、内容运营、活动运营和数据分析应用的能力。高级主要从事新媒体平台运营策略制定、内容规划与推进、评估与优化等工作。根据融媒体理念和营销战略完成新媒体平台策略制定、内容规划、运营效果评估，具备应用新媒体技术开展新媒体运营统筹规划、执行管理、风险控制和精益创新的能力。

新媒体技术职业技能等级证书面向的职业岗位（群）有互联网企业、电子商务企业、跨境电子商务企业、转型"互联网+"的传统企业等，主要有助理设计师、新媒体编辑、新媒体运营助理、设计师、新媒体运营专员、新媒体运营主管等岗位。

➢ 赛证融通

全国职业院校技能竞赛直播赛项介绍

直播赛项是2023年全国职业院校技能竞赛新增赛项，主要是面向数字时代企业急需的电商直播岗位，基于市场策划、内容策划、直播推广、直播运营、直播销售等核心职业能力，以直播商品管理、直播主题及互动策划、直播脚本策划、直播推广策划、直播间装修、直播销售、直播互动、直播数据分析等典型工作任务为主线设计竞赛内容，该赛项全面考查直播电商学生的专业核心能力、礼仪规范、服务意识、合规意识、风险意识以及团队协作意识等职业素养。

【素养提升】

这就是中华文明！网宣片《CHN》

2024年两会之际，人民日报新媒体推出中华文明国际形象网宣片《CHN》，在海内外引发广泛关注。视频以习近平总书记关于中华文明的相关论述为主线展开，通过中华文明第一人称视角自述，英语配音、双语字幕，展现了博大精深、海纳百川的中华文明形象。《CHN》精心选取了多种中华文化符号（如图2-5所示），通过精美大气的画面，向全世界呈现中国风度、中国气派。

图 2-5 中华文化符号

"泱泱中华，历史何其悠久，文明何其博大，这是我们的自信之基、力量之源。"中华文明，流淌奔腾于中华大地。此宣传片多次登上平台热搜榜，视频浏览播放总量超2亿次，点赞留言互动量超1 000万次，相关报道覆盖海内外受众超5亿人次。国家文物局、河南卫视等众多党政机构和媒体纷纷转载，外交部发言人汪文斌等在海外社交媒体推介，《香港大公报》等海外媒体进行重点报道。

目前已推出15种外国语版本，有网友化身"课代表"标注出视频中大量的中华文明元素，每一帧都细节满满，看看你发现了几个？

视频：中华文明国际形象网宣片

【案例启示】

2022年10月16日举国关注、举世瞩目的中国共产党第二十次全国代表大会在北京隆重开幕。党的二十大是在迈上全面建设社会主义现代化国家新征程、向第二个百年奋斗目标进军的关键时刻召开的一次十分重要的大会。党的二十大报告提出要增强中华文明传播力影响力，坚守中华文化立场，讲好中国故事、传播好中国声音，展现可信、可爱、可敬的中国形象，推动中华文化更好地走向世界。

当前，我们踏上了实现第二个百年奋斗目标的新征程，中华民族越来越走近世界舞台中央。世界需要了解中国，中国也需要更好地向世界传播中国声音，我们要在各大新媒体平台之上讲好中国故事、传播好中国声音，向世界阐释推介更多具有中国特色、体现中国精神、蕴藏中国智慧的优秀文化，展示真实、立体、全面的中国。

【案例分析】

策划上，以习近平总书记关于中华文明的相关论述为主线展开，通过中华文明第一人称视角自述，英语配音、双语字幕，展现了博大精深、海纳百川的中华文明形象。

设计上，《CHN》精心选取了多种中华文化符号，通过精美大气的画面，向全世界呈现出中国风度、中国气派。

以"我是谁"开头,展示了中国文明的精神面貌,丰富多彩。随后,影片通过一系列精彩的画面和深入的解读,向观众展现了中华文明的多元与包容。从古老的文明遗址到现代的城市风貌,从传统的文化艺术到现代的科技创新,无不体现了中华文明的独特魅力和勃勃生机。

短视频不仅注重画面的美感和视觉效果,更在内容上深入挖掘了中华文明的内涵和精神。它讲述了中华文明的起源、发展和传承,展现了中华民族在漫长历史长河中不断追求进步、创新、和谐的精神风貌。

【拓展阅读】

人工智能作品可否获得著作权保护?

由人类提供基础数据并由人工智能通过数据分析和算法完成的内容,可以有知识产权保护,但需要明确的是,计算机生成作品不是作品,权利人对其享有的也不是著作权,而是邻接权。人工智能对某些类别作品的创作过程和创作效率会产生影响,但到目前为止,仍然没有改变人类创作行为的本质。人工智能生成内容的实质是计算机程序运行的结果,不是智力创作的成果,不应获得著作权保护。

著作权保护的范围:

(1)文字作品。文字作品是指以语言文字的形式,或其他相当于语言文字的符号来表达作者感情、思想的作品。

(2)口述作品。口述作品是指以口头语言创作的、未以任何物质载体固定的作品,如演说、授课、法庭辩论、祝词、布道等。

(3)音乐、戏剧、曲艺、舞蹈、杂技艺术作品。

(4)美术、建筑作品。美术作品,是指绘画、书法、雕塑等以线条、色彩或其他方式构成的有审美意义的平面或者立体的造型艺术作品。

(5)摄影作品。摄影作品,是指借助于摄影器材,通过合理利用光学、化学原理,将客观物体形象再现于感光材料上的一种艺术作品。

(6)电影作品和以类似摄制电影的方法创作的作品。电影作品和以类似摄制电影的方法创作的作品是指摄制在一定记录介质上,由一系列的伴音或无伴音的画面组成,并借助于适当的装置放映、播放的作品。

(7)工程设计、产品设计图纸、地图、示意图等图形作品和模型作品。图形作品,是指为施工、生产绘制的工程设计图、产品设计图,以及反映地理现象、说明事物原理或者结构的地图、示意图等作品。

(8)计算机软件。计算机软件是指计算机程序和有关文档。计算机程序是指为了得到某种结果而由计算机执行的一组代码化指令,或者可以被自动转化为代码化指令的一组符号化指令或符号化语句。

（9）法律、行政法规规定的其他作品。这是一条弹性条款。随着科技、文化事业的发展，将来还可能出现一些新的作品形式。这一规定可以使法律在相当长的时间内保持一定的稳定性与灵活性。

（10）民间文学艺术作品。民间文学艺术作品范围非常广泛，如故事、传说、寓言、编年史、神话、叙事诗、舞蹈、音乐、造型艺术、建筑艺术等都属此类。民间文学艺术的特点是世代相传，没有固定化的有形载体，也没有明确的作者，其保护办法根据著作权法的授权，由国务院另行制定。

项目三

新媒体文案内容策划

　　一个文案的好坏，在很大程度上能够影响受众对于产品和品牌的印象。优秀的文案能够精准地传达信息，触动受众的情感，引发共鸣，甚至引导受众的思考和行动。在内容创作时，新媒体文案从业者首先要培养自己的"用户视角"思维，明确自己的受众是谁，站在受众的角度去思考问题，这样写作出来的文案，才会使受众感觉与其自身有关，从而创造价值。其次，要认真选题，好的选题往往决定了内容是否能够吸引受众的注意，是否能引发共鸣，甚至是否能在信息的海洋中脱颖而出。同时，写作文案前期需要大量积累素材，新媒体文案从业者需要学会建立自己的灵感素材库，并在学习时养成随时记录的习惯，以保证能够持续输出优质的内容。最后，好的文案都需要构建，咬合紧密的逻辑结构链条，这是文案说服力的根源。

【知识图谱】

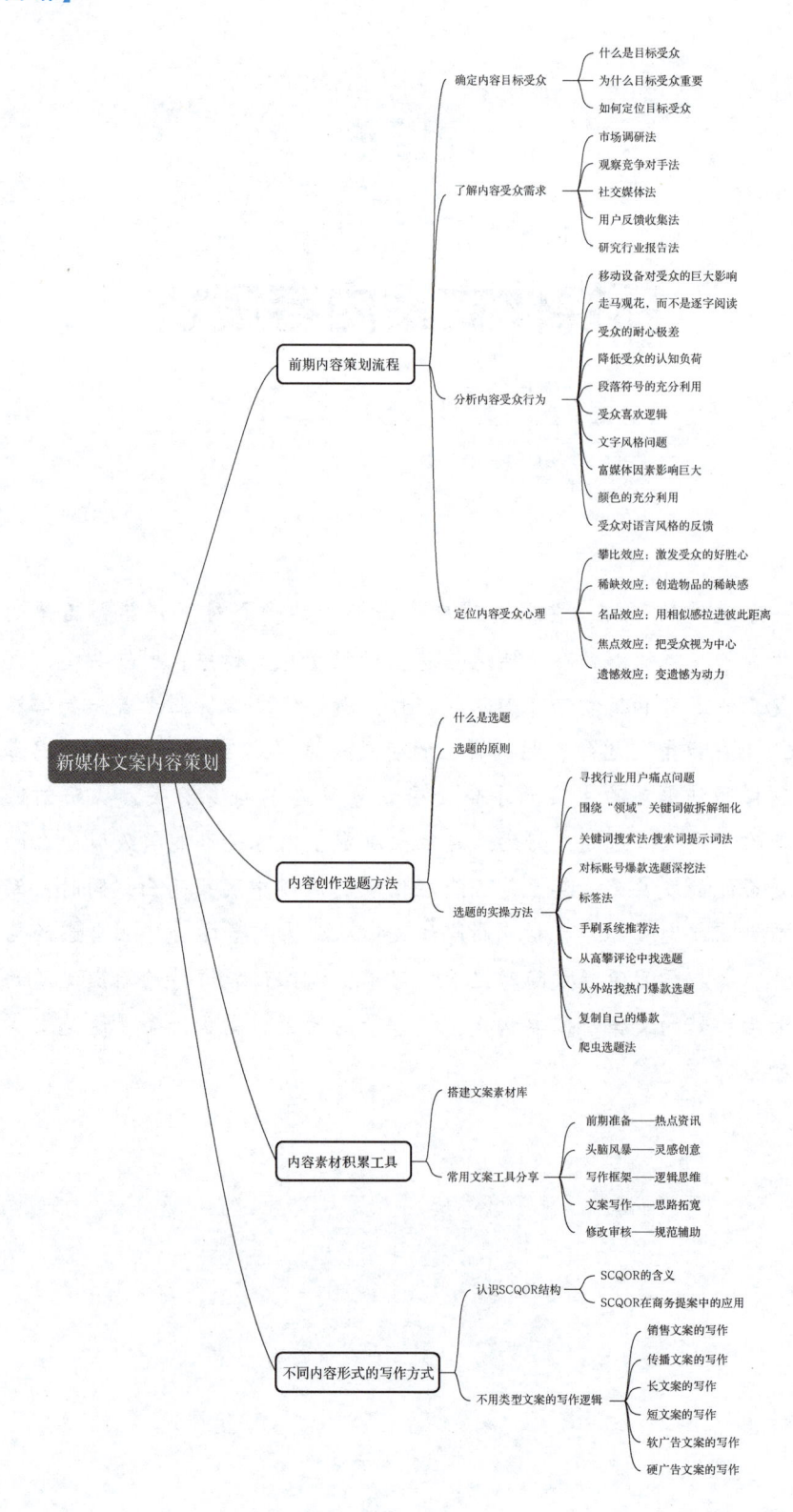

新媒体文案内容策划
- 前期内容策划流程
  - 确定内容目标受众
    - 什么是目标受众
    - 为什么目标受众重要
    - 如何定位目标受众
  - 了解内容受众需求
    - 市场调研法
    - 观察竞争对手法
    - 社交媒体法
    - 用户反馈收集法
    - 研究行业报告法
  - 分析内容受众行为
    - 移动设备对受众的巨大影响
    - 走马观花,而不是逐字阅读
    - 受众的耐心极差
    - 降低受众的认知负荷
    - 段落符号的充分利用
    - 受众喜欢逻辑
    - 文字风格问题
    - 富媒体因素影响巨大
    - 颜色的充分利用
    - 受众对语言风格的反馈
  - 定位内容受众心理
    - 攀比效应:激发受众的好胜心
    - 稀缺效应:创造物品的稀缺感
    - 名品效应:用相似感拉近彼此距离
    - 焦点效应:把受众视为中心
    - 遗憾效应:变遗憾为动力
- 内容创作选题方法
  - 什么是选题
  - 选题的原则
  - 选题的实操方法
    - 寻找行业用户痛点问题
    - 围绕"领域"关键词做拆解细化
    - 关键词搜索法/搜索词提示词法
    - 对标账号爆款选题深挖法
    - 标签法
    - 手刷系统推荐法
    - 从高攀评论中找选题
    - 从外站找热门爆款选题
    - 复制自己的爆款
    - 爬虫选题法
- 内容素材积累工具
  - 搭建文案素材库
  - 常用文案工具分享
    - 前期准备——热点资讯
    - 头脑风暴——灵感创意
    - 写作框架——逻辑思维
    - 文案写作——思路拓宽
    - 修改审核——规范辅助
- 不同内容形式的写作方式
  - 认识SCQOR结构
    - SCQOR的含义
    - SCQOR在商务提案中的应用
  - 不用类型文案的写作逻辑
    - 销售文案的写作
    - 传播文案的写作
    - 长文案的写作
    - 短文案的写作
    - 软广告文案的写作
    - 硬广告文案的写作

项目三 新媒体文案内容策划

【开篇案例】

"淘宝第一文案"步履不停,太会写了!

"步履不停",一个以文案著称的品牌,被很多人称为"淘宝第一文案"。就算你没买过步履不停的衣服,也一定拜读过她的文案。

秋天,是一个诗情画意的季节,一叶落知天下秋,习习的秋风最撩人。随着秋天的到来,步履不停的秋日文案也上新了,用文艺十足的文案邀你去过秋天。

别说秋天,去过秋天。

嘘寒问暖,不如真暖。

躺得平,才更接近自然。

步履不停洞察人们想秋日出游的情绪,主张现在就出发,去吹吹秋风。一个人格化的品牌,必须要有令消费者赞同的价值观,才能让消费者成为忠实粉丝。下面步履不停的这个文案(节选),结合衣服的功能和材质,展现出追求"随性自由"的价值观,与文艺女青年所追求的理想生活相契合。

门筒设计,不给心寒留入口。

多重怀旧水洗,走过许多弯路,才遇见你。

可机洗全羊毛,让手躺平。

卷边工艺,替你卷了。

速干透气,秋天了不要再憋着。

每句态度文案对应一个产品功能,既紧扣产品卖点,又不失个性态度。文案将衣服的轻便、透气、抗皱、防晒等功能,与年轻人不拘一格的态度相结合,彰显出随性洒脱的态度。这些文艺范文案,不仅贴合年轻人语境,还处处彰显出文艺女青年的处世哲学。

凭借着独树一帜的文案,步履不停成了"文艺"的代名词。优秀的品牌一定有鲜明的个性和人格,对于步履不停来说,文艺女青年,就是她的品牌人格。而步履不停所主张的随性洒脱、崇尚自由,正符合年轻用户的心声。

现如今,人们穿在身上的不仅仅是衣服,更是自己对生活的态度。步履不停的态度文案,借衣服传递着都市独立女青年的个性洒脱,不断强化品牌文艺调性。

(资料来源:4A广告文案)

【案例思考】

(1)步履不停的文案内容有哪些特征?

(2)文案如何让品牌更具吸引力?

任务一 前期内容策划流程

【学习目标】

➢ 知识目标
1. 了解新媒体文案内容目标受众。
2. 了解新媒体文案内容受众需求。
3. 了解新媒体文案内容受众行为。
4. 理解新媒体文案内容受众心理。

➢ 能力目标
1. 能够确定新媒体文案内容目标受众。
2. 能够调研新媒体文案内容受众需求。
3. 能够分析新媒体文案内容受众行为。

➢ 素质目标
1. 培养用户思维,能够从用户角度进行思考创作。
2. 具备资源整合能力,能够借助外部资源获取信息。

【课前学习】

1. **课前在线学习**

加入学堂在线"新媒体文案写作"在线课程,根据教师要求学习相关内容。

2. **课前任务**

课前任务名称:描述一个自己喜欢的品牌。
课前任务说明:阐述自己喜欢的品牌名称,并且说出品牌打动你的 10 个理由。
课前任务成果:对于喜欢品牌时长 1 分钟的语音分享。

【案例导入】

比亚迪携手冠军车主任子威,用态度营销打响抢占年轻用户心智第一枪!

中国市场正在经历一场快速的变革,这极大地刺激着市场的进化。这主要表现在市场主体的转变、消费行为的改变、媒介传播的渐变,以及营销模式的质变。

以汽车行业为例,越来越多年轻用户的闯入,让汽车市场迎来变局。年轻人群的兴趣和需求正在得到越来越多汽车企业的关注，他们在汽车购买决策的链路中也呈现出更加快速、短链的特征。汽车品牌们需要改变策略思维，从精神内涵入手，从而在新的机遇到来前更快地抢占年轻消费群体心智。

全球新能源汽车产业的领跑者品牌比亚迪，此前携手搜狐发布《跃海豹发一路向前》TVC，选择以最朴实的精神和态度融入品牌主张中，借助任子威关键人物的个性特征，为品牌注入全新内涵，实现与年轻人的同频共振。

态度式营销核心　回归用户生活语境

品牌营销最重要的是洞察。好的洞察能够清晰地揭示用户的倾向，暗示着机会，发现机会比学习营销更重要。通常来说，用户会在解决生活中冲突的品牌上花费更多的时间，而这给品牌营销洞察提供了方向。

1. 以用户生活化思维为基准，用真实声音贯穿对话

比亚迪的做法是通过个体化聚焦到短道速滑世界冠军任子威，通过第一人称，用发自真心的真实感打动用户。源自用户生活的真实声音对于用户而言是平实的，是符合用户思维的，这样的做法更容易和用户产生共鸣。

2. 丰富用户个性态度，新消费人群趋向精彩生活

对于用户来说，他们更乐于找到契合自身生活方式的产品和服务，展现出自己的个性态度。对于品牌来说，通过对生活态度的解读，可以带领用户感受到有品牌加持的精彩生活，成功让品牌与用户各取所需。

比亚迪短片中的任子威是冠军，也是车主，代表着广大用户。比亚迪借助短片展现出来的个性态度正是用户所喜爱的。比亚迪用极具微缩的视角投射品牌人格，借助群像效应提高大众感知度，使得任子威"突破、努力"的人生态度变得更有意义，最终也将其内涵投射到品牌和产品上。

3. 品牌内涵自然投射过渡，打破用户抗拒壁垒

广告疲劳成为当下品牌营销传播的痛点问题。现代人受互联网影响，每天睁眼就会接触很多广告，其中大部分广告还是噪声，人们根本不在意这个广告内容是什么。故而品牌想要高效传递品牌信息变得难上加难。

从用户侧分析，令用户反感的这五个因素分别是：心理抗拒、人生观相驳、价值观相驳、世界观相驳、信息阻碍。从比亚迪的这条态度短片可以明显发现，内容和传导上都更倾向于用户认知，从而降低用户对广告的敏感度。

短片中一问一答的方式，让任子威自己输出观点："我不期待每一分的努力都会直通成就，但会让每一秒的努力都饱含价值，面对困难和压力，我只顾一路向前。"平滑的呈现方式，让用户不知不觉中接受了品牌信息。比亚迪将任子威与品牌、产品精神的连接刻画得十分自然，利用画面的关联想象与个体精神的契合，最终为用户勾勒了一幅更鲜活的画像，实现了与用户的多维度沟通。

自然萃取话题热度　强化品牌多维度传播

沟通可以是有情感的，也可以是有趣的，传播亦如此。除了态度片，比亚迪在传播上则采用了生活化、趣味化的链路，逐步增强营销声势。

1. 深化访谈内容，积累话题强化传播

为了进一步拉近用户距离，也让世界冠军任子威的名人效应增强，比亚迪联手打造了一部互动式的人物访谈片。进入这位"95 后"世界冠军的日常训练场景，带领用户深入了解其中的故事，为营销带来更多有趣的话题。

在丰富任子威个人画像的同时，比亚迪也找准机会，巧妙植入其中。借助任子威自驾带父母出游的喜好表达品牌"陪伴者"的定位，从而让用户感知品牌可以解决每一个普通人的痛点。

2. 文案式海报巧取人心，转移注意力促进产品种草

借助话题聚集地微博的社交属性，比亚迪用官方微博发布任子威的九宫格海报，将个性态度内容提炼形成文案海报，清晰展现品牌立场，引发粉丝讨论分享，刺激用户生成内容的产生，实现二次传播。

人物写真和比亚迪海豹系列新品交相呼应，不仅实现传播中将名人标签赋能产品的作用，还实现了对新品的"种草"。不少网友发出感叹，表示被新品帅气的外表"种草"了。

3. 多媒体矩阵传播，快速扩散话题圈层

随着传播链路的不断展开，"任子威的大腿比腰粗""任子威谈运动员的霸气场面"等话题在社交媒体上引发了广泛的讨论。科技 du、环球网等多家媒体在微博上与用户互动，促进内容裂变式传播。

案例解析：随着消费主体人群与结构的改变，年轻化转型成为许多产业与品牌发展的重要方向，汽车产业也不例外。汽车之家大数据显示，30 岁以下的用户已经占到了三成，汽车消费人群正在持续不断走向年轻化。比亚迪借助极致的人物聚焦，以"95 后"世界冠军为锚点，撬动年轻人的认知，是一个好方法。当品牌打通自身、产品、关键人物的内涵，自然可以更好地连接年轻用户，传递出品牌的全新价值观，最终得到年轻用户的认可。

【知识储备】

在线上广告频繁发布的新媒体时代，对于大多数品牌而言，出色的文案，证明了更广泛的创意价值是提升营销竞争水平的关键所在。如果品牌展示橱窗里写满的文字不过是一些有限的词汇或起到告知作用的句子，那并不能取悦受众并引起他们的关注。

眼光敏锐的受众比以往任何时候都更希望根据品牌代表什么、说什么及相信什么

来决定他们的消费趋向，文案为创造这种差异化带来机会。只是做到内容的脱颖而出也是不够的，还要让这些文字具有代表性和辨识性，使受众在阅读时产生对产品乃至品牌的联想，这才是文案的最高境界。

每个走心的文案背后都有精准的洞察。文案的背后不只是写作手法、用词，也不再局限于阐述品牌故事、产品功能，以及企业情怀等，而是先放眼世界去洞察社会现象、洞察人心或人性、了解受众，再结合品牌的成长历程或产品功能进行文案创作。

一、确定内容目标受众

在文案写作中，目标受众是任何品牌或企业都不能忽视的关键因素。他们是品牌信息的接收者，是产品或服务的最终用户，更是企业成功与否的决定者。深入理解目标受众，精确地识别并满足他们的需求，对于品牌的长期发展和市场地位具有决定性意义。

（一）什么是目标受众

目标受众，即企业或品牌希望向其传达信息、销售产品或提供服务的特定群体。他们共享某些特征，如年龄、性别、地理位置、收入水平、教育背景、生活方式或消费习惯等，这些特征使得他们更有可能对品牌的产品或服务产生兴趣。

（二）为什么目标受众重要

1. 提高营销效率

通过准确地识别和理解目标受众，企业可以更加聚焦地进行产品研发、设计和营销活动，避免资源浪费。

2. 增强品牌吸引力

了解目标受众的需求和期望，有助于品牌塑造更符合他们心理预期的形象，从而增强品牌的吸引力和认同感。

3. 提升销售转化

当品牌信息、产品或服务与目标受众的需求和偏好高度匹配时，销售转化率自然会得到提升。

4. 建立长期关系

对目标受众的深入理解和持续互动，有助于建立品牌忠诚度，为企业创造稳定的收入来源。

（三）如何定位目标受众

目标受众是指那些可能对产品或服务感兴趣的人，他们可能是潜在客户、合作伙伴或忠实粉丝。

确定目标受众可以从以下几个方面来考虑：

视频：分清购买用户群体和消费用户群体

1. 年龄段

不同年龄段的人对信息的接受程度和兴趣点是不同的。例如，年轻人更喜欢轻松幽默的内容，而中老年人则更关注健康养生、家庭教育等方面的话题。因此，需要根据内容特点来确定目标受众的年龄范围。

2. 性别

性别也是影响目标受众的一个重要因素。例如，女性可能更喜欢关注时尚、美容、育儿等方面的内容，而男性则更关注科技、体育、游戏等领域。因此，需要根据内容特点来确定目标受众的性别比例。

3. 地域

不同地域的人对信息的接收程度和兴趣点也有所不同。例如，一线城市的受众可能更关注国内外时事、职场发展等方面的内容，而三四线城市的受众则更关注生活琐事、娱乐八卦等话题。因此，需要根据内容特点来确定目标受众的地域分布。

4. 职业

不同的职业群体对信息的需求量和兴趣点同样存在很大差异。例如，上班族可能更关注职场发展、人际关系等方面的内容，而学生则更关注学业、考试、就业等问题。因此，需要根据内容特点来确定目标受众的职业分布。

5. 兴趣爱好

了解目标受众的兴趣爱好，有助于创作出更具吸引力的内容。例如，喜欢旅游的人可能对旅行攻略、景点推荐等内容感兴趣；喜欢美食的人则可能对食谱、餐厅推荐等内容感兴趣。因此，需要根据内容特点来确定目标受众的兴趣爱好。

【案例课堂】

一位健身教练想要开设一个关于健身的账号。他的目标受众应该是那些关心身体健康、希望塑造完美身材的人。这些人的年龄为20~40岁，性别比例相对均衡，地域分布以一二线城市为主，职业多为白领或自由职业者，兴趣爱好包括运动、健康饮食等。因此，他需要关注这些人的需求和兴趣，创作出关于健身方法、饮食搭配、运动器材等方面的专业内容。

视频：什么是用户画像

一位宝妈想要开设一个关于育儿的账号。她的目标受众应该是那些有孩子的家庭，特别是新手父母。这些人的年龄为25~40岁，性别比例以女性为主，地域分布以三四线城市为主，职业多为全职妈妈或上班族妈妈，兴趣爱好包括亲子活动、教育方法等。因此，她需要关注这些人的需求和兴趣，创作出关于育儿经验、教育方法、亲子活动等方面的实用内容。

一位摄影师想要开设一个关于摄影技巧的自媒体账号。他的目标受众应该是那些热爱摄影、希望提高拍摄技能的人。这些人的年龄是18~45岁，性别比例相对均衡，地域分布以一二线城市为主，职业多为摄影师、设计师等，兴趣爱好包括摄影、旅行等。因此，他需要关注这些人的需求和兴趣，创作出关于摄影技巧、器材推荐、拍摄心得等方面的专业内容。

只有明确了目标受众的需求和兴趣，新媒体文案从业者才能创作出更具吸引力的内容，从而吸引更多的粉丝。当然，在确定目标受众的过程中，还需要进行不断调整和优化，以更好地满足受众需求，提高内容影响力。

二、了解内容受众需求

痛点和需求是文案写作中经常用到的概念。痛点是指用户在使用产品或服务过程中遇到的问题、困难或不满，这些问题可能会影响他们的体验和购买决策。需求是指受众对产品或服务的期望或需要，这些期望或需要可以是功能性的、情感性的或社会性的。在文案写作中，了解目标受众的痛点和需求非常重要，只有满足目标受众的需求，解决他们的痛点，文案才能产生价值。同时，通过了解目标受众的需求，企业也可以不断优化产品和服务，提高客户满意度，从而获得更多的市场份额和利润。

找到目标受众的需求，有以下几种方法：

（一）市场调研法

通过问卷调查、深度访谈、焦点小组讨论等方式，了解目标受众的需求、偏好、购买行为等信息。

例如，设计一份关于产品使用习惯和需求的问卷，通过线上或线下的方式分发给目标受众，收集他们的回答；选择一些有代表性的目标受众进行深入访谈，了解他们的使用体验、对产品的看法，以及对未来产品的期望。

（二）观察竞争对手法

分析竞争对手的产品、营销策略、客户反馈等，了解目标受众的需求。

例如，研究竞争对手产品的设计、材料、价格等方面的特点，分析目标受众对这些产品的评价和反馈；观察竞争对手的广告宣传、促销活动、品牌形象等，了解他们如何针对目标受众进行营销，从中寻找可借鉴之处。

（三）社交媒体法

通过关注社交媒体平台上的话题、评论、反馈等，了解目标受众的需求。

例如，在社交媒体平台上关注与产品相关的话题，了解目标受众的讨论热点、问题反馈、使用心得等。

（四）用户反馈收集法

收集用户的反馈、投诉、建议等，了解目标受众的需求。

例如，定期收集和分析各大电商平台上的用户评论，了解目标受众对产品的满意度、改进建议及潜在需求；通过公司的客户服务渠道，收集用户对产品的投诉、建议和表扬，分析其中反映的问题和需求。

（五）研究行业报告法

阅读相关的行业报告、研究论文等，了解目标受众的需求。

例如，订阅和研究与产品相关的行业报告，了解市场规模、发展趋势、受众行为等信息，从中发现目标受众的需求变化。

总之，通过采取各种方法更加全面地了解目标受众的需求，可以为产品设计、营销和推广文案写作提供有力的支持。

视频：十一类消费者本能心理

三、分析内容受众行为

作为具有主观能动性的人，受众的行为似乎是最难预测的，毕竟其中包含了太多的随机性。不过当归纳了大量受众行为之后，仍然可以发现其中的一些规律。充分利用这些受众行为规律，对提升文案内容的转化率有极大帮助。

下面的这些受众行为习惯，可以给日常新媒体文案从业者带来很多思考。

（一）移动设备对受众的巨大影响

越来越多的受众选择在移动端查看内容，这是在几年前就已经开始的现象。当受众在移动端查看内容时，首屏甚至第一段的内容在很大程度上决定了受众是否继续阅读，因此阅读诱饵的设置至关重要。先给受众相对低质的内容，引导受众采取动作后获得更高质的内容，这个思路是不可取的。经过测试，先把高质量的内容给到受众，激起阅读兴趣，才能让更多受众完成设计的既定动作。

（二）走马观花，而不是逐字阅读

对于文字类内容，很少有受众会逐字逐句地全部阅读，更多的时候是一目十行地扫描一遍，看到感兴趣的点再深入阅读。这并不意味着新媒体文案从业者不用再推敲文字的细节，而是要兼顾内容的宏观和微观。即当受众扫过内容时，利用关键信息标注、小标题标注抓住受众，而当受众被抓住之后，再利用文字细节进一步打动受众。阅读形式的改变并不应该归咎于受众缺乏耐心，这是信息暴增带来的阅读形式的必然改变。

（三）受众的耐心极差

在传统的网页时代，受众停留在一个页面上的"耐心"时间大概是30秒。而在移动互联网时代，这个时间被大幅缩短。或许现在受众对内容的耐心，不会比金鱼的记忆时间更长。让内容更简单易懂，直奔主题，要远远好于又臭又长的"掉书袋"。除了个别艺术性题材，现在很少有人会花大量时间在一份商业内容上。

（四）降低受众的认知负荷

让内容的层次结构更加清晰是很明智的选择，因为这大大降低了受众阅读的难度。这包括内容本身的段落设计、页面排版形式等。受众不会"深入研究"创作者的逻辑。

在流量如此宝贵的今天，不要人为地给受众增加难度，受众的理解难度和受众跳出率永远成正比。

（五）段落符号的充分利用

在众多段落的文本中，利用段落符号进行标注是个很有用的方法。段落符号清晰的文本和没有标注的文本之间的阅读完成率，会相差20%甚至更高。如果文字段落超过两个，用符号标注就是必须进行的工作。

（六）受众喜欢逻辑

互联网是一个杂乱无章的世界，但是创作者提供的内容不应该如此。正如我们平时输出文案的时候，条理、逻辑清晰能让我们效率更高。尤其是当内容承载商业期望之后，毫无逻辑的内容会使受众质疑创作者的专业度。所以，至少要让内容"看起来"逻辑清晰，而不是一堵文字墙。

（七）文字风格问题

对于具有粉丝属性的平台，内容形式的统一效果会更好。受众都喜欢他们熟悉的东西，当他们习惯了一定的成文风格之后，轻易不要更换内容形式，因为这会让受众无所适从。例如，一些经典影视剧我们虽然已经看了无数遍，但是再次刷到之后还是会愿意看。受众对内容形成习惯，对创作者来说是巨大的财富。

（八）富媒体因素影响巨大

众所周知，视频或者图片更容易吸引受众的目光，而这里强调的是在以传统文本为主的网页或者内容中如何利用好富媒体因素。首先，要充分利用搜索引擎的抓取原理，尽可能地使网页检索的时候出现图片结果，即使排名没有在第一位，有图片的搜索结果点击率也会更高。另外，在网页或者内容的内部，头图部分和内容第一屏更为关键，多关注这些位置的配图对提高内容的阅读完成率会有很大帮助。

（九）颜色的充分利用

传统上经常把颜色搭配归结为设计的工作，其实不然。以文本内容为例，在小标题、文章重点字、词上适当地使用更加醒目的颜色，更有利于受众走马观花式的阅读习惯。当然，这么做要慎重，其一要考虑到行业本身是否适合多颜色排版，其二要确保颜色的搭配合理，过度花哨和一团死气都不合适。

（十）受众对语言风格的反馈

我们应该都接到过无数的推销电话，但是听从并且购买的，应该是极少数。当然，营销电话是另一种独特的营销方式，它的转化率并不是按照我们传统观念设置的。这里强调的是在网站内容中语言风格的把控问题，有很多公司喜欢在网站内容中用大篇幅的空洞的形容词描述自己的产品或者服务，这种方式在今天越来越行不通。现在的受众越来越年轻化，信息也越来越透明化，大量碎片化信息让受众对单一品牌的信任度越来越低、耐心越来越差。

所以尝试用客观、中性的词语来描述产品，作为销售方我们知道产品不可能是完美的，我们要做的是客观地告诉受众产品可以真正解决的问题，这才是卖点。那些服务盲区并不是产品的优势，反倒容易把自己埋进自己挖的坑里。

曾经内容输出被认为是单一的文案技能，但是现在看来或许文字的修辞是否优美并不是最关键的，站在受众视角上对受众心理的把控才更为重要。

四、定位内容受众心理

文案和文学创作不同，除了排列组合文字并把握语感，我们还需要洞察受众的人性和心理。毕竟，受众的购买行为都是由心理来决定的，与其只在文案的文采和创意上下功夫，不如试着去洞悉受众心理，然后对症下药。美国销售大师甘道夫博士曾说，销售是98%的了解人性+2%的产品知识。其实这个理论在文案上同样适用，只有在这场心理博弈中占了上风，品牌才能脱颖而出。"上兵伐谋，攻心为上"，下面就引用一些经典的广告文案，来探讨一下那些不能忽视的广告心理学。

视频：好文案里暗藏的心理学玄机

（一）攀比效应：激发受众的好胜心

互相攀比是人们最常有的一种心理，尤其是对于爱面子、好胜心强的国人来说，"攀比心理"无处不在——小到同学之间攀比成绩、朋友之间攀比情谊，大到企业之间攀比利益、国家之间攀比荣誉，人们总是想通过各种努力去站在更高的位置。而那些巧妙利用受众攀比心理的文案，则是激发购买欲望的最佳方法。

例如，"旺仔牛奶——将来我一定比你聪明比你强。"和大多数围绕产品本身来写作文案的广告不同，这个文案采用攻心策略叙述了产品对孩子的正向影响。一旦有人因为文案选择了产品，就会有更多父母不甘落人后，最后形成一股购买风潮。

（二）稀缺效应：创造物品的稀缺感

物以稀为贵，一件产品的价值和它的稀缺性是成正比的，人们总是会对那些限量的东西趋之若鹜，越是罕见就显得越"香"。很多品牌都巧妙运用了这个心理，用文案传递自己产品的稀缺性。

例如，"特仑苏——不是所有牛奶都叫特仑苏。"当然，并不是只有"奢侈品"或"限量款"才能拥有稀缺感，特仑苏就用一句"不是所有牛奶都叫特仑苏"打造了产品的稀缺性。"特仑苏"在蒙语中有"金牌牛奶"之意，而它的产地则是在北纬40°的黄金奶源带，这句一语双关的广告语不但彰显了品牌的态度，也让更多受众了解到特仑苏的珍贵。

（三）名片效应：用相似感拉近彼此距离

苏联心理学专家纳吉拉什维利提出过"名片效应"，这种效应指的是在人与人的交际中，如果表明自己与对方的态度和价值观相同，就能尽快缩小双方的心理距离。其实这点在广告行业中也非常常见，有不少表达态度的文案、短片，都是想借助这份相似感取得受众的信任，比如那些有态度、有个性的社交平台都是如此。

例如，"知乎——让好奇心不再孤单。"作为国内最出名的知识分享平台，大多数喜欢浏览知乎的受众是有一种好奇心和探索欲的。因此，知乎喊出"让好奇心不再孤单"这样的口号，其实是想告诉那些受众，在这个平台上不仅仅能找到想要的知识，还能遇到志同道合的人。

（四）焦点效应：把受众视为中心

大多数受众都会把自己看作一切的中心，或者至少不希望被别人看低。从这个角度来看，"焦点效应"其实也表现了受众最底层的需求——希望自己能成为"焦点"。他们在选择那些定制的产品时，不仅仅是在选择产品本身，也是在选择那种与品牌直接"沟通"的愉悦之感。

例如，"自然堂——你本来就很美。"这句被誉为价值千万的传播语，是大多数受众对于自然堂的第一印象——它不但巧妙地赞美了受众，也体现了属于自然堂的品牌态度。在大多数品牌把"白、嫩"这些功效作为主要宣传点时，自然堂这句广告语唤起了无数女性的共鸣，不同的女性有不同的外貌特征，这句文案给了她们更多的自信。

（五）遗憾效应：变遗憾为动力

如果能让受众对未来的事情感到担忧，那么传播就成功了一半。其实"遗憾效应"的原理一样，只是一个是将来时，一个是现在进行时。对于那些生活在都市丛林的年轻人来说，快节奏的工作和生活早就让人疲惫不堪，也出于种种原因让一些心愿变成了遗憾。

例如，"宝马 MINI——不要告诉我你爬过的山，只有晚高峰。"宝马 MINI 的这两句文案不但洞察到受众的遗憾心态，也用自身的产品给出了对应的解决方案。开上宝马 MINI 就能去攀越更高的山峰，选择分期的方式也能去一次梦寐以求的远方。这些提出遗憾又能解决遗憾的文案，能够打动受众也是在情理之中。

文案内容创作并不简单，它更像一门艺术、一场心理上的战争。在这个没有硝烟的战场上，如果没掌握到这些道与术，就会像失去了谋士的军队，很容易被对手杀个措手不及。只有善用心理学，洞察受众的心理，才能赢得他们的信任，最终形成转化。

> **课堂讨论**：新媒体文案从业者需要对热点、政策、趋势等反应迅捷，具备极强的应变能力，善于捕捉微不可察的蛛丝马迹，创造出受众感兴趣的话题点。这些职业素养源于新媒体文案从业者对于行业、品牌和产品，以及对受众的深刻了解。那么如何锻炼这种敏感度？

【案例课堂】

务实进取，比亚迪秦 Plus 用户画像简析

2023 年上半年，汽车市场在一片"卷""倦"声中蹒跚向前。根据中汽协数据，上半年我国汽车销量达到 1 323.9 万辆，同比增长 9.8%，但是其中乘用车销量仅微增 2.1%，为 1 126.8 万辆。因为统计口径不完全相同，乘联会录得的上半年乘用车销量为 952.4 万辆，增长速度也仅为 2.7%。

但是厂家之间的喜忧并不相通，而真正喜的可能只有比亚迪、理想等少数几家。表 3-1 列出了 2023 年 1—6 月新车销量 Top10 厂家的销售情况。比亚迪汽车显然已经成了现象级的存在，上半年比亚迪汽车销量在众厂家中继续独占鳌头，半年销量高达 100 多万辆，市场份额超过 10%，是第二名上汽大众的 2 倍多。

表 3-1 2023 年 1—6 月新车销量 Top10 厂家销售情况

排名	汽车厂家	1—6 月销量/辆	市场份额
1	比亚迪	1 097 909	11.56%
2	上汽大众	510 873	5.38%
3	长安汽车	473 540	4.99%
4	一汽大众	471 417	4.96%
5	广汽丰田	429 322	4.52%
6	吉利汽车	392 820	4.14%
7	一汽丰田	368 272	3.88%
8	上汽通用五菱	342 046	3.60%
9	北京奔驰	297 248	3.13%
10	东风日产	294 963	3.11%

细看比亚迪汽车各车型的销量则更让人惊讶。如图 3-1 所示，上半年，比亚迪平均月销过万辆的车型达到了 7 款，分别是紧凑型轿车秦 Plus，紧凑型 SUV 宋 Plus 新能源、元 Plus 和宋 Pro 新能源，小型轿车海豚，中大型轿车汉，以及中型 SUV 唐新能源。另外，未在榜单出现但表现突出的 MPV——腾势 D9 已经连续 4 个月月销过万，弥补了比亚迪在 MPV 方面没有畅销车型的缺憾，比亚迪汽车已是全面开花。

其中，半年卖了 20 万辆的秦 Plus 尤为引人注目。秦 Plus 为什么能够月销三四万辆，买秦 Plus 的车主到底是怎样的一群人？微言君通过公开信息和大量观察各平台上秦 Plus 的车主，勾画出了秦 Plus 的用户画像。

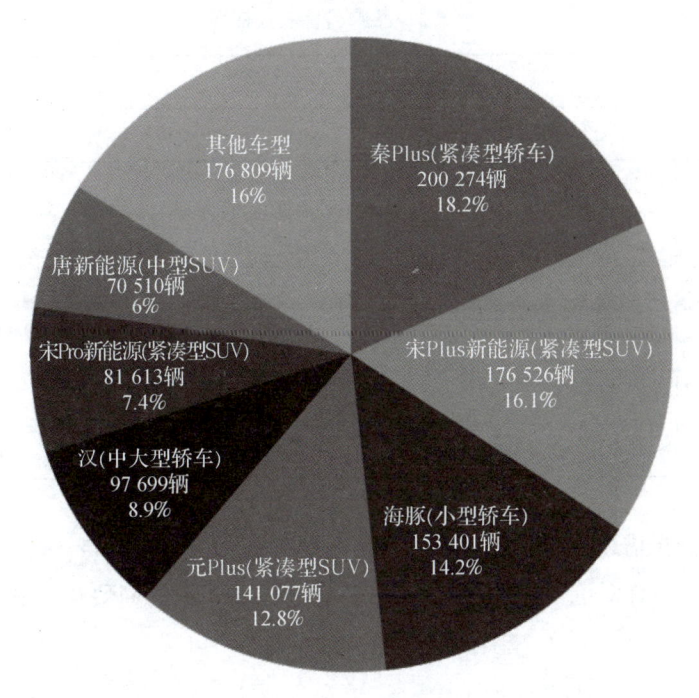

图3-1　2023年1—6月比亚迪汽车分车型销量

从基本属性来看，秦Plus的用户以30岁左右的年轻男性为主，他们务实、不张扬，对未来满怀憧憬，正在为着更加美好的生活而进取奋斗。

从消费行为来看，秦Plus的用户注重实用性和性价比，他们一般不会冲动消费；他们喜欢的品牌是能让国人骄傲的一些亲民的国产品牌，如家电里的美的、鞋服里的安踏等；他们喜欢时尚的设计风格，但不喜欢过于夸张或特别标新立异的设计。

对于车辆，他们主要用于上下班、接送孩子等日常家用；他们尤其关注车辆的外观、油耗和性价比，这也是他们选择比亚迪秦Plus的主要原因——一直以来，秦的外观、油耗就有不错的口碑，几乎成了低价紧凑型插电式混合动力轿车的代名词，而秦Plus 2023冠军版的推出进一步提高了其性价比。

当然，作为一款具有极致性价比的A级车，秦Plus也有一些让用户体验不好的地方，最为突出的问题是新车异味和隔音效果较差。

【边学边练】

练习一　定位一个品牌的目标受众

任务描述：学生3~4人为一组，选择一个常见的品牌，每人描述该品牌的目标受众情况，填写表3-2，并在组内进行分享总结。

表 3–2　品牌目标受众情况

项目	内容
年龄	
性别	
职业	
城市	
收入	
兴趣需求	
性格标签	

练习二　分析描述目标受众

任务描述：请你对练习一的目标受众进行 200~300 字的简要描述和分析，并在班内进行分享。

任务二　内容创作选题方法

【学习目标】

➢ 知识目标

1. 了解新媒体内容创作选题的概念、原则。
2. 了解新媒体内容选题的方法。

➢ 能力目标

1. 能够分析爆款新媒体内容选题思路。
2. 能够掌握新媒体内容选题方法。

➢ 素质目标

培养创新意识，培养发散思维、直觉思维。

【课前学习】

1. 课前在线学习

加入学堂在线"新媒体文案写作"在线课程，根据教师要求学习相关内容。

2. 课前任务

课前任务名称：分享一个最近你关注的热点。

课前任务说明：阐述自己最近关注的热点。

课前任务成果：1 分钟阐述对于热点的看法。

【案例导入】

纯真时刻：纯甄中秋微电影背后的选题思考

对于大多数中国人来说，中秋，是一个深深植入血液的传统节日。它不仅象征着团圆与和谐，也承载了对家庭、对亲人的思念和深深的爱。在明亮的月光下，无论身在何方，人们都会抬头仰望同一轮明月，感受那份无形的联系和情感的共鸣。2023 年中秋节，纯甄推出了一部微电影，以独特的视角、深刻的内核与细腻的演绎，为消费者和观众描绘了一幅关于家庭、爱与纯真的美好画面。

微电影以"纯真"为主题，展现了三位主人公在中秋之夜的一段温馨故事。老范是一位忙碌的专车司机，每日在都市之间穿梭，接送着形形色色的乘客，用他微小的服务，点缀着这个大都市的每个角落。与此同时，他与妻子已经结婚八年，生活逐渐显得平淡，曾经的浓情蜜意逐渐被生活的琐碎和重担所淹没，两人的交流越来越少。而在这个中秋之夜，一切开始有了微妙的变化。在完成最后一单业务后，老范遇到了一名职场新人，这个年轻的女孩刚刚步入社会，充满憧憬和迷茫。由于家中的争吵，她选择在老范的车里完成一段重要的电话沟通。在等待的过程中，老范与这个女孩进行了深刻的交谈，这段对话令老范深深反思自己的生活态度。这位职场新人虽然年轻，却在家庭和事业之间找到了一种微妙的平衡。她的父母争吵后纯真和直接的相互表达方式启发了老范，让他认识到了失去的那份"纯真"。这份纯真是一种对生活的热爱，一种对家庭的执着，是每个人内心深处都应该保持的东西。

经过这次意外的相遇和深刻的反思，老范开始了他的转变。他不再仅仅是为了生活而忙碌奔波，而是开始用一种更加积极、正面的态度去对待家庭和生活。他开始更加珍惜与妻子相守的每一刻，用他的方式表达着对家庭的爱和对生活的热情。

这个中秋之夜，对于老范来说，是一个全新的开始。在月光下，他与妻子共度了一个难忘的夜晚，重新找回了那份纯真的感情和对生活的热爱。这个普通的专车司机，在平淡的生活中找到了不平凡的意义和价值，也为观众展现了一个温馨动人的中秋故事。

情感共鸣的"纯真"表达

纯甄此次的中秋微电影，通过简单而深刻的情感线索，成功传达了一种"纯真"的家庭情感。片中家庭成员间微妙的互动和真挚的情感，恰恰是每个普通人在日常生活中所能感受到的纯真情感的外化方式——不管在外面要披上多少铠甲、戴上几层面具，回到家里，面对家人的那一刻，往往是卸下所有装饰和防备、展示纯真一面的时刻。

这样的故事设定，成功抓住了中国人血液里的价值认同，在运用故事实现情感共鸣的时候，便是水到渠成。而这样的选题也呼应了中秋家庭团聚的核心主题。不管是雷佳音饰演的老范，还是张婧仪饰演的年轻女孩，还有她相伴一生却依旧热衷于表达浪漫的父母——每个家庭成员都以最真实的一面出现，无论是彼此之间的亲情，还是对家庭的承诺和期望，都体现了一种朴素和真实的纯真。

共情普通人的纯真生活

以真实的家庭生活为背景，通过平凡而真实的故事，成功捕捉了观众的心。每一个镜头，每一个情节，都充满了对"纯真"理念的深刻理解和诠释。通过微电影，纯甄成功传达了一种简单而深刻的"纯真"，让人在看似普通的故事中，发现了更多关于家庭、关于情感、关于生活的深刻思考。

纯甄一直以"纯真"作为核心的品牌价值主张，而这次的微电影则是一次针对品牌内核的完美诠释。在电影的每一个细节中，无论是情感的流露还是人物的表达，都贯穿着一种简单、真实和纯净的美，使人在不经意间感受到纯甄所倡导的"纯真"品牌精神。

（资料来源：4A 广告社，https://mp.weixin.qq.com/s/tlzImDn59lN3AR1fZmxs3Q）

案例解析：纯甄中秋微电影的成功之处，在于它巧妙地将深刻的情感共鸣和品牌信息相结合。当观众被电影中的情感所打动时，也无形中接受了纯甄的品牌信息。通过微电影这一形式，纯甄成功建立了一种直接而深刻的情感连接，让观众在感动的同时，也能感受到品牌的温暖和真诚。

【知识储备】

无论个人还是企业，在进行内容创作的时候都会遇到一个无法避开的问题，那就是写什么。写什么才能让受众感兴趣，才能让受众点赞、关注并转发，或者写什么才能让受众产生购买的欲望和动力。这些都离不开内容创作的一个重要环节，那就是——选题。

一、什么是选题

选题是选择内容的创作方向。一般人们在谈话的时候，都会围绕着一个话题进行。比如，男生聊汽车手表，女生聊化妆品。汽车、手表、化妆品，这些都是谈论的话题，而选题就是选择谈论的话题。

卖手表的商家，围绕过年送什么礼物这个话题需要怎么准备？如果仅仅是单纯地谈论过年送手表，没有话题性，则无法吸引受众，导致创作的内容没有任何效果，手表卖不出去，工作全部白费。也就是说如果选题选错了，或者选得不好，那所有的努力、成本和时间都会白白耗费。

二、选题的原则

在新媒体时代,要想取得好的传播效果,内容质量是前提,选题则是内容质量的关键。优质的选题能够将文案推上一个新的高度,使文案获得更多关注和传播。因此,在新媒体时代,选题是创作的核心,新媒体文案从业者必须要不断地对选题进行研究和改进。那么怎样才能找到更好的选题?有以下几个原则需要遵循:

(1)选题要符合自媒体的定位和目标,不能偏离内容方向和内容价值。
(2)选题要贴近受众的需求和兴趣,不能脱离目标群体,也不能忽视用户画像。
(3)选题要具有实用性或情感性等价值,不能空洞无物、毫无意义。
(4)选题要有创新性和差异化,不能千篇一律,更不能雷同抄袭。
(5)选题要有时效性和热度,不能过时陈旧,也不能无关紧要。

对于文案写作新手而言,有几个常见的选题误区容易让人陷入其中:

(1)选题过于宽泛。选题范围过大,可能无法为受众提供具体信息或解决方案。相反,应该将选题细化,聚焦于特定话题或问题,以提供具有深度且实用的内容。通过深入探讨特定领域的问题,能更好地满足受众需求,建立自己的专业形象。

(2)受众过于狭窄。过度狭隘的选题会限制内容的影响力和受众范围。只专注于特定人群或小众群体的选题,可能会错失更广阔的受众群体。选题应尽可能适应不同背景、兴趣和需求的人群。

(3)选题缺乏实质性内容。选题应具备有价值的信息、见解或解决方案,具有实际意义和可操作性,给受众带来真正的帮助和启发。

三、选题实操方法

对大多数新媒体文案从业者而言,怎么持续找到优质的内容选题是一个难点,甚至很多人每天会为选题而惆怅。毕竟一个选题的好坏决定了作品能不能成为爆款,而且一个账号80%的涨粉数据都来源于爆款作品。因此,找到更多的爆款内容选题是自媒体内容运营的重中之重,也是新手进阶到高手的必经之路。以下分享几个快速选题的实操方法,这些方法基本适用于所有自媒体平台。

(一)寻找行业用户痛点问题

在行业内深挖出几十个关于目标群体共性的痛点问题,尝试使用以下两个快速收集用户痛点问题的小技巧。

(1)直接去网上搜索所在行业相关关键词,平台的下拉框或者第三方数据工具就会展示相关的问题,把这些问题汇总。

(2)把平常受众主动咨询的问题收集起来。

按照上面两个方法把这几十个问题回答出来,每个问题都可以形成一篇文案。

(二) 围绕"领域"关键词做拆解细化

如果清楚知道所选的领域包含哪些工作内容，可以先把一级关键词写出来，再细分二级关键词、三级关键词……

例如，所选的领域是互联网运营。

第一步：定一级关键词，就是互联网运营。

第二步：定二级关键词，即互联网运营下面包含的工作内容，如内容运营、私域运营、活动运营、流量运营、用户运营、产品运营等。

第三步：定三级关键词，即单个工作内容细分，如内容运营包括内容写作、内容选题、内容脚本、内容标题、内容结构、内容框架、内容素材收集等。

把大模块不断细分成小模块，把所有相关的关键词列出来，再依据关键词的流量热度来决定选题顺序，然后把关键词放到内容平台的搜索框进行搜索，查找热门爆款视频，进行选题内容借鉴。

(三) 关键词搜索法/搜索词提示词法

还是以上面的互联网运营为例，可以直接把该关键词放到搜索框进行搜索，根据搜索提示词和搜索结果第一排展示的关键词组合直接了解该领域的相关内容。然后点击相关视频，顺藤摸瓜找到相关的领域细分关键词，再如前所述围绕"领域"关键词做拆解细化即可。

(四) 对标账号爆款选题深挖法

通过上面的关键词搜索法可以找到爆款内容对应的博主。同行就是最好的老师，我们可以在这些博主的主页对他们的爆款选题进行深挖，寻找适合自己账号内容定位的内容。

视频：句型转换 突出产品卖点

(五) 标签法

通过目标关键词或者爆款作品标题对应的话题标签，寻找相关的爆款笔记，再按照热度排序，找到高赞的适合自己的内容选题，最后按照自己的方式把这个选题内容重新输出。

(六) 手刷系统推荐法

当用户在内容平台产生了一系列的互动行为时，平台系统会给用户打上兴趣标签，后续就会推送用户感兴趣的相关领域内容，这样操作就有机会刷到系统推荐的领域爆款作品。

(七) 从高赞评论中找选题

一条相关热门内容的评论区是用户各抒己见的地方，对于热门的高赞评论，可以加以利用，形成新的爆款选题。

（八）从外站找热门爆款选题

在抖音、知乎、小红书、B 站、头条等平台寻找相关领域的爆款选题，并运用好筛选功能，快速找出点赞高、评论多的选题。寻找的方法可以是前文介绍的关键词搜索法或者借助第三方数据工具。

（九）复制自己的爆款

按照上面的八个方法进行操作，可以实现在 20～30 条作品里面有 2～3 条可以"小爆"，然后根据爆款内容再去复制属于自己的流量密码，同时要求具备个人爆款拆解分析能力。

（十）爬虫选题法

如果需要去寻找一个相关关键词，并了解用户对该关键词的兴趣点，借助数据工具来爬取想要的答案会事半功倍。

最后，在收集和梳理选题清单时，要有自己的判断标准，做出经思考加工后呈现出来的选题内容。有些已经实践过上面的方法的人，会感觉即使模仿了爆款也没有流量，这是因为能找到的爆款大概率已经被很多人模仿了。所以新媒体文案从业者需要站在巨人的肩膀上寻求差异化，而不仅仅是模仿。

【案例课堂】

品牌向善，企业的必选题

1. 公益传播为消费者提供情绪价值

现代企业营销学之父菲利普·科特勒在《营销革命4.0》一书中提到，"营销4.0"是以大数据、社群、价值观营销为基础，企业将营销的中心转移到如何与消费者积极互动、尊重消费者为主体的价值观，让消费者更多地参与到营销价值的创造中来。

可以说，如今的品牌营销，是价值观的营销，情感营销已成为俘获消费者的重要手段。从某种意义上而言，给品牌赋予"公益性"正是直击消费者心灵的"情感营销"，品牌不只是产品，还可以通过拥有思想和情感的"拟人化"形象，为消费者提供情绪价值。

2022 年，珀莱雅发布了《可持续发展战略规划（2022—2025）》，承诺到 2025 年品牌将赋能 50 万女性、青年及少年发展，共建平等多元的社会。近年来，珀莱雅持续就"性别平等"议题进行深入洞察，发起"性别不是边界线偏见才是"的系列活动。从依靠官方背书、意见领袖参与到记录"醒狮全女班"、性别教育践行者的故事，珀莱雅通过一系列行动让公众看到更真实的性别困境，呼吁消费者无论男女都参与到性别平等的行动当中。

除了女性群体，珀莱雅针对青少年的心理健康公益行动亦持续了数年，包括联合中国青少年发展基金会在重庆 10 所中学开设珀莱雅"回声计划"心灵成长驿站；携手北京新阳光慈善基金会搭建珀莱雅"回声计划"公益倾诉热线，心理专业工作者在工作日为每位来电者提供 30 分钟心理支持。

可以看到，珀莱雅每个公益倡导类的活动都是精准地击中其目标消费群——女性、青年人的痛点，"性别困境""情绪困扰"，使品牌与消费者建立更深层次的情感连接，迅速在社交媒体上引爆。

另一个例子来自好莱坞明星赛琳娜（Selena）创立的个人美妆品牌 Rare Beauty，其更是从诞生之日起，就赋予了关注心理健康的内核。

源于亲身经历，赛琳娜意识到所谓"完美"远没有接纳自己、欣赏自己来得更重要、更健康。她用 Rare Beauty 重新定义"美"，鼓励更多人拥抱自己的独特个性。

其具体方式包括在 Rare Beauty 诞生伊始在世界心理健康日推出个人纪录片《赛琳娜·戈麦斯：我的思想和我》，以亲身经历讲述与自己和解的心路历程；承诺将所有销售额的 1% 捐赠给其创建的非营利组织 Rare Impact 基金；在产品设计上，粉底液涂抹器设计成球形便于残疾人使用等，使品牌在竞争可以用惨烈形容的美妆护肤赛道快速崛起，仅用两年就卖到了 5 亿美元。

2. 广泛的公众参与是商业和公益跨界合作的初心

腾讯 99 公益日让"人人公益"的理念深入人心，可以说，公众参与是公益慈善事业的价值所在。从这个角度而言，这跟消费类品牌的营销目标是一致的，让更多的消费者了解、认可品牌。

品牌的公益行动就是需要凝聚集体的力量，将消费者带向"共创空间"，以情感共鸣或兴趣爱好驱动公益实践，通过线上线下多重渠道营造人人公益的积极互动氛围。

如在环保议题上，品牌通过发起回收计划、低碳打卡、创意征集等活动，将消费者日常生活中的点滴小事汇聚成环保大事。消费者通过身体力行的实践将环保理念根植心中。在社会公益议题上，同样可以通过线上线下方式引导用户共创，营造公益氛围。

3. 成功的善因营销能吸引消费者广泛参与和联动

还有另一种公众更深度参与的方式——善因营销，是指企业与非营利机构，特别是慈善组织相结合，将产品销售与社会问题或公益事业相结合，在为相关事业进行捐赠、资助其发展的同时，达到提高产品销售额、实现企业利润、改善企业社会形象的目的。

以"one for one"品牌理念而出名的鞋履品牌 TOMS，其承诺每售出一双鞋，就会为急需鞋子的儿童免费捐赠一双新鞋，其后品牌推出 TOMS 眼镜，承诺消费者每购买一副眼镜就会向贫困地区需要手术的人提供眼疾的治疗。截至 2019 年，TOMS 已经捐赠了 9 500 万双鞋子并帮助了 78 万需要眼部手术的人。

支付宝以善因营销为原型开发了消费捐，即"公益+支付"的模式。顾客每在商家线上 App 或线下门店使用支付宝消费一笔，即可实现由商家自动捐赠 0.01 元或 0.1 元（商家可自定义）用于所支持的公益项目的执行。

喜茶曾携手支付宝在全国门店启动"爱心助农·喜爱有你"消费捐活动——消费者每消费一笔，喜茶将代表消费者捐出爱心 1 元。活动将捐赠总金额 100 万元，用于与中国扶贫基金会在贵州省雷山县开展茶产业扶贫项目。

4. 品牌向善，需要战略规划和路线设计

案例很美好，但在企业品牌决定要在公益方向发力时，需要有更多的思考。例如，从业务角度出发，与品牌紧密关联的社会议题有哪些？我们希望关注的社会议题如何与企业的战略进行协同？如何实现品牌与议题的深度绑定和价值联动？从消费者角度出发，消费者关注哪些议题？这涉及对消费者的洞察，品牌需要了解消费者真正想要的是什么，以及他们所遇到的困境和痛点是什么。

（资料来源：汉正家办智库，https://mp.weixin.qq.com/s/GIp5d_J672VV1Lpwtqy6Sw）

【边学边练】

练习一　品牌新媒体运营选题

任务描述：单人成组，基于一个自己喜欢的品牌进行社交平台运营内容选题，运用本节选题方法提出 3~5 个选题方向。

练习二　分享选题思路

任务描述：请你对练习一的选题思路进行简要描述，并在班内进行分享。

任务三　内容素材积累工具

【学习目标】

➢ **知识目标**

1. 了解新媒体文案素材库搭建方法。
2. 了解新媒体文案写作不同类型的工具。

➢ **能力目标**

1. 能够搭建自己的新媒体文案素材库。
2. 掌握不同文案写作阶段需要的工具。

➢ **素质目标**

培养在日常生活中积累素材的意识。

■ 新媒体文案写作

【课前学习】

1. 课前在线学习

加入学堂在线"新媒体文案写作"在线课程，根据教师要求学习相关内容。

2. 课前任务

课前任务名称：寻找一个文案素材网站。

课前任务说明：在课前进行文案素材网站查找。

课前任务成果：1分钟描述素材网站特点。

【案例导入】

硬核文案素材积累：《人民日报》50个主题金句

（1）上下同欲者胜，同舟共济者兴。适用主题：团结互助、同心协力。

（2）根深才能叶茂，本固方可枝荣。适用主题：扎实基础。

（3）风雨多经人不老，关山初度路犹长。适用主题：磨砺、苦难、挫折、坚守。

（4）风好正是扬帆时，不待扬鞭自奋蹄。适用主题：青年奋斗。

（5）茫茫九脉流中国，纵横当有凌云笔。适用主题：志气。

（6）雪梅映红中国梦，紫燕衔绿万家春。适用话题：中国梦。

（7）树高千尺有根，江河万里有源。适用主题：传统力量感恩之心。

（8）失于一物之细，疏于一事之微。适用主题：注重细节、防微杜渐。

（9）时代造就青年，盛世成就青年。适用主题：时代与青年。

（10）胸怀千秋伟业，百年只是序章。适用主题：重启、从头再来。

（11）平凡铸就伟大，英雄来自人民。适用话题：平凡与伟大、英雄。

（12）循大道，至万里。适用主题：选择正确方向。

（13）岁月不居，时节如流。适用主题：珍惜时间。

（14）悠悠万事，吃饭为大。适用主题：粮食安全。

（15）行程万里，初心不变。适用主题：初心、坚守。

（16）事不避难，义不逃责。适用主题：责任、困难。

（17）备豫不虞，为国常道。适用主题：危机意识、忧患意识。

（18）非知之难，行之惟难。适用主题：行动的力量、知行合一。

（19）厚植沃土，萃就精华。适用主题：精神成长。

（20）知命不惧，日日自新。适用主题：与时俱进。

（21）因为真挚，所以动人。适用主题：真情。

（22）征途漫漫，惟有奋斗。适用主题：奋斗。

(23) 烈火炼真金，苦难铸辉煌。适用主题：苦难、磨砺。

(24) 传承不守旧，创新不离根。适用主题：文化传承与创新适用。

(25) 民生无小事，枝叶总关情。适用主题：民生民情、便民之举。

(26) 文化兴国运兴，文化强民族强。适用主题：文化的力量。

(27) 沧桑砥砺正道，历史昭示未来。适用主题：以史为鉴。

(28) 知识改变命运，教育改变人生。适用主题：注重教育。

(29) 时间是有情物，岁月为无尽藏。适用主题：付出与回报。

(30) 沧海横流显砥柱，万山磅礴看主峰。适用主题：善于把握主要矛盾。

(31) 苍山不墨千秋画，洱海无弦万古琴。适用主题：生态之美、自然之美。

(32) 善除害者察其本，善理疾者绝其源。适用主题：善于发现问题。

(33) 攀山越水寻常事，英雄不识艰难字。适用主题：藐视困难、不怕艰难。

(34) 船到中流浪更急，人到半山路更陡。适用主题：迎难而上、勇闯难关。

(35) 青年兴则国家兴，青年强则国家强。适用主题：时代青年、青春有为。

(36) 志之所趋，无远弗届，穷山距海，不能限也。适用主题：有志青年。

(37) 岁月峥嵘，初心不改；历史沧桑，精神永恒。适用主题：中国精神。

(38) 世纪征程，奔流激荡；百年辉煌，铸就伟业。适用主题：建党与建团。

(39) 心有所信，方能行远；学有所悟，而后笃行。适用主题：知与行。

(40) 关键节点，紧盯不放；久久为功，善作善成。适用主题：把握主要矛盾。

(41) 岁月如歌，江山如画；精神如炬，信念如磐。适用主题：文化之美。

(42) 涓涓细流，汇成大海；点点星光，照亮银河。适用主题：积少成多。

(43) 祭祀观火，燃之以形；文明祭祀，祭之以情。适用主题：文明祭祀。

(44) 岁月不饶人，我亦未曾饶过岁月。适用主题：青年成长。

(45) 伟大事业必有精神之源。适用主题：中国精神。

(46) 精神的火焰，永远向上。适用主题：精神成长。

(47) 观今宜鉴古，无古不成今。适用主题：传统的力量、继承与发展。

(48) 旖旎风光，应在巍然高峰。适用主题：勇气与志向。

(49) 攻坚克难，唯有勇毅笃行。适用主题：勇者无惧。

(50) 给人以星火者，必怀火炬。适用主题：积蓄与实力。

【知识储备】

在这个人人自媒体的时代，每天都可以输出大量内容，但很多时候会缺乏灵感，而好的素材网站或写作工具可以让我们事半功倍。

一、搭建文案素材库

提到素材库，大多数文案写作新手的做法可能是：把看到的好词佳句抄下来，或收藏在微信，或整理成各种文件夹保存在电脑……但这些方法未必实用，最好是建立自己的素材库，具体方法如下：

（1）开设公众号，将搜集到的文案案例发布在自己的账号上。每次发现好的文案，精选摘抄，标明标题，然后发布在公众号，没有灵感或遇到相关领域时，直接在公众号按关键词进行搜索，非常方便。

（2）只保存网站，关注品牌账号。将优质的文案案例网站收藏在浏览器，比如梅花网、文案药丸、新片场等，没有灵感的时候去这些网站搜索相关内容借鉴参考。

（3）关注优质文案品牌行业账号。需要注意的是，每次关注账号时要刻意记忆一下，形成一定的印象，方便寻找灵感素材。在写作文案时可以打开这些账号，翻一翻历史文案，拆解文案结构，选择好的词语为自己所用。

（4）建立高频素材库。如果经常重复写同一类型的文案，可以刻意积累这方面的案例，如用一个文档去摘录，或截图保存在一个相册。应该根据需求建立素材库，高频需求值得形成专项素材库。

（5）从热点事件中找素材。好的文案是与热点相结合的，"蹭热点"是指借助社会热点做产品推广传播，这是非常便捷的一种方式。热点事件主要包括具有社会影响或名人效应的事件，传播度较高的话题及观点，节日或有特殊含义的时间节点，这些都是"蹭热点"的一些基本方向。

（6）从生活中找素材。故事来源于生活，文案也同样来源于生活。生活中的故事、人物、情绪，都能引发思考，尤其是人与人沟通时碰撞出来的灵感，特别真实。随时记下所闻、所见、所想，总结起来就会得到更加灵动真实的素材。

（7）建立文案工具库。写文案一方面要积累素材，另一方面要善用工具，如高级词汇、金句、诗句、韵脚……这些不用刻意摘抄，使用相关工具即可。

二、常用文案工具分享

（一）前期准备——热点资讯

关注时事热点是新媒体文案从业者的必修功课。通过对时下热门的新闻、事件、社会话题进行深入了解，可以从中获取灵感，并将其融入文案中，增加内容的时效性和话题性。例如，针对热门的环保话题，可以撰写一篇倡导绿色生活方式的文案，引发受众共鸣。

1. 今日热榜

今日热榜（如图3-2所示）一站式展示各个网站的热搜榜，可以按照分类进行分组查看，如科技板块、娱乐板块、社区板块、财经板块等，在各分类中可以查看每个平台的热搜榜，综合板块中有微博、知乎、微信、百度等榜单，使用非常便捷，解决各网站来回跳转看热搜的不便。

网址：https://tophub.today。

项目三 新媒体文案内容策划

图 3-2 今日热榜首页

2. 营销热点日历

营销热点日历（如图 3-3 所示）是一个简单且实用的热点营销工具，可以随时掌握节气、国际节日、重要事件、影视上映、广告节等热点契机。

网址：https://www.adguider.com/calendar。

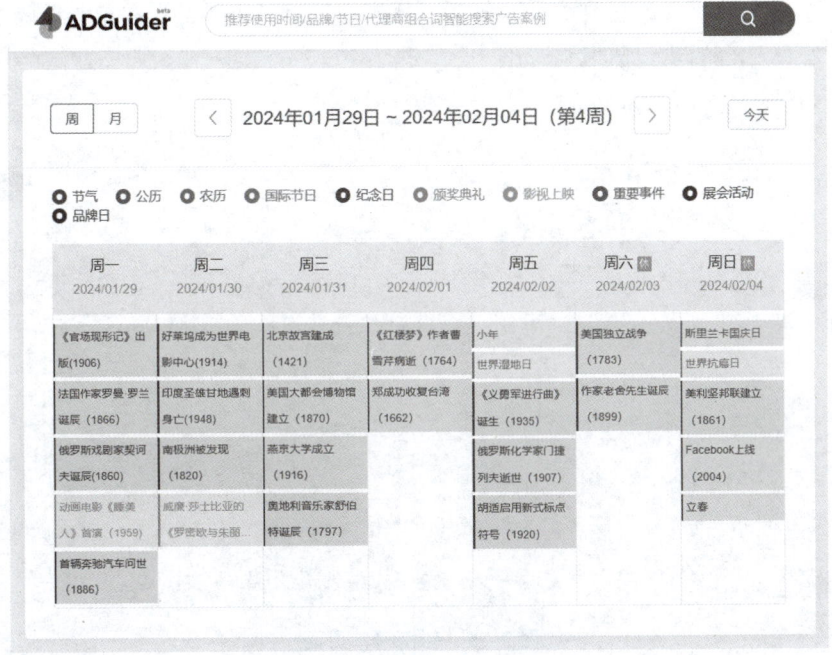

图 3-3 营销热点日历首页

3. 知微事见

知微事见（如图 3-4 所示）是一个专业的全网热点传播分析平台，每个事件都包括事件概况、传播趋势、重要渠道、舆论聚合、人群画像五部分内容。用户可以从数据库中查找热点事件，查看舆论走势，并进行对比分析，从而深入客观地了解事件始末。

网址：https://ef.zhiweidata.com。

123

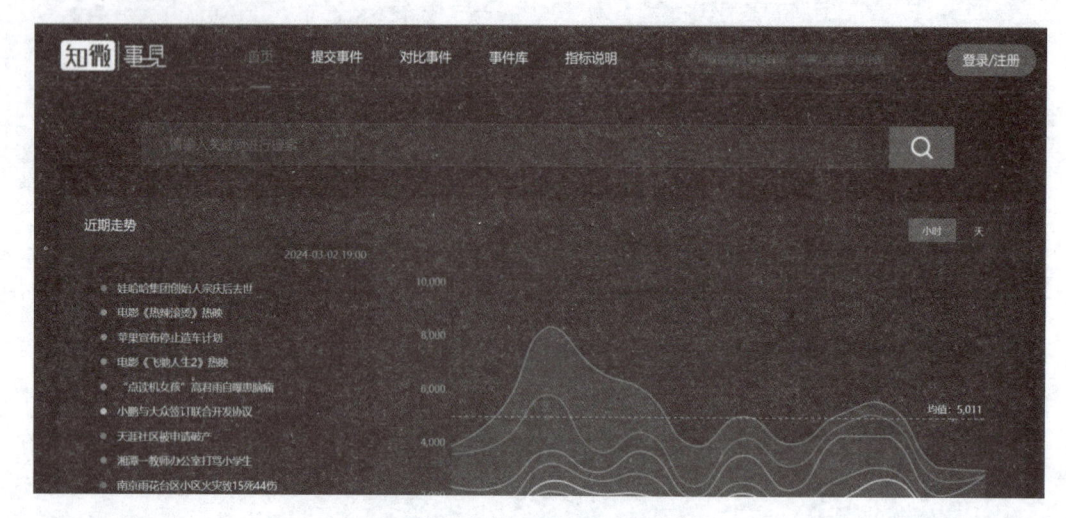

图 3-4　知微事见首页

4. 新榜

新榜（如图 3-5 所示）作为新媒体头部数据分析平台，其内容数据非常丰富，在创作文案、爆文、寻找灵感时都可以参考。新榜编辑器"每日必看榜单"板块，提供七个主流新媒体平台的热门情报和资讯。

网址：https://www.newrank.cn。

图 3-5　新榜榜单页面

5. 清博智能

清博智能（如图 3-6 所示）是全域覆盖的新媒体大数据平台，拥有清博指数、清博舆情、清博管家等多个核心产品，提供微信、微博、头条号等新媒体排行榜，以及广告交易、舆情报告、数据咨询等服务。

网址：http://home.gsdata.cn。

图 3-6　清博智能首页

6. 巨量创意

如果需要进行公众号运营，还要负责短视频的制作和发布，同时又要考虑短视频的脚本和选题创意问题，那么可以试试"巨量创意"这个网站。

巨量创意（如图 3-7 所示）涵盖了不少热门短视频的创意素材，以及一些精选案例。在它的工具箱中还提供了视频制作的工具和脚本内容，非常适合短视频创作。巨量创意是短视频自媒体人的工具箱，也是抖音旗下的一款综合性的工具，几乎囊括了短视频需要的各个元素，内容较全面。用户可以在这里找到创意灵感并学习优质文案拆解。

网站：https://cc.oceanengine.com。

图 3-7　巨量创意首页

7. 新抖

新抖（如图 3-8 所示）不仅提供抖音热门视频、直播、爆款商品、优质账号、抖音话题挑战赛等抖音创意素材，还可以查找抖音号及多频道网络（Multi – Channel Network，MCN）机构排行、热门音乐 BGM、神评论等。

网址：https://xd. newrank. cn。

图 3 – 8　新抖首页

（二）头脑风暴——灵感创意

创意也是文案的必修课，好文案会在短时间内迅速抓住用户眼球，更有效地达成传播目标。创意的本质是旧元素的新组合，作为一个新媒体文案从业者，要经常研究以往经典创意案例，同时开阔眼界，培养创新思维和提高审美能力。

1. 广告门

广告门（如图 3 – 9 所示）是一个资深的广告专业网站，专注于广告、创意领域，提供互联网、数码、汽车、金融、快消、时尚、家居、文化艺术等多个行业的广告案例和干货内容，同时会整理一些创意、作品集供用户参考。

网址：https://www. adquan. com。

图 3 – 9　广告门首页

2. TOPYS

TOPYS（如图 3-10 所示）是一个全球顶尖创意分享平台，以"启迪灵感"为核心，自 2003 年开始全面分享全球范围内最优秀的创意资讯，提供创意、设计、商业、艺术、文化科技等领域的模板，使用户优先知晓全球最优质、最新鲜的原创文案。网站立足成为越来越多创意人资讯补给、互动交流的首选平台，用分享激发更多创意。

网址：https://www.topys.cn。

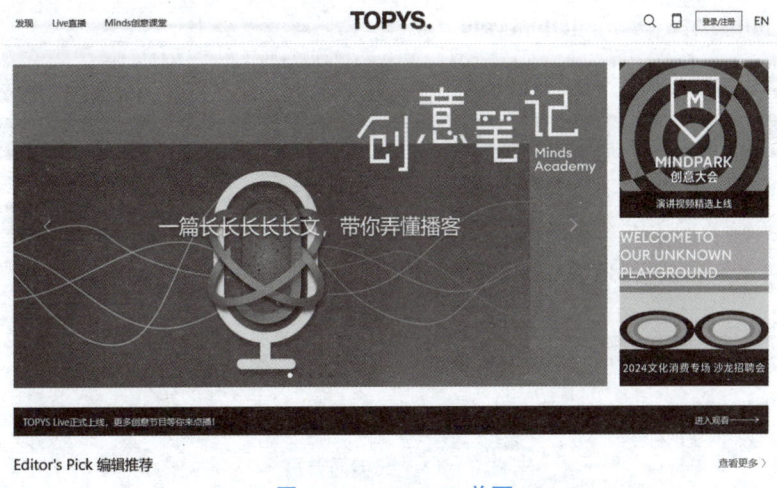

图 3-10　TOPYS 首页

3. 梅花网

梅花网（如图 3-11 所示）是中国市场营销专业领域知名网站之一，集中了国际顶尖品牌产品的创意文案。梅花网为营销从业人员提供了丰富的行业资讯、资源、案例、知识，以及线上社区。网站的文章板块包含了营销热点、好文案收集盘点、写作技巧分享等各种干货内容，便于用户在做产品推广时找到类似产品的创意设计，进行模仿和借鉴。

网站：https://www.meihua.info。

图 3-11　梅花网首页

4. 数英网

数英网（如图 3-12 所示）是一个汇集众多营销案例、文案、广告、新媒体的垂直营销互动媒体平台。其内容非常丰富，涵盖时下最新鲜、最热门的干货文案及项目，不仅收录了大量最新品牌营销案例，还设有"数英全球奖库"，汇集海内外广告、创意领域的知名奖项，用户通过访问其中每个奖项的主页，可以查看该奖历年的获奖案例和相关资讯。

网址：https://www.digitaling.com。

图 3-12 数英网首页

（三）写作框架——逻辑思维

在正式进入文案写作环节时，首先需要进行思路梳理，确定写作思路，比如，是依据逻辑关系还是依据情感的递进关系。思路确定后，再筛选信息，组织文案，进行提纲写作。提纲可以按照时间、叙述方式、重要程度等不同顺序进行排列（根据不同品牌和产品内容的需要进行选择）。下面是在这个过程中可能会用到的一些辅助性效率类工具网站。

1. 百度脑图

百度脑图以导图形式控制创意，网站首页如图 3-13 所示。

网址：https://naotu.baidu.com。

图 3-13 百度脑图首页

2. Xmind

Xmind 是一款思维导图样式设计工具，网站首页如图 3-14 所示。

网址：https://xmind.cn。

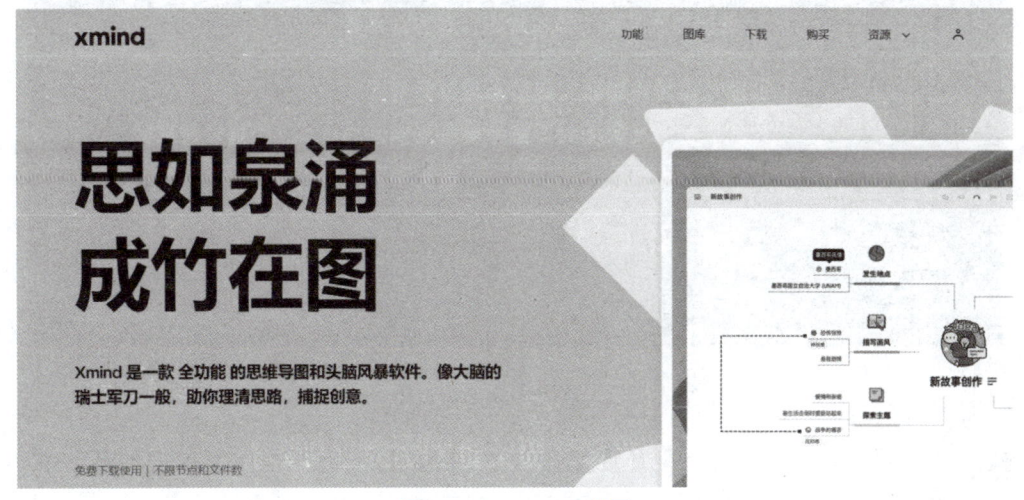

图 3-14　Xmind 首页

3. 石墨文档

网站首页如图 3-15 所示。

网址：https://shimo.im。

图 3-15　石墨文档首页

4. 印象笔记

网站首页如图 3-16 所示。

网址：www.yinxiang.com。

（四）文案写作——思路拓宽

将创意灵感根据提纲输出成文字，这是文案写作的核心过程。从准备到正式写作

图 3-16 印象笔记首页

的过程可以是线性的,也可以是环形循环的,在遇到障碍时可以重复前面的环节来不断拓宽和更新思路。在写作过程中,可以用到以下这些网站:

1. 句子控

句子控(如图 3-17 所示)是一款提供简短语句的工具,特别适合在写文案引言部分时使用。句子控聚合了多个自媒体平台的爆款文案内容,致力于解决收集与分享问题,可以帮助用户高效整理句子,便于他们进行查询和摘抄。

句子控收集了大量的名人名言,当用户遭遇写作瓶颈时,可以通过浏览这些句子,给自己提供一些灵感;用户也可以把自己想到的金句发布到网站上,为其他网友拓宽思路。

网站:https://www.juzikong.com。

图 3-17 句子控首页

2. 文案狗

文案狗（如图 3-18 所示）是一个谐音文字词语查找工具，可以根据用户给出的关键词，搜索出相关的谐音关键词，帮助用户获取灵感。文案类别包括成语类、诗词类、俗语类等。

该网站收集了各种中文创意文案和广告语，使用户在取名、创作品牌口号及广告语时事半功倍。在不少创意文案中会采用谐音字的思路。比如，服装品牌可以巧妙运用"衣呼百应""独衣无二"等词语，体现服装的主题。但这需要有大量的词汇储备才能快速反应，而文案狗恰恰提供了这种词汇储备，输入相关的谐音字就能生成相关的成语、诗词、俗语。

网站：http://www.wenangou.com。

图 3-18 文案狗首页

3. 阿里妈妈·创意中心

阿里妈妈·创意中心（如图 3-19 所示）是写作电商文案的必备网站，它基于阿里妈妈营销平台，提供从图文到视频再到落地页的素材级智能化创意支持，只要输入产品链接，就能一键生成营销文案、图片或者短视频，支持各种文案场景，轻松写出产品卖点。

网址：https://chuangyi.taobao.com。

4. 押韵啦

押韵啦（如图 3-20 所示）是一款强大的在线押韵查询工具，旨在帮助文案、诗词创作者及音乐人快速找到与所需汉字押韵的单字、多押、流行词句、唐诗、宋词、元曲、歌词、英语单词等。

网址：https://yayunla.com。

图 3-19　阿里妈妈·创意中心首页

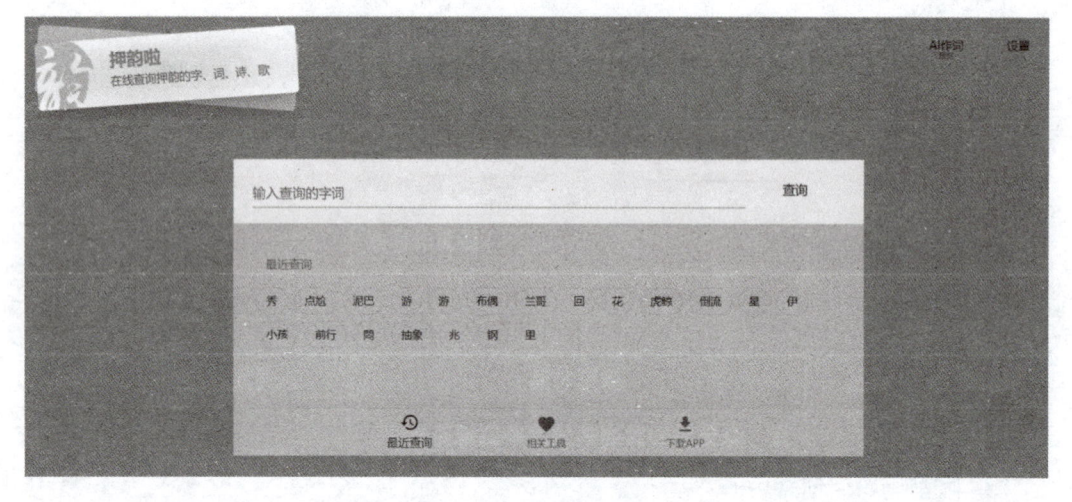

图 3-20　押韵啦首页

（五）修改审核——规范辅助

文案写作完成后，除了要检查错词错字、语句语法，还要确保文案中没有违规词、禁用词、敏感词。下面这些在线审核网站可以在这方面提供帮助：

1. 句意网

句意网（如图 3-21 所示）是一款强大的文案辅助工具。只需要将写好的文案复制到句易网，它将自动检查错别字、敏感词和各类违禁词，包括通用违禁词、美妆违禁词，以及新闻和图片违禁词等。它能够有效提高文案的质量，并确保文案内容符合规范。在保证文案的准确性和合规性上，句易网是一个不可或缺的工具。

网址：www.ju1.cn。

图 3–21　句意网首页

2. 百度大脑—AI 审核

利用百度的人工智能技术，提供文案的 AI 审核服务。通过智能分析，帮助用户快速识别文案中的潜在问题，提高文案的合规性和质量（如图 3–22 所示）。

网址：https://ai.baidu.com。

图 3–22　百度大脑—AI 审核首页

作为新时代的创意青年，要永远保持创作热情，要善于捕捉各种灵感，激发自己的第六感；要紧跟时代步伐，怀着一颗永远年轻的心，用文字和真诚去温暖他人，服务社会，迎接新媒体文案从业者的"春天"。

> **课堂讨论**：你是否创作过在社交媒体上传播量比较高的文案？你有关注的文案素材网站吗？

【案例课堂】

"文案女王"林桂枝：生活要八卦，做创意才好玩

提起林桂枝，广告圈的人对她毫不陌生，曾为奥美首席文案总监的她，是当之无愧的"文案女王"。广告圈外，很多人知道她是因为她是李诞口中"影响了自己很多的师傅"。当年，还不是脱口秀演员的李诞，喝了一夜酒后去奥美面试，遇到了林桂枝，开启了自己的广告生涯。

广告归根到底是创意，与我们的日常生活密不可分。哪里流行什么，哪里有新变化，年轻一代在关注什么，做创意的人总会敏锐地捕捉到。

《新周刊》与林桂枝聊了聊，她认为，在这个几乎所有品牌都想方设法打动年轻人的时代，"年轻化"也许是个伪命题。反而，带着一颗八卦的心，沉入当下生活，才能找到一些真正有意思的东西。

不定义"年轻"，从"当下"找灵感。

在很多人的常识里，对于创意的理解，也许是苦闷了许久之后的一次"灵光一现"，就像牛顿被苹果砸中后一下子开了窍。

但林桂枝并不这么认为，她在自己的创意课中就提到，创意是旧元素的新组合，是将自己大脑储备的东西不断处理再输出的过程。用牛顿的话来说，就是在苹果砸向他之前，他在"不断地想"。

储备来自哪里？林桂枝用"八卦"来概括，"带着好奇心观察世界，把很好玩的东西记下来。"

如今，作为一个广告创意自由职业者，林桂枝大部分时间都在北京家中度过。她听古典音乐，喜欢看脱口秀，也会去 Netflix 看剧集和电影，新的一年，她买了《加缪全集》。当然，创意更是与人碰撞的结果，并非纯粹"文本的产物"，很多体悟都来自具体的生活经验。

大概半年前，林桂枝收到了来自食品品牌思念的需求：借助牛年春节契机，进行品牌的年轻化建设。让林桂枝不断琢磨的并非"年轻"二字，而是一句脱口而出的"思念就是牛"。

如何把一句简单的话传递出去？林桂枝先想到的是自己的生活。作为香港人的她与母亲长期分隔两地，每年冬天，母亲都会在电话里问她："北京下雪了吗？"

现代人的微信里，都会有五花八门的家族群，妈妈会转发有着耸人听闻标题的微信推送，还有那么多长语音，聊着诸如"下雪了吗"的家长里短。

林桂枝觉得："其实来自父母的信息里，有效的东西并不多，但剥开外衣，他们就是在表达一种挂念，而被人思念本身，就是一件幸福的事情。"

广告创意中有个原则称为 KISS，即 Keep，It，Simple，Stupid，用林桂枝的话来说，就是"让事情变得傻傻的简单"。

"有人思念就是牛"，就是让洞察在信息过载的世界里，回归简单的当下。

粗糙有粗糙的理由，但世界不该如此单调

创意的开始，是简单易懂的洞察，但创意的展开，则需要更精细的投入。

20世纪90年代初，林桂枝就来到北京，投入广告一线。那时是广告业的黄金时代，电视是最热门的载体，所有人都在摩拳擦掌，用心制作每一帧画面，而如今，短平快的互联网传播成为主流，精耕细作的广告片还有必要存在吗？

在林桂枝那里，答案是肯定的。她觉得："只要足够好玩，不存在'粗糙的流行，不粗糙的被淘汰'。"她希望让手中的创意做出多元的效果。

比如，"有人思念就是牛"的背后，有着"年轻人与父母的沟通"的母题，怎样展开探讨？通过什么对象去诉说，消费者能够更好地理解或发散？这些都是林桂枝思考的问题。

她首先意识到，这个时代的广告，需要接地气的表达，在成为《脱口秀大会》忠实观众的同时，林桂枝注意到了第一名王勉的特别。音乐脱口秀的形式，加上细致入微的挖掘，让他收获了高人气。于是，林桂枝拉来自己的好朋友，曾为《无间道》《十月围城》等影片作曲的香港著名音乐人陈光荣，请他写出旋律，再把旋律和需求一起送到王勉面前。

"逃不了的60秒，翻来覆去的唠叨。"这句简短有力的吐槽，就成了最终歌曲《有人思念就是牛》的开始。而对于林桂枝和她的伙伴而言，歌曲只是一环，把其精髓传递到画面里，才能让消费者走进其中。结合牛年的动画 IP，她拉来有经验的制作团队，"下意识中，我知道这个广告片需要有本土的东西。"

画面里，街角的招财喵银行、墙上效仿说唱综艺的海报、写字楼里的猩猩健身房，都有着现实巧思。

互联网都进入6G时代了，和父母一聊天，网速还是"很糟"。歌词里写着"做牛要勤劳"，画面里却是大大的"做牛做马"四个字……

也许只有不到1秒的间隔，但在轻快的旋律之间，林桂枝还是希望这些生活里最细致的文化元素可以融入其中。令她开心的是，专业的团队和细腻的刻画得到了网友的盖章称赞。字里行间，一支广告片的价值已经不只是产品的推广，更在沟通中赢得了大众的情感。

广告不能解决问题，但可以成为一封"信"

在这支广告片下的留言里，有很多人都提到，今年过年回不去了，或者和爸妈的沟通实际上会更复杂，并不是三言两语能够找到解决办法。谈及这些来自年青一代的

心声，林桂枝觉得，创意或者广告，其实从来都无法去解决问题，它只能去发掘出一些常人忽视的东西。

在过去，互联网并不算发达的年代，消费者是被动接收信息的存在，但如今的时代，信息爆炸，在无数声音中去做减法，不仅是做创意的人需有的意识，也是每一个人在面对生活的"真问题"时，应该有的一种姿态。而谈及广告人在其中扮演的角色，林桂枝说："当好一个写信人，把品牌想要传递给消费者的话写出来。"

林桂枝从不夸大自己作为广告人的作用，在她看来，创意作品从来都不属于她本人，但在与品牌的沟通中，她始终认为，广告从业者有不可替代的专业价值。

比如，在与思念的合作中，她第一次做以年轻人与父母沟通为主题的创意，但贴近当下生活的洞察与专业的制作团队，很快获得了思念的支持与信任，反馈与修改也变得十分高效。歌曲演唱者王勉也在微博里写道："制作精良，一路顺畅，不像工作，像是在玩。"

其实，无论时代如何变化，广告业始终是有着"手艺人"特色的行当，那些充分尊重这些手艺的品牌，也能够收获更好的口碑。而回到具体的传播里，在如今消费者不断细分的前提下，这封品牌表达心声的"信"，其传递方式也随着媒介的变化，变得越来越多元。

比如，有着百万粉丝的古风音乐 UP 主@碰碰彭碰彭发出自己在法国街头的演奏视频，一曲《有人思念就是牛》从古筝中流淌出来，不能回家过年的 UP 主，在异乡也可以用音符抒发思念。

广告视频中，陌生人围绕在她身边，天涯海角，何尝不能"过好年"呢？当然，这也是国民食品思念在微博上发起的歌曲挑战，无论身处何地，无论是演奏还是角色扮演，都鼓励人们把心意表达出来。

从一支广告片出发，可以看到思念品牌的社会关怀。正如林桂枝所说，不同代际的沟通，是一个更宏大的命题，回到你我的具体生活之中，与其求新求变求"准确答案"，倒不如放下身份芥蒂，去打开那个记录的本子，发现当下生活里的种种宝贵点滴。就像歌里面唱的那样，"要拥有多少成就才算牛，回过头，有人思念就足够。"

（资料来源：https://www.sohu.com/a/449239202_100024718）

【边学边练】

练习　搭建新媒体素材库

任务描述：单人成组，从前期准备、头脑风暴、写作框架、文案写作、修改审核五个方面搭建自己的素材库，填写表 3–3，并描述自己的使用感受。

表 3-3 素材库内容

阶段	素材库
前期准备	
头脑风暴	
写作框架	
文案写作	
修改审核	

任务四　不同内容形式的写作方式

【学习目标】

➢ 知识目标

1. 了解 SCQOR 结构。
2. 了解不同类型新媒体文案的写作方法。

➢ 能力目标

1. 能够使用 SCQOR 结构进行文案创作。
2. 掌握不同类型新媒体文案的写作方法。

➢ 素质目标

培养文案写作能力。

【课前学习】

1. 课前在线学习

加入学堂在线"新媒体文案写作"在线课程,根据教师要求学习相关内容。

2. 课前任务

课前任务名称:拆解一篇文案的结构。

课前任务说明:在课前寻找一篇最新的爆款文案并进行结构拆解。

课前任务成果:1 分钟描述爆款结构。

【案例导入】

我害怕阅读的人

我害怕阅读的人。

不知何时开始，我害怕阅读的人。就像我们不知道冬天从哪天开始，只会感觉夜的黑越来越漫长。

我害怕阅读的人。一跟他们谈话，我就像一个透明的人，苍白的脑袋无法隐藏。我所拥有的内涵是什么？不就是人人能脱口而出，游荡在空气中最通俗的认知吗？像心脏在身体的左边，春天之后是夏天。但阅读的人在知识里遨游，能从食谱论及管理学，八卦周刊讲到社会趋势，甚至空中跃下的猫，都能让他们对建筑防震理论侃侃而谈。相较之下，我只是一台在MP3时代的录音机：过气、无法调整。我最引以为傲的论述，恐怕只是他多年前书架上某本书里的某段文字，而且，还是不被荧光笔画线注记的那一段。

我害怕阅读的人。当他们阅读时，脸就藏匿在书后面。书一放下，就以贵族王者的形象在我面前闪耀，举手投足都是自在风采。让我明了，阅读不只是知识，更是魔力。他们是懂美学的牛顿、懂人类学的梵谷、懂孙子兵法的甘地，血液里充满答案，能让他们恐惧的问题越来越少。仿佛站在巨人的肩膀上，习惯俯视一切。

我害怕阅读的人。因为他们很幸运，当众人拥抱孤独或被寂寞拥抱时，他们的生命却毫不封闭，不缺乏朋友的忠实、不缺少安慰者的温柔，甚至连互相较劲的对手，都不至匮乏。他们一翻开书，有时会因心有灵犀，而大声赞叹，有时又会因立场不同而陷入激辩，有时会获得劝导或慰藉。这一切毫无保留，又不带条件，是带亲情的爱情，是热恋中的友谊。一本一本的书，就像一节节的脊椎，稳稳地支持着阅读的人。你看，书一打开，就成为一个拥抱的姿势。这一切，不正是我们毕生苦苦找寻的？

我害怕阅读的人，他们总是不知足。有人说，女人学会阅读，世界上才冒出妇女问题，也因为她们开始有了问题，女人更加爱读书。就连爱因斯坦，这个世界上智者中的最聪明者，临终前都曾说："我看我自己，就像一个在海边玩耍的孩子，找到一块光滑的小石头，就觉得开心。后来我才知道自己面对的，还有一片真理的大海，那没有尽头。"读书人总是低头看书，忙着浇灌自己的饥渴，他们让自己是敞开的桶子，随时准备装入更多、更多、更多的知识。而我呢？手中抓住小石头，只为了无聊地打水漂而已。有个笑话这样说：人每天早上起床，只要强迫自己吞一只蟾蜍，不管发生什么，都不再害怕。我想，我快知道蟾蜍的味道。

我害怕阅读的人。我祈祷他们永远不知道我的不安，免得他们会更轻易击垮我，甚至连打败我的意愿都没有。我如此害怕阅读的人，因为他们的榜样是伟人，就算做不到，退一步也还是一个，我远不及的成功者。我害怕阅读的人，他们知道"无知"在小孩身上才可爱，而我已经是一个成年人。我害怕阅读的人，因为大家都喜欢有智慧的人。我害怕阅读的人，他们能避免我要经历的失败。我害怕阅读的人，他们懂得生命太短，人总是聪明得太迟。我害怕阅读的人，他们的一小时，就是我的一生。我害怕阅读的人。

尤其是，还在阅读的人。

案例解析：奥美的这篇《我害怕阅读的人》已经成为经典，在营销文案中，几乎随处可见对它的模仿痕迹。在结构上，文章一共有八段，几乎每段都直接以标题开始。文章开始和结尾都只有一句话，干净利落，开头直奔主题，结尾意蕴深长。在手法上，标题"我害怕阅读的人"在文中出现了14次，把反复这一手法用到极致，重复的次数越多，被消费者记住的可能性才越大。同时，全篇运用比喻、排比、对比等多种修辞手法。如在内容上，有6处比喻，让论点贴近生活，生动形象，便于消费者理解、联想；第三段提出问题"内涵是什么"，自问自答，以比喻、对比、排比、强调来回答，突出阅读的人学识渊博，在交谈、生活中游刃有余，不读书则会被淘汰；第三、第四段的排比用管理学、美学、人类学等高深、专业的学科和术语表示阅读的人真的很厉害，这些术语提高了论点的可信度；第五段的排比，用读书的场景，论述阅读的好处；第六段用名人名言、笑话加强论证；第七段通过对比说明阅读的好处，使人明智、避免失败、拓宽时间。

【知识储备】

对于文案新手来讲，没有写作逻辑，即使有灵感、有选题，但仍可能下笔困难。对于受众来说，没有逻辑的文案读起来也很困难，需要不断地去揣测文案想表达的东西。因此新媒体文案从业者应该梳理清楚写作逻辑，好的写作逻辑可用于故事、软文、商业提案等。

一、认识 SCQOR 结构

（一）SCQOR 的含义

（1）设定状况（Situation）：介绍主角，主角不一定是人，可以是某个可以采取行动的主体。描述主角当前稳定的状态，不论是稳定的好，还是稳定的坏。设定状况也是交代故事发生的背景，让受众先产生认同感，进入接收状态。

（2）发现问题（Complication）：描述出现了一些导致原先稳定的状态被破坏的冲突，并确定问题的类型。

（3）设定课题（Question）：针对出现的问题，确定对主角而言重要的课题是什么。所谓问题，就是期待与事实之间的差距，可以分为三种类型：恢复原状型、预防隐患型、追求理想型。

针对以上三种问题类型，有以下对应的解决方案：

①恢复原状型。

掌握状况——事物是如何变坏的？

应急处理——如何防止状况恶化？

分析原因——为什么会坏掉？

根本措施——知道原因后，如何做才能复原？

防止复发——怎么做可以保证不会再损坏？

②预防隐患型。

假设不良状态——不希望事物以什么方式损坏？

诱因分析——何种诱因导致损坏？

预防策略——如何防止不良状态的发生？

应对策略——如果发生了，如何将不良程度降到最低？

③追求理想型。

资产盘点——你的优势和劣势是什么？

选定理想——根据自身条件选定目标。

实施策略——如何达成目标？

（4）克服障碍（Obstacle）：描述针对前面设定的课题，如何解决的过程。这个环节通常是篇幅最长的，也是文案的核心。

（5）解决收尾（Resolution）：结尾通常较为简短。

通常是说明经过克服障碍环节之后的结果，也可以是连接未来，告诉受众，故事还未结束，后面的故事，下次再单独来说。

（二）SCQOR 在商务提案中的应用举例

背景：年终，市场部的负责人需要向领导做一次年终汇报，然而最后一个季度的效益出于各种原因没有达到预期。

Situation：在汇报开头，可以先描述今年市场部的工作情况，先让领导进入收听的状态，得到他的认同。

Complication：10 月，在疫情席卷的情况下，原先策划的十几场线下活动只能取消，造成了极大的损失。

Question：经过这次线下活动的取消，我们也集体开始思考，如何在线下渠道无法获得效益的情况下达成原先设定的目标。这是一个预防隐患型问题。

Obstacle：对于预防隐患型问题，需要进行诱因分析，制订预防策略以及应对策略。

Resolution：做出结论，在这种情况下，最好的方案就是将一部分线下活动搬到线上以直播形式开展。市场部将为线上活动的开展提前做好准备……

SCQOR 结构在商务提案、软文写作中非常实用，每个部分中具体的语言组织需要在实际的应用中进行推敲。

二、不同类型文案的写作逻辑

文案是一种广告形式，新媒体是随着移动互联网技术发展而兴起的媒体渠道，而新媒体文案是主要基于新媒体（移动互联网媒体）进行输出的广告的内容和创意。淘宝网站的详情页和主图图片文案、公众号里的软文、短视频平台的视频文案都属于新媒体文案。

（一）销售文案的写作

销售文案就是能够立刻带来销售结果的文案，如产品销售介绍、产品信息的文案、为了提升销量而制作的引流广告图等。优秀的销售文案要明确受众购买的不是产品和服务，而是产品和服务带来的好处，所以销售文案需要改变受众的认知，让受众产生情感，从而产生购买冲动。

怎么写：制造一个合理的需求缺口，创造一个良好的购买环境，在文案中要突出产品能对受众产生什么好处，同时在画面中加以引导。

【案例课堂】

视频：销售产品型文案的写作步骤

董宇辉直播间文案《大兴安岭野生蓝莓汁》

那天第一批我们自己吃的样品到了。

我喝完一瓶，然后坐在中关村的出租屋里燥热，楼下吵闹。

北四环的车流从来没有因为我的忧伤或者是兴奋而停止过，楼下还时常在夜里打电话争吵。

但那一刻我坐在中关村租住的小房间里头，我的灵魂已飘向远方。

是的，遥远的北方，大兴安岭的原始森林里沾着露水月光下。

人们起舞饮酒，畅谈驯鹿脖子上的铃铛，偶尔作响。

萨满穿着精致的衣服，充满力量地起舞。

那里的孩子自由而健康，右下角想要的自己去拍。

（二）传播文案的写作

传播文案就是为了扩大品牌影响力而写作的文案，如企业品牌故事，企业节假日、情怀营销文案等。品牌传播文案侧重引起受众的共鸣，引发受众自主自发传播。

怎么写：利用能够打动受众的语言，持续吸引受众阅读浏览，最终实现让受众记住品牌、树立IP、提升品牌知名度的目的。打动受众需要深度挖掘受众的核心痛点，通过吸引阅读引起受众的情感共鸣及情绪的宣泄。

（三）长文案的写作

长文案一般为长微博、微信公众号文章、头条文章等，长文案需要构建强大的情感情景，需要巧妙设计，符合产品特性，读起来朗朗上口，使受众感到很舒服。同时，因为长文案有更大的篇幅和更广阔的写作空间，所以文案本身的能量会更大更丰富。

怎么写：在撰写长文案时尽量以叙事为主，通过描述产品的特点及特殊之处，来吸引受众关注。在结尾处需要以一句有力的话来收尾，升华主题，打动受众。

视频：微信公众号编辑技巧

【案例课堂】

> 厚达两米的积雪
> 会用几个月时间
> 融化成水
> 透过土壤
> 渗入玄武岩山体
> 再经历三十到六十年的融滤净化
> 变成泉水
> 滋养长白山 2 806 种野生植物
> 1 588 种野生动物
> 水在这里更新循环
> 生命在这里更迭繁衍
> 你喝到的水
> 是长白山松软雪花的味道
>
> ——农夫山泉长白山广告片

（四）短文案的写作

新媒体文案中需要用到短文案的地方很多，如活动主题、推送、推文标题等。短文案的特点在于快速出动，表现核心信息，迅速吸引眼球。写好短文案是一个新媒体文案从业者的基本功。

怎么写：短文案要尽可能短，避免出现文案太长，大部分手机展示不全的情况；避免使用结构复杂的句子，受众在一个页面停留超过 4 秒没看懂内容就会离开；文案要点需贴合目标受众的实际需求；文案要能利用有限的字数实现受众的情感共鸣。例如：

《毕业十年，人和人的差距是如何拉开的?》——刚毕业的或是已经工作几年的人都比较感兴趣，会点击查看；

《洗过一辈子头发，你洗过头皮吗?》——打破人的常规认知。

视频：打造精华的技巧

(五) 软广告文案的写作

软广告文案又称软文,是指并不直接介绍产品、服务,而是通过在报纸、杂志、网络、电视节目、电影等宣传载体上插入带有主观指导倾向性的文章(如特定的新闻报道、深度文章、付费短文广告、案例分析等)、画面、短片,或通过赞助社会活动、公益事业等方式来提升企业品牌形象和知名度,或促进企业销售的一种广告形式。与硬广告相比,其精妙之处就在于一个"软"字,让受众在不受到强制广告宣传的情况下,通过文案内容与广告的完美结合,达到广告宣传效果。软文追求的是一种春风化雨、润物无声的传播效果,软文营销是当下互联网营销中最有力的营销手段。

怎么写:分析受众心理,结合文案内容,有针对性地写;文案要有亮点,可以是幽默、有趣、有吸引力的,让受众发现就想看下去;软文标题一定要吸引人,突出主题,不能过于平淡;文案内容要丰富,有干货,吸引受众的兴趣。

例如,淄博烧烤爆火后,淄博曾发布过两封信,一封《致全市人民的一封信》,还有一封《致广大游客朋友的一封信》。两封信的行文及内容,得到网友夸赞:

"有文采、有情怀、有格局、又接地气!情真意切,直抵人心,分明是成功的让人潸然泪下旅游营销文案。"

"最美好的记忆是制造感动。这两封公开信,感动了你我,感动了全国人民!小感动,制造大消费,制造感动是一门最高级的营销艺术,于细微处见精神。在文旅业打动人、留住客人的往往就是一个个有温度的服务故事!因为真诚,诗和远方才显得更加动人,淄博温度源自淄博人民服务的真心、真诚、好客、热情、周到、细致、细节,所有这一切才是淄博真正的灵魂。"

(六) 硬广告文案的写作

硬广告文案又称硬广,在报纸、杂志、电视、广播这四大传统媒体上看到和听到的那些宣传产品的纯广告就是硬广告。它是直接介绍产品、服务内容的传统形式的广告,通过刊登报刊、设置广告牌、在电台和电视台播出等形式进行宣传。硬广是以直白的产品内容信息发布到对应的渠道媒体上,从标题到内容,开门见山卖产品,多为大量重复出现的特点,硬广对新媒体文案从业者的能力要求更多地体现标题上。

怎么写:站在受众的角度考虑标题,避免出现专业词、晦涩词等;要让受众清楚标题到底在讲什么,要给他们能够切身感受到的东西而不需要去猜想;30 个中文字符之内的关键信息要在前 14 个中文字符中体现。

例如:在综艺节目里,节目开始前往往都会植入一些品牌赞助商,以口述形式将该品牌产品的特点及卖点信息告诉人们,而在观看节目时往往也会出现这些赞助的品牌。

【边学边练】

练习一 初试文案撰写

任务描述：单人成组，结合前期选题策划，使用短文案的写作方法为自己喜欢的品牌撰写一篇文案，形式不限。

练习二 文案分享互评

任务描述：将你撰写的文案发布在新媒体平台中，并在班内分享内容及数据，同学之间进行互评，选出最优文案。

视频：主流自媒体平台文案

【项目小结】

在写作新媒体文案内容之前先要进行调研，确定新媒体文案内容目标受众及受众需求，分析其行为及心理，这样，文案的写作就有了一个方向，可以进入选题环节。在选题环节要分析爆款新媒体文案的选题思路，并掌握新媒体内容选题方法，搭建新媒体文案写作素材库，了解常用文案工具，并掌握不同工具的使用方法和场景。最后利用SCQOR结构写作文案，并拓展尝试不同类型新媒体文案的写作方法。

【知识检测】

（1）新媒体文案内容受众心理有哪些？
（2）新媒体文案内容创作选题的原则是什么？选题方法都有哪些？
（3）新媒体文案写作工具有哪些类型，具体的用途是什么？
（4）SCQOR结构具体指什么？

【实战训练】

➤ **实训目的**

为推广文旅品牌，展现家乡魅力，为家乡的发展助力，学校拟准备进行"我为家乡品牌代言"大赛，要求参赛选手以家乡的历史文化、自然景观、度假休闲、红色旅游、工业旅游、乡村旅游等为题，写一篇软文进行宣传。对家乡充满热爱的你，为了更好地对家乡进行宣传，决定参与本次大赛，让更多人认识自己的家乡。

➤ **实训要求**

（1）掌握新媒体文案选题方法。
（2）使用SCQOR结构进行写作。

➤ **实施过程**

根据实训要求，本实训的实施过程分为以下七个部分：
（1）结合当前的热点趋势、受众需求进行选题。

（2）设定状况。先介绍背景与主角，不管好坏，都要先写出目前稳定的状态，将内容填在表 3-4 中。

表 3-4　设定状况表

分析要点	具体内容
背景	
主角	

（3）发现问题。描述失去稳定后的混乱，包括遇见复杂的问题，或者遭遇的挑战，将内容填在表 3-5 中。

表 3-5　发现问题表

分析要点	具体情况
失去稳定后的混乱 （复杂问题、挑战）	

（4）设定课题。针对发现的问题，确认对主角而言，重要的课题是什么并确定其类型，将内容填在表 3-6 中。

表 3-6　设定课题表

分析要点	目标任务
课题及类型	

（5）克服障碍。描述课题解决的过程，包括解决方案的形成、实施，以及如何克服困难。
（6）解决收尾。将克服困难而达成的解决方案，定位为问题的解答。
（7）汇总上述内容，形成完整的故事软文，不少于 800 字。

【实训项目评价】

完成实训后，学生填写表 3-7，教师填写表 3-8。

表 3-7　学生自评表

序号	技能点/素质点	具体表现	达标	未达标
1	前期内容策划	能分析新媒体文案内容的目标受众、受众需求、受众行为、受众心理		

续表

序号	技能点/素质点	具体表现	达标	未达标
2	内容创作选题	能够掌握新媒体内容创作选题方法，策划合适的选题		
3	内容素材积累	能够灵活运用素材库和文案写作工具进行写作		
4	内容创作	能够利用SCQQR结构进行文案写作		
5	创新意识	能够在新媒体文案写作过程中提出有创意的写作和表现手法		
6	沟通和交流	能够顺利与他人交流并完成访谈、调研等工作，能够进行有效表达，并有针对性地进行展示		
7	团队合作	能够进行有效的团队合作，并充分发挥各自的特点，互帮互助，共同完成任务		
8	资源整合能力	能够借助网络收集文案素材资料，能通过网络调研等手段了解优秀的新媒体文案的写作流程		

表 3–8 教师评价表

序号	技能点/素质点	具体表现	达标	未达标
1	前期内容策划	能分析新媒体文案内容的目标受众、受众需求、受众行为、受众心理		
2	内容创作选题	能够掌握新媒体内容创作选题方法，策划合适的选题		
3	积累内容素材	能够灵活运用素材库和文案写作工具进行写作		
4	内容创作	能够利用SCQQR结构进行文案写作		
5	创新意识	能够在新媒体文案写作过程中提出有创意的写作和表现手法		
6	沟通和交流	能够顺利与他人交流并完成访谈、调研等工作，能够进行有效表达，并有针对性地进行展示		

续表

序号	技能点/素质点	具体表现	达标	未达标
7	团队合作	能够进行有效的团队合作，并充分发挥各自的特点，互帮互助，共同完成任务		
8	资源整合能力	能够借助网络收集文案素材资料，能通过网络调研等手段了解优秀的新媒体文案的写作流程		

【岗课赛证融通】

➤ 赛证融通

全国职业院校技能大赛市场营销赛项介绍

为落实党的二十大提出的"把实施扩大内需战略同深化供给侧结构性改革有机结合起来"的精神和国家"十四五"规划"加快发展现代服务业"的要求，"顺应消费升级趋势，提升传统消费，培育新型消费""促进国内国际双循环"，特设本赛项。本赛项为学生赛，以职业需求为导向、以实践能力培养为重点、以产教融合为途径，依托动态竞争理论塑造营销竞赛环境，对接数字化营销、新媒体营销等市场营销新方向，面向市场分析、营销策划、产品销售、客户管理、互联网营销等岗位，依托动态竞争理论，以市场调研与数据分析、用户画像与市场定位、营销活动策划方案、新媒体营销、PPT方案制作、制定数字营销策略、数字营销实施、市场推广与控制、客户满意度管理、销售管理、经营核算与成本控制等重要工作任务的完成质量及选手职业素养作为竞赛内容，全面考核选手的市场调查与分析、目标市场选择与定位、用户画像分析与定位、竞争策略分析、营销策划、新媒体营销、品牌传播、产品促销、客户服务与管理、数据分析、成本核算与财务分析能力等基本职业素质。在竞赛中，选手将会用到经济学基础、市场营销基础、市场调查与分析、消费者行为学、品牌管理、新媒体营销、财务管理等课程的综合知识。

【素养提升】

比亚迪宣传文案

2023年8月9日，比亚迪第500万辆新能源汽车正式下线，成为全球首家达成这一里程碑的车企。一向低调的比亚迪，这一次大大方方走到台前自我"加冕"，发布品牌宣传片，让大众一起见证这一荣光时刻。

宣传视频文案（节选）：

我们的故事各不相同
但方向却又如此相通
奔流于每寸热土
挺立于新能源潮头之上
在那里
我们不分你我
在那里
我们乘风破浪
打破旧的神话
踏出新的长空
成就世界级品牌
这个名字
将由你 由我
由每一位中国汽车人共同书写
这个名字叫
中国汽车
在一起
才是中国汽车

【案例分析】

"格局"是比亚迪本次宣传收获最多的评价。它是第一个在宣发时不把自己摆在"C位"、放在中心的品牌，却又让人清楚地认识到，"它"是其中不可缺少、至关重要的一环。

作为中国本土民族品牌，比亚迪汽车系列用"王朝"命名，很有中国本土特色，同样地，本次宣发根植于中国传统文化，并磅礴于世界大地。

在中国传统文化中，水利万物，至善至柔，它没有攻击性，能适应地形形状，因势利导，随时随地准备改变自身。这也正是道家所说"上善若水，水善利万物而不争，处众人之所恶，故几于道"。

但水，却绝不是没有力量。"天下莫柔弱于水，而攻坚强者莫之能胜"，滴水穿石，靠的是持之不懈、瞄准目标的努力；波涛汹涌，靠的是聚水成流，逢林过坎，遇山开山，终奔腾翻飞，一勇无前。

水，与比亚迪汽车系列另一个主题"海洋"密切相关，也贯穿整个宣传片，在里面，它有两层寓意。

第一层，它比喻中国汽车的发展。从一开片，比亚迪就用26个瞬间历数了汽车品牌的历史性时刻，从纵向角度上看，中国汽车离不开任何一个汽车品牌，正是有这些品牌的开拓,才有了中国汽车的今天。这里面,也体现了比亚迪的自谦:比亚迪的今天,离不开汽车同行的共同托举、技术奠基,比亚迪的荣光与每位同行共享。

第二层寓意,比亚迪以水自喻。结合王传福的演讲和短片,2003年比亚迪官宣进行新能源汽车的研发,2008年全球首款插电式混合动力汽车量产上市,实现了"0"的突破,接着停止燃油车生产,大力投入新能源汽车的研发。从第1辆到第100万辆新能源汽车的下线,比亚迪用了13年,而从第100万辆到第300万辆花了一年半,如今从第300万辆到第500万辆比亚迪仅仅用了不到9个月的时间。从点滴涓流汇聚成500万辆新能源汽车下线的海洋,从无到有,比亚迪以水之韧爬坡过坎。

而在短片中,比亚迪也秉持"水善利万物而不争"的精神,呼吁中国汽车应该"相利"而非"相争",这也算是再一次回应长城举报比亚迪事件:我们不要再争了,我们要团结起来,在世界舞台上争夺一席之地。

在国内,大家是竞争对手,但是在世界上,中国汽车一体,都代表民族荣誉。套用一句很经典的广告词,"大家好,才是真的好",聚水成海,奔流万里,终至海阔天空。

【案例启示】

比亚迪从"籍籍无名"到如今"名声大噪"、随处可见,正是因为立足民族的,才是世界的,越有民族特色亮点,越具备核心竞争力。这部宣传片的创作人一定很熟悉中国传统文化,片子从水文化切入,最后阐释"各美其美,美美与共"的儒家文化。而从这部宣传片开始,比亚迪成了真正意义上的"民族品牌",传达了自我担当的决心与勇气。大众也被民族情绪所鼓舞,支持民族企业发展,进一步在世界舞台上争取更高荣誉。

【拓展阅读】

新媒体文案从业者一定要读的5本书

《广告人手记》,作者叶茂中。这是广告人叶茂中的一本书。他的经典文案作品包括:今年过节不收礼,收礼只收脑白金;海澜之家,男人的衣柜;恒源祥,羊羊羊……叶茂中被视为中国营销策划第一人,其广告心法被记录在了《广告人手记》这本书中。为中国品牌写文案、做广告,应多看看中国本土的广告案例,而叶茂中就是本土广告人的代表。《广告人手记》这本书里,有知识,有创意,有案例,全是肺腑之言,读完会让人认识到广告中的大智慧,从而爱上广告。

《汪曾祺的写作课》,作者汪曾祺。如果想让文字变得更有文采,《汪曾祺的写作课》是作家谈写作比较有干货的一本。这本书主要分三个部分:读书、写作技巧、创作随谈。在介绍知识点时,会举例一些文学作品,让人理解得更加深刻。喜欢咬文嚼字的新媒体文案从业者，读这本书一定会很受益。

《运营之光 3.0》，作者黄有璨。本书围绕运营进行介绍，解释运营的概念和分类，运营工作者要做的工作和未来的职业规划等，对于刚刚进入职场的运营工作者来说特别实用。

《流量池》，作者杨飞（瑞幸咖啡、神州专车的 CMO）。这本书主要讲品牌流量的问题，提出特别多的获取流量的实用方法，如裂变营销、微信营销、事件营销、数字广告、直播营销、跨界营销等，并教会读者如何做营销裂变，做企业公众号、投广告、写好海报广告、落地页广告等，不只适用于资本企业，小微企业也能从中找到好用的、可以落地的营销方法。这本书的核心理论：品牌是最稳定的流量池，看完就会懂得品牌的意义。

《超级符号就是超级创意》，作者华与华。华与华，是华氏两兄弟，华杉和华楠，他们做过特别多知名的广告案例，比如、西贝莜麦面、海底捞、足力健老人鞋、汉庭酒店……其中提到的超级符号理论，特别适合做广告、设计的人学习，学完之后会对品牌名、Logo、口号、包装有一些新的创意灵感。超级符号，不仅仅是指商标，而是指一切具有携带意义的视觉形象、听觉符号、触觉符号、味觉符号和嗅觉符号。

项目四

新媒体文案写作技巧

在移动互联网时代，企业的广告营销渠道已经由传统媒体转移到新媒体，新媒体文案营销的重要性日益突出，相比硬广告文案，新媒体文案将广告信息巧妙地融进文案里，在潜移默化中灌输进受众的脑海中。新媒体文案侧重于文字工作，重点输出广告内容和创意，使其更容易被受众发现、理解、记住，甚至被再次传播，对创造能力、营销能力及对受众需求的洞察能力都有一定的要求。要想输出让受众觉得有价值的文案内容，就需要在写作文案时掌握一定的写作技巧。

新媒体文案写作

【知识图谱】

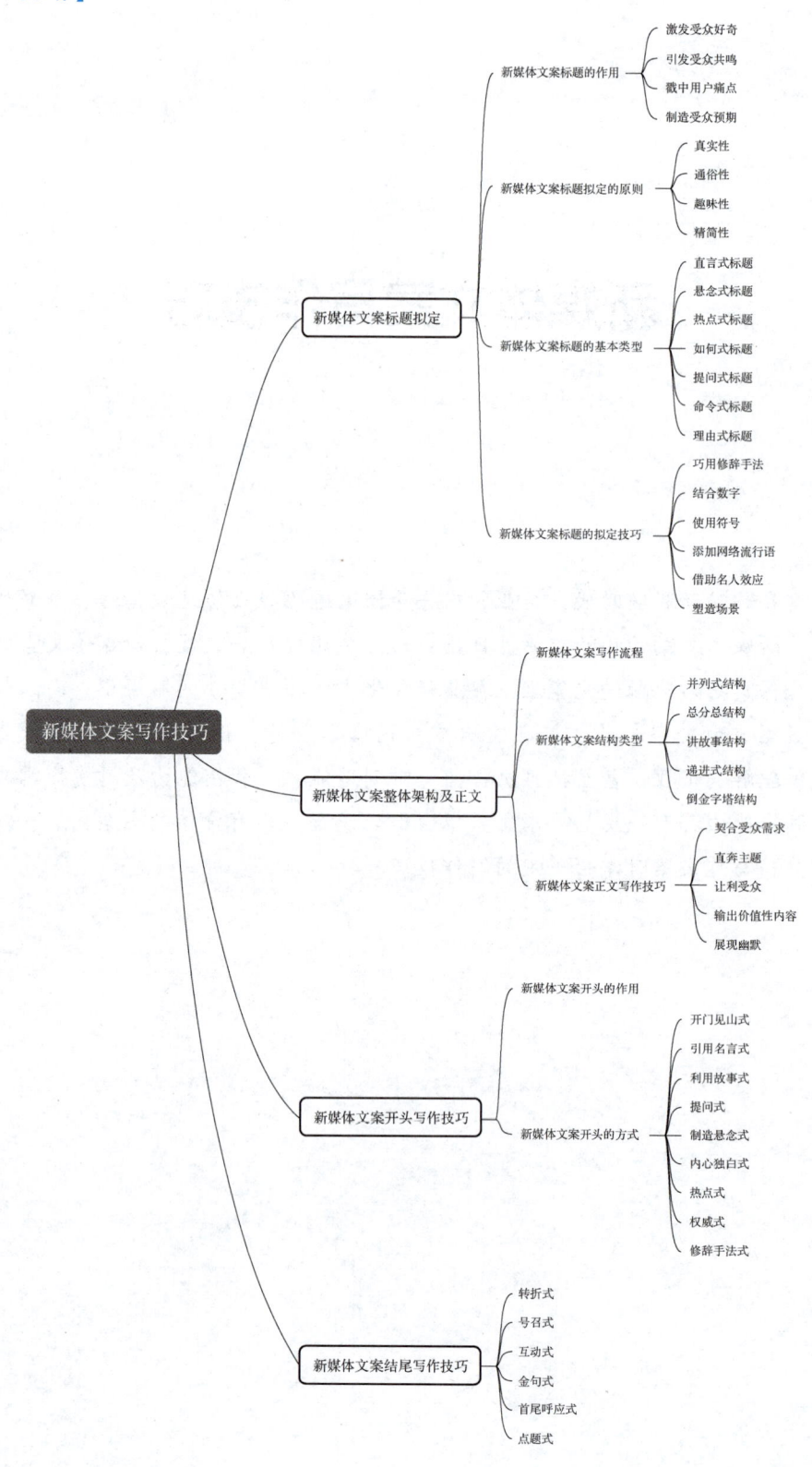

新媒体文案写作技巧
- 新媒体文案标题拟定
  - 新媒体文案标题的作用
    - 激发受众好奇
    - 引发受众共鸣
    - 戳中用户痛点
    - 制造受众预期
  - 新媒体文案标题拟定的原则
    - 真实性
    - 通俗性
    - 趣味性
    - 精简性
  - 新媒体文案标题的基本类型
    - 直言式标题
    - 悬念式标题
    - 热点式标题
    - 如何式标题
    - 提问式标题
    - 命令式标题
    - 理由式标题
  - 新媒体文案标题的拟定技巧
    - 巧用修辞手法
    - 结合数字
    - 使用符号
    - 添加网络流行语
    - 借助名人效应
    - 塑造场景
- 新媒体文案整体架构及正文
  - 新媒体文案写作流程
  - 新媒体文案结构类型
    - 并列式结构
    - 总分总结构
    - 讲故事结构
    - 递进式结构
    - 倒金字塔结构
  - 新媒体文案正文写作技巧
    - 契合受众需求
    - 直奔主题
    - 让利受众
    - 输出价值性内容
    - 展现幽默
- 新媒体文案开头写作技巧
  - 新媒体文案开头的作用
  - 新媒体文案开头的方式
    - 开门见山式
    - 引用名言式
    - 利用故事式
    - 提问式
    - 制造悬念式
    - 内心独白式
    - 热点式
    - 权威式
    - 修辞手法式
- 新媒体文案结尾写作技巧
  - 转折式
  - 号召式
  - 互动式
  - 金句式
  - 首尾呼应式
  - 点题式

项目四　新媒体文案写作技巧

【开篇案例】

啥是佩奇

2019 年 1 月 18 日,朋友圈被《啥是佩奇》的分享链接刷屏了,发布后 24 小时内有 3.4 亿次下载量,2 天内有 15 亿次点击量。

《啥是佩奇》(如图 4-1 所示)讲述了一个温情、有趣、感人的亲情故事。一位空巢老爷爷李玉宝在山顶上给儿子打电话,接电话的是小孙子。爷爷问小孙子想要啥,小孙子说佩奇。爷爷不懂啥是佩奇,开始翻词典,结果没找到;问村里有智能手机的人,找到了一个叫佩奇的女网红;当听到村长在广播里普及视频彩铃时,李玉宝灵机一动,通过喇叭问全村人,结果找到一个叫佩奇的人。李玉宝利用村广播电台的这一番"寻佩奇启事"无异于对牛弹琴。一时间"啥是佩奇"这个话题,充斥了这个遥远而又闭塞的农村,超市里"佩琪"牌的洗发水,名叫张佩奇的拖拉机手,同村故作高深的象棋爱好者说"佩棋我知道,但是我没下过,好像跟跳棋差不多吧",都给李玉宝这个老实巴交的老头子带来了认知混乱:这佩奇到底是个啥?吃饭的时候李玉宝得知村里老三媳妇以前在北京当过保姆,他赶紧去问,也终于从这个老三媳妇的口中得知佩奇是一头红色的猪。于是他拿着刷子准备把自己家的一只小花猪染成红色,然而又从老三媳妇那里得知这不是真猪,是长得就像个吹风筒的假猪。于是,李玉宝开启了为孙子打造小猪佩奇的纯手工制作之路。

图 4-1　啥是佩奇

小猪佩奇,对于城里的孩子来说,是一个再熟悉不过的名字,但对于远在农村的老人李玉宝来说,就成了一个令他抓狂的陌生词汇。将现代话语体系中的某个文化符号用在留守农村的老一辈身上,自然产生了各种令人啼笑皆非的笑点,视频文案以幽默和搞笑的方式讲述了一个本质上令人心酸的故事——社会发展得太快,好像完全不管不顾你是否跟得上它的脚步。李玉宝作为年长的上一辈,不知不觉地已经远远地落在了这个时代的后面。小猪佩奇作为一个红遍大江南北的文化现象,在李玉宝那里是"丈二和尚摸不着头脑"一般的存在。李玉宝靠着手机上的一根天线跟外界儿孙联系着,就这么脆弱的一根线还掉进草地里找不到了,断了与远在大城市的晚辈们的联系,他虽跟不上潮流,却愿意为孙子"赴汤蹈火",开始独自寻找孙子喜爱的"佩奇"到底是啥。

留守爷爷关于"啥是佩奇"的认知隔阂，倒映出了无数父母的缩影，他们总是想尽办法把最好的爱给孩子，但常常出于各种原因缺少了陪伴和了解。陪宝宝一起看佩奇，也会了解孩子的世界，佩奇成了牵连孩子与父母感情的纽带。

而人们对小猪佩奇的熟悉程度和喜爱程度，更加驱使着我们要点开"啥是佩奇"这个标题，看看到底有哪些内容，和我们看过的小猪佩奇有什么不一样。继续观看后，会被影片的笑点所吸引，但笑后却会引起我们的深思，这个标题就起到了设置悬念、吸引受众进一步阅读的作用。刷屏并不是因为不一样的佩奇，而是你从中看到了为在乎的人拼命努力的自己。

2019年，狗年过去猪年开始，没有什么比佩奇更适合2019年的了。

（资料来源：《微电影〈啥是佩奇〉的若干种影评思路》，https://zhuanlan.zhihu.com/p/94884573，有删改）

【案例思考】

（1）《啥是佩奇》是什么？

（2）《啥是佩奇》是怎么制造了一场群体刷屏的？

（3）"啥是佩奇"这个标题为什么能够吸引受众点击阅读？

任务一　新媒体文案标题拟定

【学习目标】

➤ **知识目标**

1. 熟悉新媒体文案标题写作的原则。
2. 掌握新媒体文案标题拟定的方法。
3. 掌握新媒体文案标题拟定的禁忌。

➤ **能力目标**

1. 具备创作高点击率的新媒体文案标题的能力。
2. 能够区分好标题和"标题党"，不做"标题党"。

➤ **素质目标**

1. 培养文案运营能力和用户心理洞察能力。
2. 培养文字能力、整合能力和逻辑思维能力。
3. 懂得新媒体文案的定位和内容要健康文明，切勿为了流量触碰"红线"。
4. 主动践行社会主义核心价值观。

【课前学习】

1. 课前在线学习

加入学堂在线"新媒体文案写作"在线课程,根据教师要求学习相关内容。

2. 课前任务

课前任务名称:寻找我最喜欢的文案标题。

课前任务说明:寻找 10 条自己认为写得比较好的文案标题,并分析这些文案标题为什么能让你点击阅读。

课前任务成果:整理搜集的 10 条文案标题,并分析其成功原因。

【案例导入】

"国货之光"白象的优秀文案

白象方便面一直是大家耳熟能详的民族品牌,25 年来,它不仅一直保持匠心品质,为消费者生产健康美味的食品,还从未放弃中国人高风亮节的品格。

作为"中国四大方便面巨头中唯一拒绝日资的企业",在坚守底线的同时,白象也在默默履行着社会责任,白象 1/3 的员工是残疾人,河南暴雨救灾,白象捐了 500 万元现金和价值 20 万元的物资,"土坑酸菜"事件后劝导消费者理性消费……央视盛赞其为"铁骨铮铮的民族企业"。

白象的文案就像它的匠心品质一样,朴实、真诚、暖心(如图 4-2 所示)。

图 4-2 白象品牌文案

文案一 白象发货公告

春天离开的速度,是每日北上 15 英里。

可能大多数人都不会知道,樱花仅开十天,春风只吹半月。

春光如此短暂,但各位亲亲对白象的厚爱,是星辰指引,是山长水阔,是风和日暖,是人间无数。

感谢大家对白象品牌的支持与厚爱,在这里我们表示真诚的感谢!"吃面就吃白象泡面"的热情我们收到了，但还是要提醒大家，吃多少买多少，不要浪费。由于近期订单量暴增，给我们的工厂带来了巨大的责任和压力，为了让大家早日收到产品，白象全国各地工厂启动紧急预案全力生产发货，争取用最快的速度把白象的产品送到需要的千家万户。如有任何问题，请及时跟我们在线客服联系，感谢大家的支持和理解！

山河明朗，人间值得，五星闪耀，皆是中国。白象在这里向您保证，品质如山永在，美味生生不息！

——白象发布于"土坑酸菜"事件后，劝导消费者理性消费

文案二 致这世间所有的初心和守望

虽然有很多城市又生病了，
但是我们依然爱他。
因为，为了让更多人能见到春天，
就会有更多的伙伴们把自己化作春天。
他们是春风十里，是星河万顷，是万物生长，是冰雪消融，
更是白象心中永远无可替代的光和亮。

案例解析：白象的每一次行动，都不会进行铺天盖地的广告营销，而是以温柔有力的文字敲动着国人的心弦。在第一则公示文案中，开头，浪漫的气息扑面而来，如春风化雨，动人心神。第二部分，由衷的感谢，真诚的提醒，以及对消费者信任的不辜负。最后，以磅礴的气势、浩然的正气，郑重地许下承诺。

白象方便面的文案，朴实得像过日子，它的文案宣传同品牌自身的淳朴真诚如出一辙，充分彰显了自身的强劲实力和低调美德。无论是籍籍无名时，还是大受人们喜爱时，它始终不改初心。苦困来时，不气馁，默默承受；荣誉加身，不骄傲，不急不躁！不愧为人们眼里的"国货之光"！

在白象身上，我们看到了民族企业的典范，也看到了中华儿女的精神。山河辽阔，人间烟火，月光所照，皆是中国。就像它的广告文案一样："幸福，就是一碗真材实料的好面。"

【知识储备】

新媒体文案的第一步，是从拟写标题开始的，标题决定了打开率。一篇好的文案，如果没有好的标题，就像酒再香，也可能没有入口的机会，而标题就是那酒香广泛被人知道的吆喝声，精准且带着丝丝诱惑，带来的是入口的机会。标题不是为了把文案概括清楚，而是吸引受众点击，不仅是点击阅读，更重要的是要让受众继续传播。好的标题能够起到制造悬念、引起争议、颠覆认知、产生共鸣、吸引受众阅读兴趣的作用，提高打开率和传播率。

一、新媒体文案标题的作用

（一）激发受众好奇

好奇心是人类的天性，每个人在面对未知的时候，都想去寻找答案，人们内心这种根深蒂固的需求就是好奇心。好的新媒体文案标题能够快速吸引受众的注意力，通过幽默感、提疑问、吊胃口或者承诺等方式激发受众的好奇心，引起受众阅读正文的兴趣，如"大学最好的状态是什么"。

（二）引发受众共鸣

好的标题能得到受众的赞赏，是因为这些标题能让受众产生情感共鸣，给予受众支持、鼓励、批判和反击等情感的触动，替受众说出他们最想说的话，表达出他们最想表达的观点，展示出他们最想展示的态度。受众的关注、点赞、评论和分享，往往是因为他们想借助文案来进行自我表达，如"你是否甘心就这样一直碌碌无为"。

（三）戳中用户痛点

好的标题能直击用户内心深处十分渴望却无法满足的需求，戳中用户痛点，解决用户需要解决却尚未解决的问题，与用户共情，让他们感同身受。当用户看到这个标题时，就会感到扎心、感到痛，觉得就是写自身的，从而产生共鸣，激发阅读兴趣，如"1 小时教你打造日涨粉 100 万的抖音号"。

（四）制造受众预期

受众的阅读预期直接影响内容的阅读量、转发率及公众号的取关率，并从根本上影响公众号的流量价值。一个充满诱惑力的标题，不但能吸引受众的注意力，而且能使受众对正文内容产生阅读预期，展现受众所关心的对自己有价值的问题，但要受众去内容中寻找答案，如"运营新人必须掌握的 10 个高效方法"。

二、新媒体文案标题拟定的原则

对于新媒体运营人而言，文案标题的重要性不言而喻，想要让受众在大量的内容中点击文案进行阅读，就必须要在两秒的时间内吸引受众的眼球，否则受众就会把目光移到别的内容上去。好的标题要有卖点、有内容、有趣味，既能满足受众的需求，又能紧贴文案的内容，同时有足够的吸引力。

（一）真实性

真实是拟定标题的重要原则，是与受众建立稳定关系的唯一前提。靠说谎来获取流量是不可取的行为，切记不能为了吸引注意力而夸大内容或编造结果，更不能不负责任地吹嘘。

> **课堂讨论**：新媒体文案标题"年终大促销，点击就有奖品"是否符合真实性的原则？

（二）通俗性

标题语言不要书面化，要浅显易懂且适合大众水准，尽量避免出现晦涩难懂的词语或者枯燥乏味的专业术语，突出所要表达的主要观点或亮点，让受众能够看出内容的重点，如"为什么中国人这么爱喝热水？"。

（三）趣味性

标题要有趣味性，能够引起受众的兴趣和好奇心，可以运用悬念、反转、奇闻、对比、矛盾等手法，让标题有亮点和独特性，增加点击和转发的可能性，如"快止痒、止痒快、痒快止"（三九皮炎平的广告标题）、"从家庭'煮'妇到家庭主妇"（无油烟不粘锅的广告标题）。

（四）精简性

标题要言简意赅，精致动人，引人注目，要体现的关键词靠前显示，让受众在快餐式的阅读习惯中能够快速抓住重点，避免直接跳过。一个标题主打的亮点或卖点不超过2个，要严格字数，建议控制在30个字左右，避免使用复杂的词汇和长句子，保持简洁明了，如"庄稼院里的211工程""走，坐着火车到秦岭看雪去"。

> **课堂讨论**：打开网页，哪些文章会让你点击进入阅读？思考并谈谈你是出于什么样的原因点开或退出一篇"推文"的。

三、新媒体文案标题的基本类型

新媒体文案标题，可以从吸引力、引导力、表达力三个维度来拟定，基于这三个维度，常见的新媒体文案标题的类型有：直言式、悬念式、热点式、如何式、提问式、命令式、理由式。

视频：如何写出符合品牌定位的文案

（一）直言式标题

直接言说是常见的新媒体文案标题的拟定方法，直奔主题，对于宣传产品的特征和效果直接展示，让受众产生先入为主的看法。许多促销广告就是利用这种经典标题，宣传折扣吸引顾客上门，取得了不错的效果，如"全场9.9元包邮"就是这样一个典型的直言式标题。再如《人民日报》推动茶产业的报道《让世界共享"普洱味道"》，这个标题开宗明义，直接点明宣传内容——普洱市的"普洱咖啡"，文案中详细介绍了"普洱咖啡"的种植特点和绿色有机发展。"普洱咖啡"在2020年9月入选中欧地理标志协定首批保护名录，在2021年8月被国家知识产权局正式批准实施国家地理标志产品保护。该文案标题不玩文字游戏，把事情的核心讲清楚、讲明白。

（二）悬念式标题

悬念式标题是指在标题部分通过设置提问、强调产品功效、营造神秘气氛等方式，激发受众的好奇心，从而对文案内容产生强烈的兴趣，如"三毫米的旅程，一颗好葡萄要走十年""候鸟开始穿越地球，麦苗渐渐化成啤酒"。再如，2017年滴滴发布了一款名叫"滴滴车票"的创新产品，该款产品非常适合送给那些没下载过滴滴、不会使用滴滴或者不会线上支付的人，为了推出该产品，滴滴推出了视频广告《那些你知道和不知道的事儿》。广告开头切入一个具体的故事，讲述了一位男性知道女朋友很想去草原，但是不知道她是为了跟随自己而去，随后分别描述了父母、情侣、同学等七个日常相处的片段小故事，充满浓浓的生活气息，道出了我们对于身边的人不够了解，就像一般受众不够了解滴滴车票。"一张滴滴车票"恰好可以解决这些故事中的出行问题。这则广告通过标题塑造悬念，吸引受众点击，利用走心故事，引起受众情感共鸣。

（三）热点式标题

一滴油滴入冷锅中，所占面积只有指甲那么大，不会有大的波动，但倘若滴入的是沸腾的热锅，油分子将会炸满整个厨房。网络热点就如同那滴油，融入网络热点的文案一旦有机会便会成为爆文，让成千上万的受众看到，从而达到营销的效果。一直以来，利用好热点使平台或产品一夜之间爆红的案例不在少数。热点式标题是指借用当下人们关注的热点写出的一些主题性软文标题，一般在热点文案中里用得较多，几乎80%的热点文案都是以这样的标题形式从热点事件引入，由于热点事件本身自带流量，因此打开率通常都较高。热点式标题一般分为两类：一类是时效性热点，如当下发生的热点新闻、娱乐热点事件等；另一类是长期性热点，如国家领导人、知名人物、政界名人等。"雷军谈穿越人生低谷，原来累时躺一下也不丢人""AI可以提早18个月诊断自闭症，准确率达96%"等都属于热点式标题。

（四）如何式标题

如何式标题是比较能够吸引人的一类标题形式。它首先让受众觉得有用或者有趣，另外可以为感兴趣的受众答疑解惑，是一种非常好的吸引受众阅读文案的标题形式。卡耐基在他的风靡全球、口碑爆棚的《人性的弱点》这本书里提出的标题"如何赢得友谊并且影响他人"是人类史上最出名的如何式标题，这个标题中有两个很刚需的利益点，一是赢得友谊，二是影响他人，这两个利益点促使受众进一步阅读，同时也使这本书成为帮助很多人脱贫致富、实现人生逆袭的励志书籍。如"新手理财指南，如何做金钱的主人""一个人在大城市，如何过得精彩""如何摆脱负面情绪"等都是如何式标题。

（五）提问式标题

好奇是很多事情的开端，在标题里设置悬念就是在刺激人的好奇心，而提问是一种最快激起受众好奇心和求知欲的方式。当看到被提问的标题时，受众就会对这个问题产生某种疑问或思考，并非常想要寻找答案，而想要知道答案，就只能选择点击标题。因此提问式标题是很多爆文中惯用的手法，以提问的形式，直接戳中用户痛点，给人造成一种代入感，提出的问题最好能够和受众产生共鸣。如"每个姓氏都有一首诗词，你属于哪种？"，每个人都有姓氏，这个问题与自己切身相关，受众就会有想要知道的欲望，点开的概率就会大大增加。"春节旅游再度火爆"文旅爆款"做对了什么？""为什么孩子越大越不愿意和你交流？99%的家长都不知道""为什么马斯洛需求烂熟于心，却还是写不好文案？""百亿级的无糖茶饮市场背后，存在哪些投资机会？""求职季不投简历，这批年轻人凭什么靠拍短视频就能谋生？"等标题都是提问式标题。提问式标题通常采用两段式提问来强化诱惑，如只使用"小三劝退师是个什么样的职业？"虽然也能让人有了解欲望，但如果加上"工作一次20万"，则这种欲望会被进一步加强。

（六）命令式标题

命令式标题带有强迫的、祈使的态度，有明确的动作指示，是为受众预先设定的一种行为方式，直接告诉受众要怎么做。这类标题常见于励志鸡汤文，标题里通常含有动词，并且语气非常坚定。标题中设定的方式可能跟日常的行为方式有很大差别，甚至是颠覆以往认知的行为习惯，这就形成了一种认知上和行为上的冲突，从而形成戏剧性和看点。特别是对某些比较犹豫纠结和有选择恐惧症的受众来说，命令型标题可以给他们很强的动力和信心，如"别放弃，熬下去，不想认命，那就去拼命""职场不相信眼泪，要哭回家哭""请远离那些不断消耗你的人"等。"别让多任务工作谋杀你的效率"这个标题中，多任务工作是当代职场中非常普遍的现象，每个人手上都有一大堆任务，但多任务工作会降低个人效率，也会降低团队的效率，标题以命令式的方式直接告诉我们不要让多任务工作谋杀效率。

（七）理由式标题

理由式标题就是明确提出需要解决的问题，在标题中直接告诉受众看这篇文章的理由，告诉用户问题在内容里都会得到回答和解决。如"14个无法反驳的分手理由，教你完美躲过下一个情人节""17张看完不舒服，不看完更不舒服的图""20岁应该学什么本事，才能避免40岁失业""为什么别人不喜欢你，也许是你一直在被动攻击""人为什么要善良，这是我听过最好的答案"等都属于理由式标题。

【案例课堂】

为什么要多读书？这是我听过最好的答案

有一个电商专业毕业的高职学生，在短视频平台上发问："我读了那么多年书，现在不还是从事了中控这种不需要技术含量的工作，每天就负责在直播间里喊'好……'，带我的师傅是一个还没有我学历高的人，我比他多读了那么多年书，跟他从事相同的工作，拿到的工资可能还没有他高，那我为什么还要多读那么多年书呢？"读书让你的眼光、境界和人生的高度不再相同，读书让你变得辽阔，驱赶迷茫对抗平庸。中控可能是那位早早进入社会的师傅的最高点，但却一定是你人生的最低点，你会一路向上，在职业生涯中不断攀升，这就是你读书的意义。

此外，还有其他类型标题，如表4-1所示。

表4-1 其他常见标题类型举例

序号	标题	标题类型
1	故事型标题	一个小小的故事，让你看到了大大的世界
2	疑问式标题	你知道吗？这个行业的未来在哪里？
3	数字型标题	10个让你惊叹的新媒体营销案例
4	挑战式标题	敢不敢试试这种新媒体营销方式？
5	惊喜式标题	这个新媒体平台，竟然可以带来这么多意外惊喜！
6	爆料式标题	揭秘新媒体营销的三大秘密
7	指南式标题	新媒体营销指南：如何打造一份完美的营销计划
8	对比式标题	传统营销VS新媒体营销，哪种更适合你的品牌？
9	亲身体验式标题	我亲身体验了这个新媒体平台，告诉你它的优缺点
10	专家解读式标题	新媒体营销专家解读：如何在社交媒体上吸引更多粉丝？
11	未来趋势式标题	新媒体营销的未来趋势：从社交媒体到AR/VR营销
12	个人成长式标题	我是如何通过新媒体营销，实现个人品牌的快速成长的
13	产品介绍式标题	这个新媒体工具，让你的营销效果翻倍！
14	行业分析式标题	新媒体营销在不同行业的应用分析
15	情感共鸣式标题	这个新媒体广告，让你感受到了品牌的温度
16	事件追踪式标题	这个事件在新媒体上引起了轰动，你知道原因吗？
17	争议式标题	新媒体营销的争议：是创新还是炒作？
18	未知领域式标题	新媒体营销的未知领域：从AI到区块链，你准备好了吗？

（资料来源：百度文库 https://wenku.baidu.com/view/446546b25322aaea998fcc22bcd126fff6055d12.html?fr=income5-doc-search&_wkts_=1705867912642&wkQuery=%E6%96%B0%E5%AA%92%E4%BD%93%E6%96%87%E6%A1%88%E7%A2%98）

值得注意的是，新媒体文案标题要与内容相呼应，要重视长期价值，不能成为"标题党"。拟定标题必须要牢记社会主义核心价值观，谨慎使用负面情绪，以及其他有可能对社会和谐产生负面影响的标题。断章取义、涉黄涉赌、歪曲事实甚至制造假新闻，会严重伤害品牌，甚至会触及法律红线。

视频：
优质标题提炼的
十种技巧（上）

> **课堂讨论**：以下"标题党"的文案，为什么网友不喜欢？
> （1）《为了考研，99%的大学男女生晚上都这样……》正文内容：备战研究生考试，复习到深夜。
> （2）《看了脸红！30年前毕业那天他们居然做这事！》正文内容：80年代大学毕业搞笑照片集锦。
> （3）《如果没有这张纸，你就见不到父母了！》正文内容：寒假订票时间表及抢票攻略。
> （4）《震惊！一家25口灭门惨案！》正文内容：生物专业小白鼠解剖报告。

四、新媒体文案标题的拟定技巧

新媒体文案的标题与传统媒体标题不同，为了吸引受众点击，在标题的功能上更强调突出性，常用的拟定技巧如下：

（一）巧用修辞手法

修辞手法不仅可以增加标题的吸引力和趣味性，还可以增强标题的创意性。如"为啥中国人这么能'拼'？"，这个标题采取"拼"的一语双关，不仅是指拼搏奋斗，也是指榫卯技术传承，在现代化时代，能坚持做榫卯的人是在默默坚守和创新。这一标题巧妙运用"拼"字吸引受众想要一探中国人不断拼搏的精神，点击后发现是关于榫卯在匠心独运中的和谐、平衡之美的描述，匠人之道是中国人"拼"的故事，"拼"的文化，"拼"的历史，更是中国人"拼"的精神。

标题举例：

"你为什么不结婚"：因为低质量婚姻，不如高质量单身

"亲，请帮我砍一刀"：你所谓的朋友，正在偷走你的时间

（二）结合数字

数字具有精确、直观、易理解的特点，能将模糊的信息具体化，由于信息极为明确而容易让人产生真实、可信的印象，也很容易产生直观对比的效果。文案标题中加入数字，可以让受众更加信服。同时，数字既区别于汉字系统和普通意义上的符号，在视觉上很容易跳脱出来，在平面设计上又具有一定的美术意义。数字化标题，将正文的重要数据或本篇文案的思路架构整合到标题上，一方面可以利用吸引眼球的数据引起受众注意，另一方面可以有效提升受众阅读标题的效率，更加精确，也更容易让人记住。但注意这个数字必须跟文案卖点相关，并且能量化，不然就只是没有意义的数字。经过调查发现，在有数据的内容里，阿拉伯数字会比汉字更易读，给人一种有干货的感觉。常用的数字有下面几种：

（1）和年龄有关的数字。

标题举例：

35 岁，工作十年，一分钟被清退：这 8 个问题，你越早知道越好

7 年长跑情侣互换龙年礼后决定结婚

20 岁出头稳坐中老年模特界顶流，就是她赚走了妈妈姥姥的私房钱？

（2）表示时间的数字。如用数字或数字组合创造出一种全新的概念，用数字创造谐音，排列式数字＋文案组合，用数字对比。

标题举例：

10 天！火神山医院建成接诊

什么是中国速度！五个瞬间告诉你，感恩中国速度！

我们这十年｜2 分钟见证中国速度

（3）和钱有关的数字，如身价、年薪、估值等。

标题举例：

月薪 3 千与月薪 3 万的区别？

前男友给我发了 52 000 元红包，我要不要跟他复合？

3 天 2 亿，董宇辉赢了，他翻车了

（4）提炼你最想表达的东西，用数字强化和表达。如某空调的文案《温度低一点，我们的心更近一点》：温度升一点，抱宝宝的妈妈就想把宝宝放下；温度升一点，夫妻、情侣的距离也在慢慢拉大，燥热天气里，谁愿意满身是汗地黏在一起呢？温度低一点，我们的心更近一点。标题用数字的微观写法，来表达空调品牌对于人们生活的关照。

标题举例：

10 个容易被忽略的 Excel 小技巧，超实用！

如何读书，消化这 5 条就够了！

优秀的女人必须坚持的 11 个生活习惯

你以为的修养，99% 都是错的

从这 37 年来的 150 条思考，读懂华为任正非到底有什么与众不同

（三）使用符号

符号主要指"？""！""……""——"等标点符号。灵活使用符号可以增强标题的表现形式和感情色彩，增加辨识度，使标题更有吸引力和说服力，让受众阅读更轻松。此外，符号还包括另外两种：一种是人群符号，如"吃鸡爱好者"；另一种是象征符号，如某领域的杰出代表。

标题举例：

10 个平价又好穿的国货服装品牌！

【好评】你一定用得到！史上最全的服装尺码对照表

女人一定要拥有的服装｜YSL 吸烟装

七八个人签字把关，问题依然闯关？声明：别从现实找本文原型

（四）添加网络流行语

网络流行语是指在一定的时间、范围内被网民在互联网上或者现实生活中广泛使用的词、词组等语言表达单位。这类词汇具有长效的意义，能够在保证内容有趣生动的基础上延长文案的生命值，增加内容的可读性，更重要的是让内容本身拥有了更时尚、更热门的内涵。采用热门词汇，能够成功吸引受众眼球，使内容更加符合当代年轻人的阅读习惯。如"城管喊你来摆摊啦！摊贩：我不信，我要来现场看看"，这则标题中添加了网络流行语，引起受众兴趣，受众点击阅读后，发现原来这是九江瑞昌市为了释放"地摊经济"活力，让城市更有烟火气，而主动给当地小商贩打电话，邀请其到指定地点摆摊经营。再如罗永浩在抖音的首场直播中，用"不赚钱，交个朋友"作为噱头来吸引用户关注他的抖音首场直播，后来也延伸成了品牌促销的词汇。

标题举例：

一种"新型不孝"正在蔓延，很多父母浑然不知，还逢人就炫耀子女有出息

在乱乱的世界里面卷啊卷啊卷

陕西文旅上分，不是哈尔滨去不起，而是秦岭的雪更大

（五）借助名人效应

互联网世界，信任先行。据统计，绝大多数网友会考虑来自好友推荐的产品，其次是专业人士，最后是陌生人。如果身边没有朋友买过某产品或看过某文案，网友会出于对专业人士及名人的信赖，而信赖他们的观点或推荐，如作家、企业家、学者等。这些名人往往有一定的粉丝、流量和话题度。因此新媒体文案从业者可以借助名人效应来拟定标题。

名言名句能广为传颂，不仅因为它传达的道理发人深省，还因为语言本身具有生动魅力。将平淡的语言进行升级，通过提炼、强化、对比、对仗等手法将文案的核心观点进行包装，让观点更"金句化"，更"犀利"，更"高大上"，让受众有更多的认同感。

因此，如果正文中涉及专业人士或名人的观点，可以将其姓名直接拟入标题。

标题举例：

朝辞白帝彩云间，白帝城到底在哪里？

秋叶：如何从单杠青年到斜杠青年？

晁盖是怎样被宋江架空的

"幂式穿搭"更新！关于穿搭，你可以永远相信杨幂！

（六）塑造场景

用大格局的数据营造事物的场景氛围，就像长城干红葡萄酒的一段文案，列举了

十年间世界上发生的一系列事情,来表达十年间企业只为了酿造一瓶好酒而付出的匠心。长城葡萄酒文案标题"十年间,世界上发生了什么?"也是利用世界宏大的改变,来衬托长城葡萄酒一心一意的匠心。

在标题中塑造受众容易产生共鸣的场景,能快速传达品牌的定位或产品的价值,并且能唤起受众内心的场景联想,打动受众。

标题举例:

团建零食大礼包,安排

户外野营必备坐垫,超软

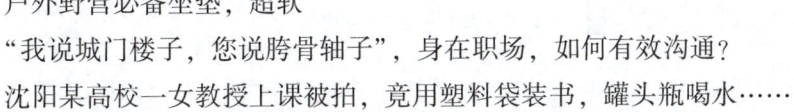

"我说城门楼子,您说胯骨轴子",身在职场,如何有效沟通?

沈阳某高校一女教授上课被拍,竟用塑料袋装书,罐头瓶喝水……

视频:
优质标题提炼的
十种技巧(下)

> **课堂讨论:**你关注了多少新媒体文案标题?不同的标题命名方式会对受众产生怎样的影响?新媒体文案标题的命名方式有哪些?

【边学边练】

➢ 任务背景

麦秸画又称麦秆画、麦草画,凝结的是数千年农耕文明的精髓和黄渭文化的神韵,作为中国传统文化的一个载体,是先祖、先民们在繁衍生存过程中留下的文化图腾,是民族精神、农耕文化、手工技艺、民俗文化留下的宝贵资源。

麦秆是农村随处可见的寻常之物,大多被用来生火做饭。陕西财经职业技术学院"陕西麦秆画非遗传承人"贺兴文大师以麦秆为画笔,创作出了福禄寿禧、仁义礼智信、温良恭俭让、贤孝传家及寿字中堂等麦秆字画条幅,绘制了一幅幅精美的人物、山水、飞禽走兽、花鸟鱼虫、名人字画、汉唐文化、关中民俗等吉祥图案(如图 4-3 所示),韵味十足、意境深远,绘制美丽世界,传承中华之美。麦秆经过筛选、过浆、铺白、刨制、烙烫着色、粘贴剪贴、组合造型等 30 多道工序,在吸取了国画、剪纸、烙画及刺绣等姊妹艺术的表现手法基础上,制作出了既保留麦秆自然光泽,又形象、生动、逼真的古色古香、极具艺术价值和收藏价值的民间艺术精品。

贺兴文大师的作品《耕耘图》《富贵有余》等被中国农业博物院、香港东方艺术博物馆、中国工艺美术大师博物馆等国内外及私人博物馆收藏;创作的《丰仓》《陕西八大怪》瓷瓶被作为中国人民对外友好协会礼品;《大雁塔》《兵马俑》被作为在西安举办的 G20 农业部长会议国礼;《中国吉祥图案》被作为参加巴西里约残奥会的中国残奥委员会国礼及运动员随手礼;《爱丁堡风光》被作为在英国爱丁堡举办的康复国际世界大会的 160 个国家的参会代表国礼。贺兴文大师还为央视播放的 38 集电视剧《黄土

图 4-3 贺兴文麦秆画作品

高天》制作麦秆画道具 100 多幅。他的麦秆画作品数百次参加国内及国际文博会、艺博会等展示展销学术交流活动,获得国内外大奖上百次,产品远销海内外。如今,贺兴文麦秆画已成为推介蒲城、宣传蒲城的名片之一。

人物简介:贺兴文,全国劳动模范、中国工艺美术大师、清华美院工美高研班高级人才、中国工美创新发展联盟副会长、陕西省工艺美术学会副会长兼秘书长、陕西艺术职业学院"陕西非物质文化遗产(传统美术)传习研究中心"特聘专家、西安美院等多所院校客座教授、陕西麦秆画非遗传承人、陕西省工艺美术大师评审主任专家、教育部职业院校艺术设计类专业教学指导委员会工艺美术设计专门委员会委员、2019 年度陕西省委宣传部"六个一批"人才、2020 年度文化和旅游部"乡村文化能人"、陕西蒲城兴文麦草工艺专业合作社总设计师、陕西财经职业技术学院人文艺术学院院长。

练习 为实训背景中的麦秆画推广文案拟定标题

受众在浏览新媒体文案时,通常会通过标题判断文案的可读性。本次实训将为麦秆画的推广文案拟定一个具有吸引力的标题,以巩固拟定新媒体文案标题的相关知识。请将拟定的标题填入表 4-2。

表 4-2 麦秆画文案标题

序号	标题类型	文案标题	文案标题评价
标题一			
标题二			
标题三			
标题四			
标题五			

本次实训的具体要求如下：
(1) 掌握不同类型标题的写作技巧。
(2) 熟练运用标题的写作技巧来拟定具有吸引力的标题。

任务二　新媒体文案整体架构及正文

【学习目标】

➢ 知识目标
1. 了解新媒体文案的架构思路和步骤。
2. 了解新媒体文案的架构类型。
3. 了解新媒体文案正文的撰写技巧。

➢ 能力目标
1. 能够分析新媒体文案的框架。
2. 具备搭建完整的新媒体文案框架的能力。
3. 具备初步写作结构完整的新媒体文案的能力。

➢ 素质目标
1. 提高创新意识。
2. 增强互联网思维和逻辑思维。
3. 深刻理解新媒体文案的内容要求，要积极向上、健康文明。
4. 培养运用所学知识分析现实问题的能力。
5. 避免为了流量触碰"红线"，主动弘扬社会主义核心价值观。

【课前学习】

1. 课前在线学习

加入学堂在线"新媒体文案写作"在线课程，根据教师要求学习相关内容。

2. 课前任务

课前任务名称：简述新媒体文案正文结构的写法。

课前任务说明：请寻找你认为写得比较好的文案，并分析该文案的结构。

课前任务成果：整理搜集的文案，并分析其框架。

【案例导入】

五粮液　让世界更和美

五粮液在中秋之际推出的《五粮液　让世界更和美》广告文案迅速刷屏。视频分为两个篇章，"父子篇"和"对手篇"。

"父子篇"：小时候看着父辈喝五粮液长大的"90后"，如今选择用一杯五粮液和父辈举杯消除隔阂。

他，总是试图改变我的世界；

而我，总想拥有自己的世界；

都说父爱如山，但不知何时起，父亲和我之间，隔了一座山。

出国留学，也就成了这些年来，我们唯一的共识，

至少对我来说，这是可以远离他的最和平的方式。

中秋近了，离家的日子也近了，

无意间发现父亲对着镜子一遍一遍练习，

"小子，快到中秋了，你也要走了，怎么也应该和爸喝一杯吧"

"超，爸想和你喝一杯，咱们聊一聊"

……

"我改签了，我要邀请一位重要的人，

爸，我想和你喝一杯"

那一天我终于明白，隔开我们的，不是距离，而是拒绝。

五粮液，让世界更和美！

"对手篇"：逐渐成为社会主力的中产精英在和商业对手的竞争中用一杯五粮液和解。

这个世界，赢，才有资格说不在乎赢，

而真正赢下世界的人，又岂止你一个，

和他斗了整整十年，

你来我往，

胜负从无定局；

唯一不变的，是始终有他这样一把剑，

明晃晃地悬在头上，

让你睡不安稳，吃不踏实，

对公司尤为重要的一次竞标，就在眼前，

全员论战七个通宵，

因为我清楚，对手会是谁。

项目四　新媒体文案写作技巧

算尽所有可能，却没算到，

最厉害的对手，除了他，还有头顶这片天。

……

"恭喜啊"

"其实，我已经弃标了"

"你都不在，我去赢谁"。

那一刹那，我才发现，组成世界的，不是输赢，而是你我。

五粮液，让世界更和美！

同时，五粮液及时抛出了"这个中秋，你最想举杯邀约的那个人是谁？"的话题，发起了一场线上约酒热潮，引发热议。

（资料来源：五粮液中秋"和美之约"https://www.xinpianchang.com/a10840367）

案例解析：中秋节是中国传统的重要节日之一，与团圆、和谐、友爱等价值观密切相关。五粮液以"弘扬历史传承，共酿和美生活"为目标，践行和美共同价值，展示了自己的企业使命和社会责任，传递了其对中国传统文化的尊重、传承，以及对用户的关怀，与全球华人共同分享中秋节的喜庆和团圆，助力美好生活追求，展现了一幅和美的文化盛景。

【知识储备】

新媒体文案写作前必须深层次思索文案是为了更好地处理什么问题、受众群体是谁，然后梳理写作思路。

一、新媒体文案写作流程

写作新媒体文案，需要掌握一套清晰的流程，明确每一步该做什么，可以借助FSCC公式构思文案。FSCC中F（From）表示信息源头，是指从哪里获取文案内容的信息；S（Scene）表示场景，是指文案表现的是什么场景；C（Change）表示改变，是指场景体验和产品怎样改变生活；C（Content）表示内容，是指文案表达了什么内容。

新媒体文案写作流程主要包括四步：第一步，明确文案的核心观点和要解决的问题，选定议题并围绕议题来组织一些可以写的内容。第二步，列出创意纲要，用来指导文案的创意、撰写及制作。创意纲要主要梳理清楚三个问题：对谁说、说什么和在哪说。即找准目标人群，并针对目标受众提炼出自己文案的说服点，再选择适合的媒体、时间、方式让受众觉得自己的产品、服务或品牌更好。第三步，结合媒体投放渠道特性，输出文案创意写作。第四步，对文案进行复盘，对已做过的工作内容再次进行梳理、总结。

视频：
多一句然后呢，
打造好文案

二、新媒体文案结构类型

新媒体文案有很多种结构类型,常见的有以下五种:

(一)并列式结构

并列式结构一般从描述主体的各方面特征入手,不分先后和主次,各部分并列地叙述事件、说明事物,各部分内容往往是平行结构,并没有非常强的关联。最常见的有以下两类:

1. 一类事物

比如,《推荐一下适合冬季旅游的 10 个景点》,那么推荐的这 10 个景点之间是并列关系;《华为手机上最适合打发时间的 8 个游戏》,8 个游戏之间也是并列关系;《新媒体职场新人适合阅读的 10 本书》《2021 年度十大热搜》《职场人最爱用的 8 种新媒体活动工具》等,诸如此类的文案,都是并列式结构。

2. 解决方案类

你遇到一个问题,我来提供几种不同角度的解决方案,这种思路的文案通常也会采用并列式结构。比如,针对某一类病症,有三种医疗方案,这三种治疗方案之间是并列的;心理辅导类的账号文案《如果你得了抑郁症请从这几个方面进行调理》,这几方面也是并列关系;旅游类的账号文案《如果去陕西旅游,有这样 5 条不同的路线可供参考》,这 5 条路线是并列关系。

并列式结构的优点是不需要很强的逻辑能力,只需要介绍清楚自己的目的,并列出相关的分支即可,操作非常简单。而且选题来源丰富,只要是信息量大的内容都可以这样进行提炼,给受众一种通过精选信息节省时间的感觉。在用这种结构时,小标题往往起到了很重要的作用,在主标题上明确列出有几个具体内容很容易让人形成期待。

【案例课堂】

"五一"陕西游攻略图

1. 向东——渭南游华山线路规划

第一条:连霍高速(西潼段),从西安出发至渭南,全长 62 公里,途经临潼可游览华清池,参观秦始皇兵马俑博物馆。若去华山继续前行 59 公里可到达。

第二条:310 国道,从西安出发到达渭南,途经临潼可游览华清池,参观秦始皇兵马俑博物馆。到达渭南后再前行 56 公里可到达华阴,游"奇险天下第一山"西岳华山。

2. 向东——韩城游司马祠、党家村线路规划

第一条:京昆高速(西禹段),全长 201 公里,途经黄河中游秦、晋、豫交会处的合阳洽川湿地。

第二条：108国道，全长约232公里，途经黄河中游秦、晋、豫交会处的合阳洽川湿地，到达韩城市，前往市区东北9公里，可游览党家村。

3. 向西——宝鸡游法门寺、关山牧场、太白山线路规划

第一条：连霍高速（西宝段）途经法门寺、太白山等旅游景点，若去关山牧场，到达宝鸡后您还需沿宝汉高速前行约65公里。

第二条：310国道，从西安出发至宝鸡约182公里，途经周至城隍庙、西汤峪、法门寺、太白山旅游景点。

第三条：107省道关中环线，从西安出发沿关中环线至眉县上310国道，或连霍高速至宝鸡，沿途经楼观台、财神庙、太白山、西汤峪等旅游景点，全长约182公里。

（资料来源：凤凰网旅游，https://travel.ifeng.com/roll/detail_2012_04_28/14212131_0.shtml）

（二）总分总结构

总分总结构分为三个部分，第一部分是开头，介绍写作的主题或理由。先要使人了解为什么要写这篇文章，要解决什么问题，主题一定要非常明确，就像设计产品要明确解决什么需求和痛点一样。如果受众恰好对这个主题也感兴趣，就会认真读下去。在文章开头使用名人名言、谚语或诗词等，来引领文案的内容，突显文案的主旨及情感。这是一种既能吸引受众，又能提高文案可读性的方法。介绍清楚了要说的话题，就可以开始展开第二部分了。

第二部分是中心内容，展开论述，分条列出自己的观点，以及佐证自己观点的证据或案例，并加以说明。这几个分论点之间可以是并列关系、递进关系、对比关系等，但不能是包含关系或交叉关系。最常见的是并列关系和递进关系。并列关系指的是彼此之间互相平行，没有明显的时间推移痕迹，每个分论点都地位相当，调整一下主次也无关紧要，如一个人的几个不同侧面，一件事的几个方面，同一主题下的几件不同的事。而递进关系，彼此之间有比较明显的时间推移或观点的深入推进，如案情发展的不同阶段，一个人一家公司的成长经历等。

第三部分要做总结，简要总结或重复主题。表达出自己最终的观点，可以是重新提炼总结的新观点，也可以将前面的分观点做汇总，加深受众印象，如果能够提炼一些非常不错的易于转发的金句，则效果最佳。

这种结构的优点在于对受众的要求不高，结构简单，多次强调核心观点，使受众易于接受观点并形成记忆。同时，这种结构也非常有利于在规划选题时列出核心观点，再一步步展开。

（三）讲故事结构

故事是所有人都爱看的，爱讲故事的人总是有各种神来之笔吸引人快速融入剧情，并且一步步渐入佳境，不能自拔，最后给出一个令人感动的结局，或者意想不到的结局。这种结构也是最适合做软文、打广告的。例如,《蠢哭丨千万不要用猫设置手机解锁密码》是华为 MATE7 做的一款推广软文,其自带的指纹锁屏和解锁的功能让作者产生了用猫爪设置指纹密码的奇妙想法,并讲述了因此引发的一系列趣事,让网友们忍俊不禁的同时也注意到这款手机。

【案例课堂】

蠢哭丨千万不要用猫设置手机解锁密码

前一阵朋友出去玩,把猫寄养在我家(如图 4-4 所示)。

一天晚上,我在无聊地玩手机,猫跑过来,我突然想可不可以用猫的指纹设置手机的密码呢?

因为我的手机是可以刷指纹解锁的那种,在手机的背面有一个刷指纹的地方(如图 4-5 所示)。

图 4-4 寄养在我家的猫

图 4-5 按这里

而且设置不同的指纹能进入不同的界面,

比如我用食指点一下,手机解锁后就会进入 A 界面,

如果用中指点一下,手指解锁后就会进入 B 界面,

可以防止熊孩子什么的……

那如果用猫的指纹来设置行不行呢?

为了验证我的想法,于是我就……(如图 4-6 所示)

事实证明是可以的(如图 4-7 所示)

图 4-6 用猫爪试试

图 4-7 居然成功了

把猫爪子放上去 1 秒就能解锁了……
然后我还能设置一个指纹密码用来支付，
这个时候我又想，既然猫都能行，
那用我的脚指纹应该也没有问题吧？
于是搬起自己的脚趾头试了一下，
（画面太恶心就不上图了）
事实证明也是可以的……
细想想真的太酷炫了，也就是说现在用猫能解开我的手机，
而用我的脚丫子可以上网买东西了……
看到手机快没电了，已经两天没充电了，
赶紧给手机插上数据线去睡了……
第二天早上，我迷迷糊糊地听到小区幼儿园放广播体操，
这个幼儿园每天早上 9 点都要放广播体操的，
等等！已经 9 点了？我手机明明定了 8 点的闹钟啊！
我一下从床上蹦起来，看了一下手机，果然（如图 4-8 所示）……
今天要去公司开一个很重要的会不能迟到啊！
我用了 5 分钟洗漱完毕，准备出门，等等……
现在的开机密码是猫的指纹……
但现在手机没电没办法换！怎么办？
经过了 10 秒的谨慎思考，我果断作出决定（如图 4-9 所示）！

图 4-8　怎么可以这样　　　　图 4-9　带猫上班

进地铁的时候被工作人员拦下来了。
工作人员：你的猫不能带进去！
我：为什么？
工作人员：我们有规定！
然后那人指着墙上贴的一个标志对我说，看见没有（如图 4-10 所示）！
我：你这上面画的是狗，我这是猫啊！
工作人员：……只要是宠物就不行！

■ 新媒体文案写作

图 4-10 禁止带狗进地铁

我：这不是宠物，我平常根本就不宠它……
工作人员：滚！
只有出去打车，运气还不错，出了地铁就打到车，
遇到了一个很能聊的司机。
司机：你这是去干吗啊？
我：上班。
司机：嚯！什么公司啊能带猫上班？
我：不是，我的手机被猫锁上了，得用它解开，
司机不说话了，很显然他觉得我的精神不太正常……
到了公司我又犯愁，老板看我带猫来肯定骂死我，
而且怎么跟大家解释呢？
难道跟大家说我闲得没事用猫设置了手机的密码？
然后又很白痴地忘了给手机充电所以带着猫来解锁？
绝对不行！不能让大家觉得我是个无聊又白痴的人，
我要假装猫是我不经意带来的……
于是我悄悄地走到工位上，把猫从猫包里拿出来，
然后放到另外一个袋子里面（如图 4-11 所示），然后很认真地大叫了一声！
哎我去！我怎么把猫带来了！！！竟然趁我不注意爬到我的袋子里面来了！我都没注意！！
同事们都一下子围了上来看，这个方法果然有用，
大家都不觉得我白痴，而是觉得我神经病……
把手机充上电（如图 4-12 所示），终于手机又活过来了……

图 4-11 它居然藏在这   图 4-12 赶紧充电

让周围的人帮我照顾猫别让它乱跑，

我去厕所准备去开会，途中遇到我的同事小刚。

小刚说你怎么才来！老板和客户在会议室等你给他们做演示呢！

我说我去个厕所马上就来，你先帮我把电脑拿到会议室去，电脑上面的东西也一起带着，一会做演示用……

上厕所回来后马上赶到会议室，推开会议室门的一瞬间惊呆了（如图4-13所示）！

会议室里面十多个人……

一起盯着桌子上一只猫……

图4-13 它居然趴在我的电脑上

看我推门站在那里后，大家又很惊讶地看着我……

当时的情况就是这样的（如图4-14所示）。

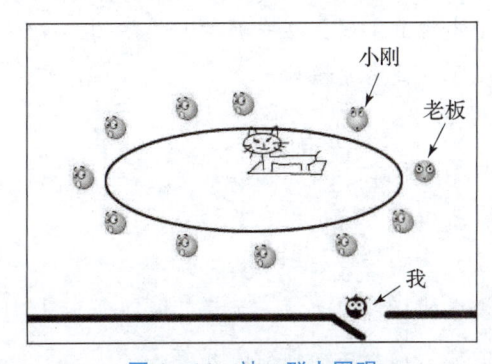

图4-14 被一群人围观

我坐下后悄悄问小刚，为什么把猫带进来？

小刚说不是你让我把电脑和上面的东西都拿到会议室演示用吗？刚才这只猫趴在电脑上啊！

那一刻我掐死他的心都有了，我那猫是东西吗！再说电脑上面还有天花板呢！你怎么不敲碎了一起带来！

没办法，只好硬着头皮给客户做演示。

我本来要演示的是我们公司新开发的一款手机软件，

我拿起我的手机，当着大家的面（如图4-15所示）……

图 4-15 用猫爪解锁

伴随着咔嚓一声,手机屏幕亮了,所有人都惊呆了……

我正想着给大家介绍我们公司的新产品,这个时候有个客户问我刚才那个是怎么回事儿?为什么猫爪子按一下手机就启动了!

我灵机一动对大家说因为我们特别重视这个项目,所以对产品的保密性要求比较高,怕竞争对手抄袭,所有做产品演示的手机都必须要用这只猫解锁……

来,我再给大家演示一遍……咔嚓!

会议结束了,还好演示比较成功。

老板把我叫到办公室,我也如实地告诉他我把猫爪子设置成手机解锁密码的经过……

老板:真闲的你,你怎么不用脚丫子当密码啊!

我:用了……不过是支付的密码,买东西的时候用的……

我当时就脱下了鞋买了一注彩票给他看,

老板再次无语了……

尴尬的一天终于结束了。

今早进地铁的时候,路过昨天被拦下来的地方,

想想昨天真的太蠢了,竟然带着猫去上班,

这个时候我发现,墙上的标志旁边被人加了几笔(如图 4-16 所示),

而昨天把我拦下来的那个人,远远地对着我笑……

图 4-16 也不能带猫进入地铁

(资料来源:今日头条,https://www.toutiao.com/article/6586489693716611592/,作者:天才小熊猫)

华为的这篇软文就是这样一步步设套下陷阱,把受众带进去,再猝不及防地植入广告,非常自然有趣。它的成功之处在于内容的丰富和真实,全文口语化讲述,穿插没有滤镜和后期的图片,生活化气息非常浓厚;而其标题也非常具有悬念性,让人产生好奇,想知道怎么用猫设置密码,或是想知道为什么不能这样做,吸引人点进去观看;加入猫这种可爱、受到大众喜爱的宠物元素能够为文案增加很多好感;同时很好地将猫和手机结合在一起,创造出有意思的点子,让人注意到华为的这款产品,并且内容中的这一行为很容易模仿,让人产生消费的欲望和模仿的冲动。

(四) 递进式结构

文案内容逐层深入。在论述观点上,层层思考,像剥洋葱似的层层瓣开,能够引导受众更好地走进文案的主题思想里。这种结构对新媒体文案从业者的要求比较高,需要新媒体文案从业者有比较好的自我把控能力。

【案例课堂】

人生很多事急不得,你得等它自己熟。

我20出头入行,30年写了不到300首歌,当然算是量少的。我想,一个人有多少天分,跟出什么样的作品,并无太大关联。天分我还是有的,我有能耐住性子的天分。

人不能孤独地活着,之所以有作品,是为了沟通,透过作品去告诉人家心里的想法,眼中看世界的样子,所在意的、珍惜的。所以,作品就是自己,所有精工制作的对象。最珍贵,不能代替的就只有一个字"人",人有情怀、有信念、有态度。所以,没有理所当然,就是要在各种变数可能之中,仍然做到最好。

世界再嘈杂,匠人的内心,绝对必须是安静安定的,面对大自然赠的素材,我得先成就它,它才有可能成就我。我知道,手艺人往往意味着固执、缓慢、少量、劳作,但是这些背后所隐含的是专注、技艺、对完美的追求。所以,我们宁愿这样,也必须这样,也一直这样,为什么?我们要保留我们最珍贵的,最引以为傲的。

一辈子,总是还得让一些善意执念推着往前,我们因此能愿意去听从内心的安排。专注做点东西,至少对得起光阴岁月,其他的就留给时间去说吧。

——New Balance《致匠心》

> **课堂讨论**:采用递进式正文结构的新媒体广告文案,具有什么特点?会对用户产生什么样的影响?

(五) 倒金字塔结构

倒金字塔结构是把最重要的信息和最有价值的内容前置,放在文案的开头,越往后的段落，重要性越小。因此，在倒金字塔结构的文案中，首段往往涵盖了全文的主要内容，甚至可以用"一句话新闻"的形式来表述整篇文案的信息点。

如林肯遇刺事件，美联社最先发了一条新闻，"The President was assassinated in the theater tonight and suffered serious injuries（今晚总统在剧场遇刺，身受重伤）"，一共才12个单词。这个纪录后来在1945年被打破，还是美联社的新闻，"President Roosevelt passed away suddenly today（罗斯福总统今日突逝）"，6个单词。

> **课堂讨论**：平时你会注意新媒体平台上的广告文案吗？你有比较喜欢的广告文案吗？哪类广告文案能够带给你惊喜？

三、新媒体文案正文写作技巧

拟定好文案标题后，新媒体文案从业者就可以根据预先确定好的结构开始设计文案正文了。一般来说，一篇完整的新媒体文案分为开头、中间和结尾三个部分，这三个部分相辅相成，开头和中间可以引起受众的阅读兴趣，结尾则可以引导受众采取相应的行动。要写出一篇好文案，新媒体文案从业者应该掌握这三个部分的具体写法。

（一）契合受众需求

文案内容不能华而不实，应该契合受众需求，体现实用性。例如，当前网络消费的主体是"80后""90后""00后"，他们追求个性化、差异化、便捷的生活方式，文案的内容应契合这些需求。

（二）直奔主题

一般而言，简单明了、直奔主题更符合受众的阅读习惯，也更便于受众获取信息。

（三）让利受众

有些文案会在内容中直接注明促销内容，展示受众可以从中获得的优惠，这可以刺激受众在较短时间内消费。

（四）输出价值性内容

有些受众在阅读文案时比较注重内容的价值性，因此，新媒体文案从业者可以在文案中输出有价值的内容。

例如，图4-17所示文案，在推荐产品的同时讲述了比较适用的穿搭方法，有利于增加受众对穿搭博主的信任度，提高受众购买所推产品的概率。

图 4-17　输出价值性内容

（五）展现幽默

幽默的文案很容易吸引受众的注意力并实现转化。新媒体文案从业者可以借助夸张手法、谐音字、调侃语句、网络用语等方式展现幽默。

【边学边练】

练习一　新媒体文案结构设计

任务描述：为实训背景中的麦秆画推广文案设计结构。

合理的结构不仅能让文案显得脉络清晰，还能让写作更为流畅。本次实训将为麦秆画的推广文案设计结构类型，以巩固新媒体文案写作技巧的相关知识。

练习二　新媒体文案正文写作

任务描述：为实训背景中的麦秆画推广文案写作正文。

整理好写作思路，搭建好正文框架，就可以开始着手写作正文。本次实训将为麦秆画的推广文案写作正文，以巩固新媒体文案正文写作技巧的相关知识。请填写表 4-3。

表 4-3　麦秆画文案正文

序号	文案正文	文案评价
文案一		
文案二		
文案三		

视频：
新媒体人眼中的
好文案是这样的

任务三　新媒体文案开头写作技巧

【学习目标】

➢ 知识目标
1. 了解新媒体文案开头的作用。
2. 了解新媒体文案开头写作技巧。

➢ 能力目标
1. 能够分析新媒体文案开头的类型。
2. 具备撰写新颖的吸引人的新媒体文案开头的能力。

➢ 素质目标
1. 懂得新媒体文案撰写要谨慎仔细。
2. 多些政策法治意识，少些哗众取宠。
3. 避免为了流量触碰"红线"，主动弘扬社会主义核心价值观，坚持为人民服务，不忘初心。

【课前学习】

1. 课前在线学习

加入学堂在线"新媒体文案写作"在线课程，根据教师要求学习相关内容。

2. 课前任务

课前任务名称：了解文案开头的重要性。

课前任务说明：介绍笔记本电脑文案常常采用哪些形式开头。

课前任务成果：选择适合笔记本电脑文案的开头形式。

【案例导入】

三毫米的旅程，一颗好葡萄要走十年

三毫米，

瓶壁外面到里面的距离。

不是每颗葡萄，

都有资格踏上这三毫米的旅程。
　　它必是葡园中的贵族；
　　占据区区几平方公里的沙砾土地；
　　坡地的方位像为它精心计量过，
　　刚好能迎上远道而来的季风。
　　它小时候，没遇到一场霜冻和冷雨；
　　旺盛的青春期，碰上十几年最好的太阳；
　　临近成熟，没有雨水冲淡它酝酿已久的糖分；
　　甚至山雀也从未打它的主意。
　　摘了三十五年葡萄的老工人，
　　耐心地等到甜度和酸度完全平衡的一刻
　　才把它摘下；
　　酒庄里最德高望重的酿酒师，
　　每个环节都要亲手控制，小心翼翼。
　　而现在，一切光环都被隔绝在外。
　　黑暗、潮湿的地窖里，
　　葡萄要完成最后三毫米的推进。
　　天堂并非遥不可及，再走十年而已。
　　三毫米，酒瓶壁从外到里的距离，也是一颗葡萄到一瓶好酒的距离。
　　然而，不是每颗葡萄，都有资格踏上这三毫米的旅程。
　　三毫米的旅程，一颗好葡萄要走上十年。
　　（资料来源：《3毫米的旅程，一颗好葡萄要走10年》，https://www.jianshu.com/p/9881a88732f1）

　　案例解析：这篇长文案，没有华丽词汇，没有叫卖，更没有煽情。通篇只是在描述具体的流程和动作细节。从这颗葡萄的生长开始，经过榨汁、去梗、发酵、酝酿……用十年时间走了"三毫米"，从酒瓶壁外走到酒瓶内。

【知识储备】

　　新媒体文案开头部分起到统领全篇和承上启下的作用，在很大程度上决定了受众会不会继续浏览文案。如果开头与标题无关或索然无趣，受众会直接关闭页面，这会使前面精心设计的标题变得毫无意义。所以在写作时，一方面，开头要与标题相对应，否则有"文不对题"的观感；另一方面，开头需要能够引导受众阅读后面的内容。

■ 新媒体文案写作

一、新媒体文案开头的作用

新媒体文案的开头是在受众阅读完标题，点开全文之后接触到的第一部分文案内容，开头能否与标题形成衔接，能否延续之前受众已经形成的兴趣点，并且进一步拓展受众的兴趣、好奇心及消费意愿，从而使受众能够继续阅读，这是它要承担的工作；否则，受众觉得文不对题，或者觉得文案粗糙无聊，必定会闪退。因此，新媒体文案开头起着统领全篇、激发兴趣的作用。

> **课堂讨论**：新媒体文案开头的写作策略有哪些？新媒体文案开头，对于受众应该发挥哪些作用？

二、新媒体文案开头的方式

（一）开门见山式

开门见山开头式就是直截了当，直奔主题，毫不拖泥带水。这种写作方法在文案一开始，就揭示主题或点明说明的对象，快速切入文案中心，将文案需要表达的内容直接描述给受众。采用这种方式开头时，文案的主题或事件必须要足够吸引人，太过直白的会使受众放弃继续阅读的欲望。例如：

如何管理自己的坏情绪？

无论生活还是工作，我们常会有情绪失控的时候，一味让坏情绪控制自己，只会把情况变得更糟糕。

……

文案的开头直截了当地点出了坏情绪这个大部分人的痛点，并表示不好好管理坏情绪可能情况会更加糟糕，还表达出本篇文案就是来教你管理坏情绪的主题。

这样开门见山式的开头，第一时间使受众了解这篇文案的主要内容，直接点出主题给人以更强烈的感受，形成内心的反思，引起阅读兴趣。

（二）引用名言式

引用名言式开头是指新媒体文案在开头部分借用名言警句等来吸引受众。名言警句通常简练且内涵深刻、文采飞扬，加之出自名人之口，更具有权威性，容易获得受众的认可，从而更容易使其被接下来的信息内容说服。通常在文案开头使用名人名言、谚语或诗词等，来引领文案的内容，突显文案的主旨及情感。这是一种既能吸引受众，又能提高文案可读性的方法。

例如，"'北京第一剧'《四世同堂》演活中国人的'平民史诗'"是一则话剧推广文案。在文案的开头部分，借用了作者老舍的原话，他认为这部小说是自己"从事写作以来最长的、可能也是最好的一本书",使受众对于该剧的价值有更为深入的认识。

(三) 利用故事式

利用故事式开头,是指新媒体文案在开头部分借助一个故事,引导受众持续阅读。故事的特点是生动有趣,普适性强,适合各类人群,并且可以根据不同需要来进行不同故事的编排。可以用富有哲理的小故事,也可选择短小有趣的故事,或者用与要表达的中心思想或段落相关的小故事,用一句话揭示道理。

例如,蒙牛影业在中秋之际倾情献映《背后》,影片讲述了一场不远万里的相会,描述了父母和儿女之间的亲情。

(四) 提问式

提问式开头,是指新媒体文案在开头部分,通过提问的方式,进一步引导受众明确消费问题,了解产品特征和功效。疑问句总是能引起人们的好奇,以提问开头可以自然而然地导入文案的主题,不仅能引起受众思考,迅速集中注意力,还显得文案主旨鲜明、中心突出。

例如,某网络知识课程的广告文案的标题为"用故事讲透全球史,解答你对人与世界的好奇",在开头部分提出疑问:"人类从诞生以来,就在思索这样的问题:人生的意义是什么?"

(五) 制造悬念式

制造悬念式开头,是指在新媒体文案的开头部分设置悬念,并不直接把答案告诉受众,一方面使他们继续保持耐心,接收更多的宣传信息;另一方面,则是酝酿受众的好奇心,使受众对于后面揭晓的答案更为关注。制造悬念式开头是使用较多的一种开头方式,这种设置悬念的方法与利用故事的方法创造的效果较类似。例如:

视频:写好公众号文章开头的技巧

豆瓣9.4,一部不该被遗忘的冷门纪录片

人总会变老,慢慢听不见、看不清,甚至走不动;
但失忆的场景我未敢想过,因为那太残忍太可怕了。
有一位台湾导演杨力州就花了两年多时间,将镜头对准了台北一间疗养院里的失智老人。
把他们的情感起伏、喜怒哀乐记录了下来——

(六) 内心独白式

一些新媒体文案会选择第一视角进行写作,在文案的开头部分进行自述,讲述自己的亲身经历,这样能够与受众拉近距离,也容易提升产品推荐的真实感;而且自叙式开头,通常会表达出非常个人化的观点,对于受众而言,也具有特殊的魅力。即将

183

文案写成类似于戏剧性对白或作者的陈述，向受众道出内心活动。例如：

Le Labo 檀香木 33，秋日暖阳的极致温柔

我是一名不折不扣的木质香爱好者，檀香木便是我心目中"白月光"般的存在。

它能带来一种特别的"神圣感"，令人沉醉其中、深深着迷，心神也跟着不由自主地平静下来。

而在众多主打檀香木香调的香水中，我尤其偏爱 Le Labo 这支 Santal 33。

这是一个美妆编辑分享自己喜欢的香水，表达了自己对檀香木味香水的感受，认为它具有神圣感，会让心神平静下来，然后推荐了某品牌的某款檀香木香水。

（七）热点式

热点式开头是指新媒体文案借助社会热点、网络热点作为话题切入点，然后逐步展开文案主题。由于这些热点是受众接收新媒体文案的信息背景之一，是他们的关注重点之一，因此受众会不由自主地主动去接收与此相关的信息。人们总是对新发生的或受到广泛讨论的事情有较高的关注度，所以在文案开头借助热点也不失为一个吸引受众注意力的好办法。

例如，某公众号发布的广告文案《这才是巴黎最动人的故事，与爱情无关》，是为了推介《巴黎烧了吗?》一书，在文案的开头部分通过谈论近期热点电影而与受众拉近距离，接下来文案开始推荐"同样关注小人物，并且特别会讲故事"的奇书。

> **课堂讨论**：热点式开头，能够达到什么特殊的营销传播效果？为什么？举例说明。

（八）权威式

权威式开头是指借用权威作为媒介来表达自己的观点，包括权威机构、某个行业的著名人物，以及调查数据、分析报告、趋势研究等权威资料，借此引领文案的内容，增强受众对文案的信任。

例如，《你这么年轻，到底在"慌"什么?》，开篇用知名画家、诗人、作家蒋勋曾经说过"华人跟国外年轻人之间的差别，很大一点在于安全感"，道出了现在年轻人的一大痛点：缺乏安全感。采用知名人士的话，增强受众对文案的信任。无论从标题还是开头来看，主题都很鲜明。

（九）修辞手法式

新媒体文案作为具有欣赏价值的文本，受众也常常会被文案本身的文采所吸引。一些新媒体文案会在开头进行妙趣横生、精彩纷呈的文字描写，借助一些具有趣味性的修辞手法，让受众在欣赏文本的同时，愉悦地接收了广告信息。修辞手法有很

多，包括比喻、夸张、排比、比拟等，修辞手法的运用，可以让文案开头变得更加生动。

例如：2020年飞猪发布的"双十一"视频广告的文案《好久不见》的开头，采用了排比的修辞手法，增强了文案的吸引力。

好久没有在博物馆入口排长队了
好久没有在晴空塔上拍照发朋友圈了
好久没有在国际航班上失眠了
好久没有在现场听见球迷的欢呼了

新媒体文案的开头，是带动受众继续花更多的时间和精力去阅读、接收的关键，因此，开头部分要有足够的吸引力。当然，由于受众是看了标题之后，才决定接触文案主体，因此开头要与标题具有足够的关联性，还要承担开启全文的重任，为整体文案的风格、调性和主要观点奠定基础。

【案例课堂】

你不必成功

你不必去大城市，不必逃离北上广。
每一个你想抵达的地方，
都有人和你一样想逃离。
你不必背负这么多，你不必成功。

（京东金融的文案）

"懂"事长春节返乡指南

在城里习惯了高大上，回老家要懂得接地气。
在城里习惯了发号施令，回老家要懂得煽风点火。
在城里习惯了万人之上，回老家要懂得一人之下。

（白酒临水玉泉的文案）

【边学边练】

练习　新媒体文案开头

任务描述：为实训背景中的麦秆画推广文案撰写开头。

本次实训将为麦秆画的推广文案撰写开头部分，以巩固新媒体文案开头写作技巧的相关知识。

任务四　新媒体文案结尾写作技巧

【学习目标】

➢ 知识目标
1. 了解新媒体文案的结尾类型。
2. 了解新媒体文案不同结尾类型的写作技巧。

➢ 能力目标
1. 能够分析新媒体文案的结尾类型。
2. 具备写作有吸引力的新媒体文案结尾的能力。

➢ 素质目标
1. 懂得新媒体文案的定位。
2. 深刻理解新媒体文案内容要积极向上、健康文明。
3. 避免为了流量触碰"红线",主动弘扬社会主义核心价值观。

【课前学习】

1. 课前在线学习

加入学堂在线"新媒体文案写作"在线课程,根据教师要求学习相关内容。

2. 课前任务

课前任务名称:金句结尾设计。

课前任务说明:观看新媒体文案结尾写作技巧,选择自己想要推广的产品,为其设计一个金句结尾。

课前任务成果:撰写金句结尾。

【案例导入】

只有"00后"才懂的"青春接头暗号"

有时候,希望世界能听懂我的表达,

有时候,又不希望人懂,

于是我们创造了青春接头暗号。

什么是少女感？
小度小度，呼叫稻草人。
（正在为您接通）

任务开始。
50% 史莱姆，50% 黑客算不算？
基本操作，皆坐勿 6。

我的心动了，规律是……
小度小度，心动有哪些症状？
（通常会从心率增加、出汗等开始）

小度小度，什么是超 A 的战袍？

众生皆苦，但我可盐可甜。

选 C 不是因为我不会，
而是想投给我心中的不动 C。

小度小度，我要投屏。
（小度为你播放小哥哥的舞台）

他们说运动是种享受，
但我不是贪图享受的人。
小度小度，打开空调，吹欧气。
（已为你设置在 23 ℃）
播放 Sunflower。

雪藏在我体内的学霸之魂，
现在我命令你，封印解除！
开灯——太亮了，关灯。
太暗了——开灯。
关灯、开灯……

高考是千军万马过独木桥，
小度小度，我能不能走我的阳关道？
（走自己的路，做自己的大触）

不要被谁教化，我有我的黑话；
与其口舌相争，不如圈地自萌。

这是我们的青春接头暗号，

是我们和世界相处的符号。

小度小度（在呢）

（资料来源：《只有"00 后"才懂的"青春接头暗号"》，https://www.digitaling.com/projects/78707.html）

案例解析：两段首尾呼应的文案，是小度从"00 后"的角度表达对世界的态度。那些在其他人看来难以理解的"青春接头暗号"，其实是"00 后"追求自我、张扬个性、与世界与自己相处的方式。

【知识储备】

新媒体文案的结尾，也是正文的重要部分，通常是决定受众态度和行为的最后一步。一个精彩的结尾可以让受众发出赞美的感叹，感动至深，甚至可能会立刻采取购买行动，而一个粗糙的结尾，会使得虎头蛇尾，或觉得层次不高，不会对品牌、产品形成好印象，更不愿意去购买。

一、转折式

转折式结尾，是通过让受众意想不到的发展，或者突破常规逻辑的结果，使受众倍感意外，甚至震撼，这种结尾常有奇效，能给受众留下深刻印象。例如，由 SGAD +、iMAG INTERACTIVE 联合执行的方太自黑神转折视频《男人就是欠收拾，调教术在此》上线不到 24 小时，收获千万级点击量。

《男人就是欠收拾，调教术在此》采用神转折手法，打造猜得中开头却猜不中结尾的烧脑冲突与反差，给看惯了套路的受众耳目一新之感，使方太品牌及对蝶翼环吸板的认知，以简单、有趣、与众不同的方式植入人心。如何让方太智能油烟机——"四面八方不跑烟，保护女性的美丽与健康"的既定策略，成功戳中用户痛点呢？得有一个更大胆的行动，与女性潜在用户建立强关联。不要让受众关注产品，先让她们关注自己。

> **课堂讨论**：新媒体文案结尾的写作策略有哪些？新媒体文案结尾，需要承担的营销传播功能有哪些？

二、号召式

号召式结尾即在结尾引导受众产生行为，如转发、点赞、收藏、留言、点击跳转链接了解产品详情、关注、购买等。在新媒体文案的结尾，通常号召受众行动，一方面是为了让受众可以帮助传播，扩大文案的影响力，另一方面，是为了激发受众的购买行动。通常会在结尾中，附上优惠券、购买链接、转发福利等。

> **课堂讨论**：新媒体文案的号召式结尾，通常需要有哪些信息要点？这些要点通常如何表达？

三、互动式

互动式结尾即在结尾设置话题，吸引受众参与，一般采用提问的方式引发受众思考并参与。一些新媒体文案会在结尾中，抛出一个开放式的题目，让受众一起探讨和思考，形成一个热闹的交流氛围，使受众彼此交换想法和经验，这能够促进受众在获取更多的交流信息之后，对产品更有信心，更愿意一同购买。例如，六神官方微博经常会发布一些日常问候，或者产品使用交流，通常会引起很多用户的回应。

四、金句式

金句式结尾可分为名言类金句式结尾和原创金句式结尾，可以帮助受众深刻地领悟文案的主题，引起受众共鸣，提升受众对文案的认同感。一些新媒体文案会采用金句式结尾来总结全文的观点，帮助受众理解观点，或者进一步提升全文的思想高度等。

例如，2020年京东的"双十一"广告：

轻轻地我走了，我轻轻地招手，作别生活的一地鸡毛。

手持特别轻，逛京东家电买戴森吸尘器。

五、首尾呼应式

首尾呼应是指文案的结尾和开头相互呼应，使文案的结构条理清晰。如小度智能音箱的视频式文案《只有"00后"才懂的"青春接头暗号"》就采用了这样的写法，开头直接提出了青春接头暗号这个概念，结尾进行呼应。

例如，武志红的《你内心的冲突，先消耗你，再逼疯你》：

童年的痛，弱小的我们通常无法承受，必须扭曲，以保存自己，而这种保存自己的过程，就是神经症形成的过程。

其实，神经症真正展现的那一时刻，我们已经长大，那些扭曲的痛，会以不可思议的形式展现出来。

所以在我看来，苦难的童年是在为"神经症"播种。

各种内心冲突的爆发，其实也是在给我们发出这样一个信号：你已经成年，你拥有力量了，面对童年的伤痛，你不必再逃。

这个结尾，前半部分在总结文案，从观点到事实论证，后半部分在呼吁行动，首尾呼应，旨在给受众以启发。

六、点题式

点题式结尾就是在文末总结全文，点明中心。有的文案在开头和中间只对有关问题进行阐述和分析，结尾才将意图摆到明面上来。

例如，在《电冰箱再袭击》这篇电冰箱宣传文案中，作者用"你应该感谢冰箱，你的冰箱在夜里静静地填补了你白天的空虚和不满"的结尾让产品变得有温度，升华了文案主题。

又如，味千拉面推出的一个视频文案讲述了味千拉面馆的店长与女儿之间的动人故事，其在文案结尾引出"这一碗，让心里好满"的主题，把味千拉面"幸福味道"的品牌理念生动地展现在受众面前，同时传达了"好吃的拉面一定会让人觉得幸福"的观念，成功吸引了受众的注意，使味千拉面的品牌理念被受众所熟知和认同。

新媒体文案的结尾，表面上是文案的结束部分，其实也是文案与受众交流的收获阶段。在这个阶段受众已经对产品、品牌有了一定的了解，产生了一些兴趣，结尾如果能够将这样的兴趣引导成购买行为，那么文案的目的就完美实现了。因此，在结尾部分，需要进一步赋予受众购买产品的动力和下定决心的理由。

视频：文案结尾的写作技巧

【案例课堂】

世界再大，大不过一盘番茄炒蛋

为什么漂洋过海？因为走出去，才知道什么是世界，什么是真正的热爱。没承想，番茄炒蛋成了打开世界的第一道难关，到底是先放番茄还是先放蛋？

初到美国的留学生小A，是个不知道该如何做西红柿炒鸡蛋的男孩子，为了招待他的朋友，他发微信向母亲求助。

虽然隔着时差的大洋彼岸，但为了及时教会儿子，妈妈一句一句地对着微信，教儿子怎么做番茄炒蛋。儿子却还是学不会，老妈只有摸着黑起床，一边炒菜一边教学。教到一半，爸爸也爬起来，加入了教学的阵营，负责录视频。教完了，两人还不敢马上去睡觉，而是巴巴地守在手机前面，在冰冷的厨房里等待孩子的回复……

另一边，在父母的悉心指导下，男孩最后还是做出了令人满意的西红柿炒鸡蛋，他的聚会很成功，朋友们也都很开心，小伙却早已经把父母忘在脑后。

突然一个朋友凑过脸随口问了句："中国和美国的时差有多少小时？"小伙子脱口而出："12个小时。"

小伙子这才考虑到：哎，12个小时？

现在是美国时间下午4点，也就是说，远在中国的爸妈凌晨4点多收到儿子的求助之后,从床上爬起来教他做的番茄炒蛋……

哪有什么岁月静好,不过是有人替你负重前行。这个人,正是你的父母。

《世界再大,大不过一盘番茄炒蛋》正是运用情感的温柔一刀,切中太多漂泊离人对家的感受。很多人因为视频末尾的这句话触动泪点:想留你在身边,更想你拥有全世界。大概天底下的父母都太懂事,太为儿女考虑了。想让你回家,又怕你在路上奔波;想见到你,却说回不回都没关系。即便孤独如海,父母首先想到的还是不给你添麻烦,当孩子走向更大的世界时,爱仍然如影随形。父母的话题永远是大家的软肋。

视频:世界再大,大不过一盘番茄炒蛋

【边学边练】

练习 新媒体文案结尾撰写

任务描述:为实训背景中的麦秆画推广文案撰写结尾部分。

一个精心设计的结尾可以提高文案的转发率,甚至是转化率。为了促进麦秆画的销售,根据所学内容为麦秆画的推广文案撰写结尾部分,以巩固新媒体文案结尾写作技巧的相关知识。

【项目小结】

本项目主要介绍了新媒体文案的写作技巧,包括标题拟定技巧,整体架构和正文、开头和结尾的写作技巧,以及故事性的营造。

新媒体文案从业者应根据不同的文案类型设计恰当的标题,同时也要避免因为过度追求点击率而成为"标题党"。

新媒体文案从业者可以使用并列式结构、总分总式结构、讲故事结构、递进式结构、倒金字塔结构合理布局文案,清楚明白地传递信息。

新媒体文案开头部分起到统领全篇和承上启下的作用,是带动受众继续花更多的时间和精力去阅读、接收信息的关键,常见的文案开头撰写方式有开门见山式、引用名言式、利用故事式、提问式、制造悬念式、内心独白式、热点式、权威式、修辞手法式。

一个精彩的结尾通常可以让受众发出赞美的感叹,感动至深,甚至可能会立刻采取购买行动。常用的结尾写作技巧包含转折式、号召式、互动式、金句式、首尾呼应式、点题式。

【知识检测】

(1) 新媒体文案的标题有几种写作策略?分别是什么?

(2) 新媒体文案的正文结构有哪几种？分别有什么表达特点？

(3) 新媒体文案结尾的主要作用是什么？有几种写作策略？

【实战训练】

> 实训目的

(1) 掌握新媒体文案的标题、开头、正文结构、结尾的写作策略。

(2) 按照新媒体文案的标题、开头、正文结构、结尾、广告语的写作策略进行写作。

> 实训要求

(1) 选取 5 个典型案例，对文案的标题、开头、正文结构、结尾、广告语的写作策略进行深度分析，撰写 1 500 字左右的分析报告。

(2) 请对麦秆画的历史和制作工艺深入调研，为它设计标题、开头、正文结构、结尾、广告语五个方面的写作策略，并且尝试为它撰写新媒体文案；然后与同学交换所写文案，相互评议。

> 实训过程

(1) 选取的 5 个案例要具有足够的代表性，案例发布时间需要在 5 年以内。

(2) 所撰写的新媒体文案要策略清晰、完整，并且要对自己的文案进行充分阐释。

【实训项目评价】

学生填写表 4-4，教师填写表 4-5。

表 4-4　学生自评表

序号	技能点/素质点	具体表现	达标	未达标
1	新媒体文案标题的类型	能够认识并分析各类新媒体文案标题		
2	新媒体文案标题的写作技巧	能够利用新媒体文案标题的写作技巧写作各类型标题		
3	新媒体文案开头的写作技巧	能够正确把握新媒体文案开头写作的各项要点		
4	新媒体文案正文的写作技巧	能够掌握新媒体文案正文的写作技巧和注意事项		
5	新媒体文案结尾的写作技巧	熟练掌握各种新媒体文案结尾的写作方法和技巧		

续表

序号	技能点/素质点	具体表现	达标	未达标
6	创新意识	能够在新媒体文案写作过程中提出有创意的写作和表现手法		
7	沟通和交流	能够顺利与他人交流并完成访谈、调研等工作,能够进行有效表达,并有针对性地进行展示		
8	团队合作	能够进行有效的团队合作,并充分发挥各自的特点,互帮互助,共同完成任务		
9	资源整合能力	能够借助网络收集文案素材资料,能通过网络调研等手段了解优秀的新媒体文案的写作流程		

表4-5 教师评价表

序号	技能点/素质点	具体表现	达标	未达标
1	新媒体文案标题的类型	能够认识并分析各类新媒体文案标题		
2	新媒体文案标题的写作技巧	能够利用新媒体文案标题的写作技巧写作各类型标题		
3	新媒体文案开头的写作技巧	能够正确把握新媒体文案开头写作的各项要点		
4	新媒体文案正文的写作技巧	能够掌握新媒体文案正文的写作技巧和注意事项		
5	新媒体文案结尾的写作技巧	熟练掌握各种新媒体文案结尾的写作方法和技巧		
6	创新意识	能够在新媒体文案写作过程中提出有创意的写作和表现手法		
7	沟通和交流	能够顺利与他人交流并完成访谈、调研等工作,能够进行有效表达,并有针对性地进行展示		

续表

序号	技能点/素质点	具体表现	达标	未达标
8	团队合作	能够进行有效的团队合作，并充分发挥各自的特点，互帮互助，共同完成任务		
9	资源整合能力	能够借助网络收集文案素材资料，能通过网络调研等手段了解优秀的新媒体文案的写作流程		

【岗课赛证融通】

> 课证融通

"1+X"自媒体运营职业技能等级证书

"1+X"自媒体运营职业技能等级证书的评价组织为北京字节跳动科技有限公司，证书主要面向自媒体应用企业与单位培养新媒体运营、内容运营、平台运营等岗位的专业人才，考试内容涉及自媒体内容创作、平台运营、内容变现、营销推广等。

> 赛证融通

中国国际大学生创新大赛介绍

中国国际大学生创新大赛（2023）由中华人民共和国教育部、中国共产党中央委员会统一战线工作部、中央网信办、国家发展和改革委员会、中华人民共和国工业和信息化部、中华人民共和国人力资源和社会保障部、中华人民共和国农业农村部、中国科学院、中国工程院、国家知识产权局、国家乡村振兴局、共青团中央等12个部门同天津市人民政府主办，天津大学承办。

参赛项目要求能够紧密结合经济社会各领域现实需求，充分体现高校在新工科、新医科、新农科、新文科建设等方面取得的成果，培育新产品、新服务、新业态、新模式，促进制造业、农业、卫生、能源、环保、战略性新兴产业等产业转型升级，促进人工智能、数字技术与教育、医疗、交通、金融、消费生活、文化传播等深度融合。所涉及的发明创造、专利技术、资源等必须拥有清晰合法的知识产权或物权。

大赛旨在以赛促教，探索人才培养新途径。全面提高人才自主培养质量，强化高校课程思政建设，深入推进新工科、新医科、新农科、新文科建设，深化创新创业教育改革，引领各类学校人才培养范式深刻变革，形成新的人才培养质量观和质量标准，切实提高学生的创新精神、创新意识和创新能力。以赛促学，培养创新创业生力军。着力造就拔尖创新人才，激励广大青年扎根中国大地了解国情民情，在创新创业中增长智慧才干，怀抱梦想又脚踏实地，敢想敢为又善作善成，做有理想、敢担当、能吃苦、肯奋斗的新时代好青年。以赛促创，搭建产教融合新平台。把教育融入经济社会发展，推动成果转化和产学研用融合，促进教育链、人才链与产业链、创新链有机衔接，以创新引领创业、以创业带动就业，推动形成高校毕业生更高质量创业就业的新局面。

（资料来源：全国大学生创业服务网，https://cy.ncss.cn/）

【素养提升】

拒绝"标题党" 传播正能量

随着网络与自媒体的快速发展，人们可以更好地为自己发声。但是有部分人却只是"标题党"，完全不注重内容是否与事实相符合。

为吸引眼球、蹭热点、赚取点击率，2019年1月16日，微信公众号、微信小程序"你好西宁"发布标题为《据说西宁已被这十大家族控制，势力庞大的惊人》的文章，其行为涉"标题党"。文章发出后即被两家账号转发，其中包括一家官方账号。该文章内容充满负面消极情绪，特别是文章标题对西宁城市形象和社会舆论造成了负面影响，西宁市网信办遂做出处罚。

2019年2月20日，某自媒体"石河子×××××"发送了一则标题为《内部资料！赶快收藏！多少钱都买不到！》的文章，乍一看，不明白是什么内部资料，却是用钱都买不到的内部资料，那么打开看看吧，一点开就发现上当了，这其实就是介绍保健的资料。

2019年5月6日，腾讯官方微信公众号"腾讯"发布了一篇"标题党"文章，名为《微信钱包——零钱没有余额怎么办》，当用户满怀期待地点开准备学习赚钱技能时，却发现该消息只写着九个字"那就努力工作赚钱吧"，且文章被标注为"原创"。

所谓"标题党"，就是传播者在制作标题时，不顾内容的真实性、客观性原则，贴标签式地进行简化和做出论断，刻意制造因果关系，利用一些夸张、极端甚至是低俗的词语，制作出的一些极度抓人眼球但与内容不相符的标题。

新媒体时代，由于传播过程中内容和标题是分离的，用户对内容阅读与否完全取决于标题的吸引力，这就造就了很多新媒体人为了骗取用户的点击采用夸大其词的标题。"标题党"为了博取用户眼球，大肆制作耸人听闻、题文不符的标题，通过哗众取宠、低俗粗鄙甚至打色情暴力擦边球等传递错误价值观，损害品牌形象，影响了用户的阅读体验。

"标题党"污染了网络环境。此前,中国青年报社会调查中心联合问卷网对2005名受访者进行的一项调查显示,78.7%的受访者有过被"标题党"欺骗的经历。夸大事实(65.5%)、断章取义(61.6%)和故留悬念(49.1%)被指为最常见的"标题党"行为。66.0%的受访者直言"标题党"会让自己对文章的认可度和转发可能性大打折扣。73.8%的受访者认为媒体行业应恪守新闻伦理,禁止蓄意炒作舆论"热点"。

"标题党"违背了新闻的真实客观公正的原则,是一种严重损害媒介公信力和社会风气的行为,将一些消极的、负面的、病态的标题充斥在网络空间内,造成了网络环境的污染。

第一,"标题党"严重损害了媒介的公信力。"标题党"用多了,势必会拉低媒介本身的素养,在用户眼中形成低俗的印象,久而久之就会产生反感厌烦的情绪,就不会相信该媒介发布的信息,进而损害媒介自身的公信力。

第二,"标题党"污染了用户的阅读空间。"标题党"使用一些极端的词语,将用户的目光吸引过来,但是题文不符的内容却会让用户很受伤。另外,有的用户想看看自己朋友圈好友的一些最新消息,但打开之后却看到满眼的"标题党",自己想关注的好友信息都淹没在这些"标题党"之中,导致用户的视觉疲劳,造成了朋友圈的污染。由此产生的问题便是越来越多的人不愿意再去朋友圈里翻看信息。

第三,"标题党"对社会风气造成严重损害。"标题党"使用的一些术语,经常会被迅速传播、效仿,成为一些年轻人的口头禅,助长不良社会风气,影响年轻人身心健康和良好的社会环境。

当前,国家对"标题党"也是不遗余力地打击,专门针对"标题党"进行了整治,希望大家遇见这样无底线、粗俗恶搞、污染人们精神环境的"标题党"及时予以举报。无论时代怎么变、技术如何更新,都要时刻坚守正确的价值导向,坚持统一思想、凝聚共识。

(资料来源:《拒绝"标题党"传播正能量》,https://www.thepaper.cn/newsDetail_forward_8509666)

【案例分析】

如何撰写一个好标题?

好标题不是"标题党",一个有传播性的新媒体标题不仅应该是能打动人心的,更重要的是基于事实,有价值,有格调。

新媒体文案从业者要保持高度的责任感,能洞悉人性,坚持爱岗敬业、勇于创新,通过价值塑造实现自我价值。

【案例启示】

新媒体文案从业者要谨慎,要正确认识网络言论特点,不带个人偏见,同网友互动时不掺杂个人情绪,不借机泄愤,不要草率发布未经证实的消息对网友产生误导,不要为"吸引眼球"说假话。多些政策法治意识,少些哗众取宠,多些用户思维,坚持为人民服务，不忘初心。

【拓展阅读】

从新媒体文案出发，把赋能女性变成了职业

2019年8月，丹丹从企业离职，开始自由职业之路。她仅用两年半时间，就出版了第一本书，如今在上海有自己的团队和办公室，为上千学员做过个人成长的咨询。她目前专注于女性个人成长，为成长路上的宝妈女性、想要做个人IP的女性，解决突破卡点，赋能蜕变，实现收获财富力量的人生。

1. 来自愤怒的力量

丹丹的声音特别温柔，语速平缓，不着急讲述，也不怕停顿，是那种你很愿意和她一直聊下去的声音。

但说起当初从企业辞职，居然是因为和上司的一次吵架。

那是连续加班后的一天，丹丹内心累积了一股巨大的委屈感，在对工作的意义和价值感到怀疑之际，和老板吵了起来。如今，她早已想不起具体事件，却深深记得，吵完后的她，跑到楼梯间大哭起来。

各种疲乏、委屈、困惑的情绪交织起来，成为洪水猛兽倾泻而出。在泪水流尽的那一刻，脑子里突然有个清晰的声音说道："欸，我要走了。"

许多自由职业者，要么是在职期间就有计划地培养副业，积累资源；要么是突降噩耗，被裁员后被动发动自由职业的技能。

而丹丹在辞职的那一刻，并没有认真想过接下来的路该怎么走，她只是选择跟随心的指引行动。

真正做决定前，她也曾纠结过，上班工资稳定，没有后顾之忧，二三十万的年薪也着实能保证不错的生活。

但做出决定的那一瞬间，理性退居二线，也许只是一件小事，却足以成为压死骆驼的最后一根稻草。

"有时候，情绪也是一种巨大的力量。身体的本能会带我去非常智慧的地方。"

辞职很快便提上日程，当时的丹丹，觉得接下来会换工作，自由职业作为一闪而过的念头，并没在她心里占据多少位置。

但冥冥之中，命运早已指明了方向。

2. 直觉就是命运在恰当时刻，推了你一把

丹丹自认为是个比较感性的人，人生中，几个做出重大决定的时刻，比如，离开西安到上海生活，结婚，辞职，成为自由职业，到后来创业，都是感性选择的结果。幸运的是，每次选择，虽说都是意料之外，却又在情理之中，并且收获了美好的结果。

这就是直觉的魅力，命运在恰当的时机，推了你一把，让感受压过理智，逼你做

出决定，命运伺机而动，把机会呈现在你面前。

早在2016年，还在做新媒体文案工作的丹丹，就喜欢在简书上写作。写了大半年之后，有出版社联系她出书。但她第一反应是拒绝，因为在她心里，文字是非常神圣的存在，而她的文字还不够有资格被印成铅字。

不急于成就，坚持写作，沉淀自己。后来的日子，她把写作的"战场"转到豆瓣，半年后，再次有出版社伸来橄榄枝。

这一次，她觉得自己准备好了。出书的流程冗长，前后耗时两年多，正式出版时，丹丹已成为一位自由职业者。

也许，这恰好是她成为自由职业者的一份礼物。

刚离职时，丹丹还想着继续找工作，但因为天气太热，有点不想出门。想到豆瓣上的两万多粉丝，她顺势想，不如好好利用手里拥有的。

于是她开办了写作班，没有明确的个人定位，没有什么大志向，没有长久考虑这条路能不能通，她只是单纯地意识到"我现在可以做这个"。那，就先活下来。

从丹丹身上，我看到坚持的力量。一切看似偶然，却都基于她恒久努力的必然。

这股力量，支撑着她离职后的生活。

许多自由职业者都苦恼于在家无法自律，但丹丹没有。离职后，她雷打不动地每天五六点起床，读书、写作、健身，甚至比上班时还要自律。十点开始，处理学员的问题，做一些运营工作，十点多一定会睡觉。

当我以为她是一位极度自律之人时，她却说："因为我是一个非常焦虑的人。"

3. 被焦虑推着走的人生

从新媒体文案从业者，到女性成长品牌"追光的姐姐"创始人，丹丹走的每一步，都是为了与焦虑抗争。

全职时，她一路狂奔，从普通员工，到经理，到总监。自由职业后，她坚持早起学习运动，不断学习，参加各种培训，这都源自两个层面的焦虑：

一是向别人，向自己证明，她可以成为一个优秀的人，可以过很好的生活。

二是她总觉得十点之后就属于工作时间了，因此她强迫自己早早起床，必须提前把不属于工作的事情做完。

差不多三年的自由职业状态中，她始终保持固定作息和时间安排。

成为自由职业者，非但没变轻松，还让她被一种巨大的恐惧感所掌控，害怕堕落，害怕自己做得不好，仿佛身后有一只看不见的老虎，紧追不舍。

焦虑是一种戏剧性的体验，当人们遇到威胁时，容易产生这种不太愉快的感受，但伴随而来的，还有对事态的推动作用。

看似被焦虑所掌控，但丹丹在努力与焦虑相伴。她没有否认焦虑的存在，也不沉溺其中。心理学、职业规划师、性格分析的学习，都帮助她更加了解自己和自己的状态。

当一个人开始认识自己，坦诚面对自己的优缺点，人生才得以真正开始。

丹丹把这份面对自我的真诚，运用到工作中。她没有在一开始就把自己定位成"写作培训老师"，而是在这两年不断思考："我是谁，我想成为谁。"

带着这个疑问和目的，她在探索自我的过程中，开始放松下来，做到选择性听取外界声音，也在培训学员的过程中逐渐意识到，帮助别人成长，其实也是在帮助过去的自己。

"在我自己的成长过程中，其实就是一个不断从自卑，走向自信，从一个想要别人肯定，到现在无所谓，从为别人而活，到现在想要活出自己精彩的过程。"

在观察学员时，她发现许多人都有类似的困惑。于是，从开始的写作班，到职业规划，到如今，她以女性为主体，伴随学员一起进行个人成长、IP成就、收获财富人生的训练。

"当有一天，你行将就木的时候，你发现，这一生里，最委屈你的，居然是你自己。"

"这种感觉应该挺糟糕的。"

4. 成为自由职业者，成为自己

在丹丹脱离职场之前，就已经是一位极简主义的推崇者。不是被极简主义驯服，而是把极简作为工具，筛选真正所需的事物。帮助她在迷茫时，寻得一条出路。

尽管是一名持证职业规划师，但丹丹也发自内心地认为，职业是无法被规划出来的。与其说是寻得了职业发展，不如说，是你被一份使命找到了。

为什么说是被使命找到呢，因为我们甚至没有资格去寻找使命，而是我们把当下的事情做好了，使命自然会看到我们一切就绪，当它发现我们已经准备好，便会找到我们。

成长是一生的功课，自由职业的三年时间里，她感到最满意的部分，是获得时间的自由，选择工作内容的自由，选择客户的自由。

总的来说，尽管成为自由职业者比上班更累，但优势在于，你对生活拥有了更大的主动性和掌控感。

但同时，她也意识到，凡事都有代价。当你想要去做自己喜欢的事时，也往往不得不去面对那些不喜欢的事。

比如，当训练营做到一定规模后，输出内容的时间变少了。工作从单一性，变得多层次多角度，不得不身兼多职。但她很清楚，想要继续走下去，想更上一层楼，这些都是必经之路。因此，她释然了，拥抱工作中喜爱的部分，也接纳那些麻烦的事项。

"我现在是处在一个往上走的阶段，其实我以前会比较活在自己的世界里，但现在我会想把自己打开，让世界看到我。"

"以前我是不接受采访的，因为觉得我还没把自己搞清楚，所以不太愿意出去。现在就会觉得，你这么棒，你是一个人生样本，那你就要走出去，让更多人看到可能性。"

这三年里，虽然丹丹生产出了一些内容，影响了别人，但对丹丹来说，最大的受益者是自己，她就像在进行一场修行。在这个过程中，不断解决问题，突破自己，变得更丰富，拥有更多可能性，以及不再有边界。

"会有朋友问我，后不后悔辞职成为自由职业者。我说后悔，我后悔没有早一点成为自由职业者。"

5. 真诚，永远是成功的奥义

也许旁人看来，丹丹一直有运气助力，但这些运气，其实都是努力的副作用。

当人就职于企业时，容易被平台的力量迷惑，以为平台的力量即自己的力量。而自由职业，是把你丢进市场，让市场来检验你有几斤几两。

用三年时间，她验证了自己的价值，她的成就，不是运气两个字可以概括的。

在讲述自己一路走来的故事时，丹丹没有表现出一丝傲气，她选择女性成长训练营创业，也正因为清楚想要成长、想要成功有多难。

作为女性，她太了解女性在多种角色下的纠结、敏感、细腻。同时，她也看到有太多女性想要去突破，想要成长，她常常在女性身上感受到一股要拔地而起的力量。

丹丹在不同的平台上真诚分享自己的感悟，吸引同频的人。她陪伴她人成长，同时也成就自己。她想要向大家展示的是："你看，我是这样走过来的，我可以做到这一步，所以，请你相信，你也可以。"

谈到自媒体运营，和网上大量的自媒体教学不同，她不认为定位是最重要的，首当其冲的，是真诚。

做一个有个性、有魅力的自己，就是你的个人品牌，先把你个人的部分呈现出来。人和人之间的联结与感受，才最吸引人。否则，你输出的只有干货内容，那用户只是对干货有兴趣，而不是对你有兴趣。

当然，也会有讨厌你的人，但这也没关系。自由就是，不再期待他人的认可，为自己而活。很多时候，为了寻得他人的认可，我们也许会迷失。我们该做的，是去追寻自己内心的热爱，而不是活在别人的目光中。

（资料来源：https://zhuanlan.zhihu.com/p/556248016）

项目五

新媒体文案的写作

　　文案的魅力,从来不只在语言之美——它需要服务于品牌商业诉求的表达,有些如诗般浓缩对生活的观察与感受,有些寥寥数语但字字铿锵有力。共鸣常在,力量不减,精彩的文案始终是这个行业创意能力的直观证明。

■ 新媒体文案写作

【知识图谱】

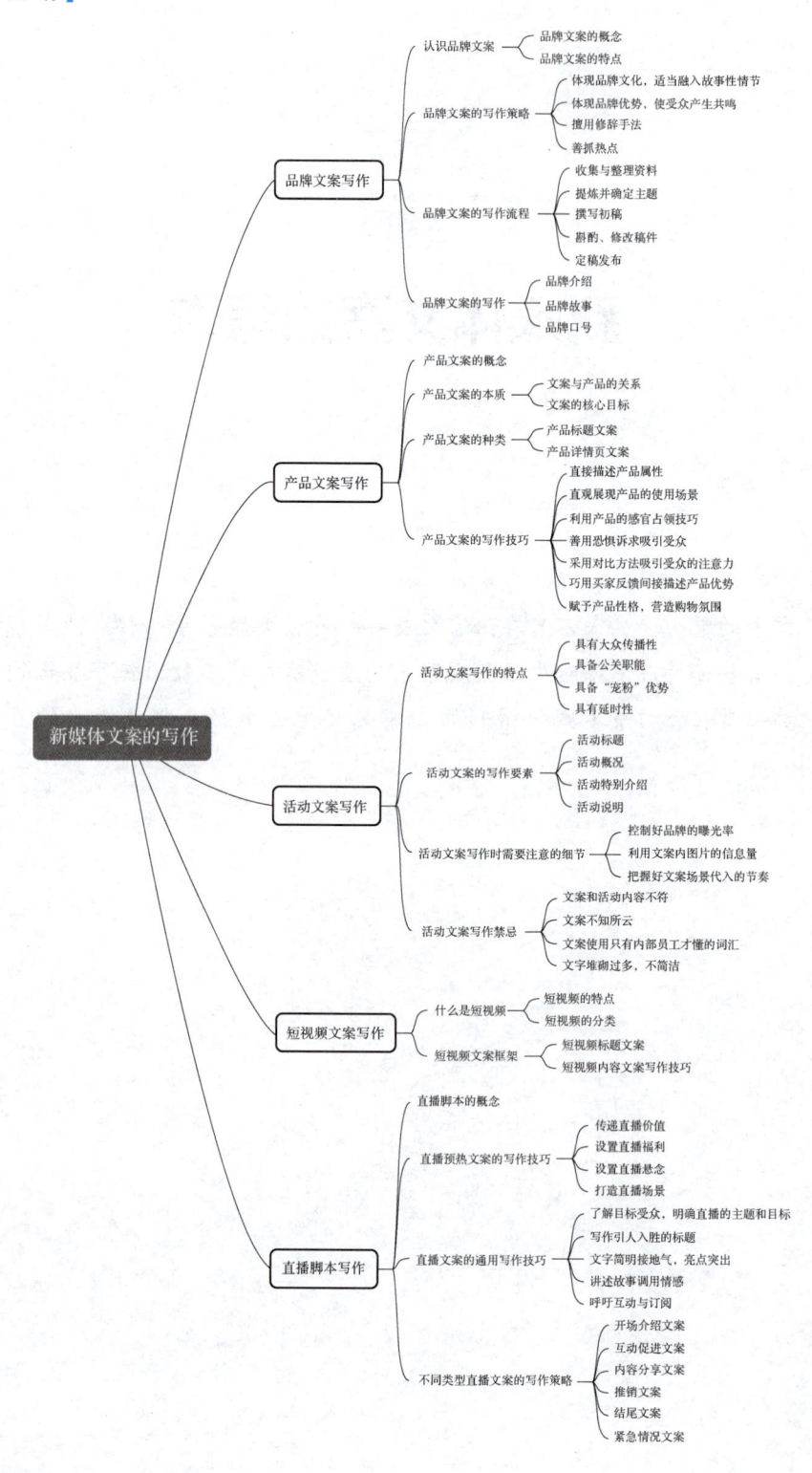

新媒体文案的写作
- 品牌文案写作
  - 认识品牌文案
    - 品牌文案的概念
    - 品牌文案的特点
  - 品牌文案的写作策略
    - 体现品牌文化，适当融入故事性情节
    - 体现品牌优势，使受众产生共鸣
    - 擅用修辞手法
    - 善抓热点
  - 品牌文案的写作流程
    - 收集与整理资料
    - 提炼并确定主题
    - 撰写初稿
    - 斟酌、修改稿件
    - 定稿发布
  - 品牌文案的写作
    - 品牌介绍
    - 品牌故事
    - 品牌口号
- 产品文案写作
  - 产品文案的概念
  - 产品文案的本质
    - 文案与产品的关系
    - 文案的核心目标
  - 产品文案的种类
    - 产品标题文案
    - 产品详情页文案
  - 产品文案的写作技巧
    - 直接描述产品属性
    - 直观展现产品的使用场景
    - 利用产品的感官占领技巧
    - 善用恐惧诉求吸引受众
    - 采用对比方法吸引受众的注意力
    - 巧用买家反馈间接描述产品优势
    - 赋予产品性格，营造购物氛围
- 活动文案写作
  - 活动文案写作的特点
    - 具有大众传播性
    - 具备公关职能
    - 具备"宠粉"优势
    - 具有延时性
  - 活动文案的写作要素
    - 活动标题
    - 活动概况
    - 活动特别介绍
    - 活动说明
  - 活动文案写作时需要注意的细节
    - 控制好品牌的曝光率
    - 利用文案内图片的信息量
    - 把握好文案场景代入的节奏
  - 活动文案写作禁忌
    - 文案和活动内容不符
    - 文案不知所云
    - 文案使用只有内部员工才懂的词汇
    - 文字堆砌过多，不简洁
- 短视频文案写作
  - 什么是短视频
    - 短视频的特点
    - 短视频的分类
  - 短视频文案框架
    - 短视频标题文案
    - 短视频内容文案写作技巧
- 直播脚本写作
  - 直播脚本的概念
  - 直播预热文案的写作技巧
    - 传递直播价值
    - 设置直播福利
    - 设置直播悬念
    - 打造直播场景
  - 直播文案的通用写作技巧
    - 了解目标受众，明确直播的主题和目标
    - 写作引人入胜的标题
    - 文字简明接地气，亮点突出
    - 讲述故事调用情感
    - 呼吁互动与订阅
  - 不同类型直播文案的写作策略
    - 开场介绍文案
    - 互动促进文案
    - 内容分享文案
    - 推销文案
    - 结尾文案
    - 紧急情况文案

【开篇案例】

内联升：170年的穿越，时尚潮头不改

19世纪70年代，清朝同治年间，在凌晨5时的紫禁城，恭亲王奕䜣脚蹬乌黑光亮的黑贡缎鞋面内联升朝靴，稳稳地走在上朝的台阶上。

20世纪30年代，前门大栅栏三庆园剧场，京剧小生表演艺术家茹富兰足踏内联升礼服呢面千层底布鞋，用脚步丈量舞台的尺寸，这是他每次换剧场演出前都要做的功课。

2009年，著名演员成龙走进内联升大栅栏总店："我们正在拍摄一部古装戏，布鞋样式要求比较高，希望内联升来制作。"

2023年，王者荣耀玩家小李拿着内联升与王者荣耀联名的布鞋中的"凤求凰"，直呼："这花样绣到我心里了！"

从1853年内联升品牌开始创立，这一双一直走在时尚尖端的布鞋跨越了170年，秉承"工必为之纯，品必为之精，业必为之勤，行必为之恭，信必为之诚"的师训传承，见证了历史变迁，参与了人类的悲欢离合，带着传统鞋文化的火种，为满足人民群众日益增长的美好生活需要，迈着守正创新的步伐，将百年文化与现代理念完美结合。

2013年，内联升在建立160年之际，于恭王府举办了时尚盛典，向行业宣示"回归时尚"开始，并进行了一系列尝试，通过不断地创新和追求，让产品更有生命力，真正地融入中国人的日常生活中，向着引领潮流和生活方式的方向努力。

2013年1月，内联升开通了微信平台，应用微信形式进行品牌传播。内联升的微信传播主要针对的是年轻客户，其微信公众号主要分为互动区域、尚履商城、潮老品牌、微自助四个模块。互动区域消费者可以提出任何问题，实现消费者与企业的互动，尚履商城可以实现消费者的直接购买。潮老品牌主要介绍品牌历史、时尚达人的街拍秀及企业的传播活动，微自助是关于企业快递门店查询及微信特权优惠方面的信息等。

内联升利用微博与微信等社交媒体，增加了新的流量入口和展示平台，并提供保养、购买咨询，以及其他商务合作、媒体采访等信息，在与消费者的互动中提升了品牌传播价值。

2015年，上海迪士尼乐园开园，内联升迪士尼公主和米奇系列的时尚布鞋开始进入消费者的视野。同年，内联升与故宫淘宝开展合作。

2016年，电影《大鱼海棠》上映时，内联升推出了联名系列的布鞋。"当时在《大鱼海棠》所有的衍生品中是排第一位的。"

2018年，内联升快闪店开进了三里屯太古里，日接待客流超过2万人次，在社交网络引爆热门话题。

在快闪店成功开设的基础上，内联升顺势推出了副线潮流品牌"大内联升"，这是专门针对 Z 世代的年轻人推出的一个生活态度品牌。

2022 年，内联升跨界做了"大内·官保咖啡"。不管是布鞋还是咖啡，在环境典雅的"大内"咖啡店里，已经成为年轻人的打卡目标。

百年来，无论经历怎样的变迁，内联升都会根据社会大众的需求调整产品结构，无论面对的是达官贵人还是普通大众，始终秉承"以诚相待、童叟无欺"的经营理念，把产品质量和生产工艺视为品牌创建和传播的生命线，提高了公众对品牌的忠诚度，提升了品牌价值。

（资料来源：根据人民画报和网络资料整理而成，http：//www.rmhb.com.cn/wh/201709/t20170908_800104335.html）

案例分析： 不管在什么消费领域，内联升输出的都是中华文化。越是民族的，越是世界的。作为中国传统文化载体的内联升品牌，要想立足世界，不仅要将中国特色的民族元素融入产品的设计、品牌的形象中，更是需要了解目标国的文化特征，寻找品牌文化与目标市场文化的结合点，找到不同文化的通融性，在产品研发、品牌塑造和营销手段方面进行创新。另外，拓展海外市场，是一个长期积累渐进的过程，需要制定全面的品牌发展规划，需要长期不间断地拓展内联升的民族文化影响力。特别是利用国外名人试穿效应，利用互联网空间，加大海外的宣传，传播品牌文化，提高品牌知名度，培养和挖掘国外潜在的年轻消费群体，为品牌国际化发展开创一个新的发展空间。

任务一　品牌文案写作

【学习目标】

➢ **知识目标**

1. 了解品牌文案的特点和功能。
2. 掌握品牌文案的写作类型和写作要素。
3. 熟悉品牌文案的写作流程。

➢ **能力目标**

1. 能够正确判断文案的类型。
2. 能够写出符合要求的品牌文案。

➢ **素质目标**

1. 具备端正的工作态度，富有工匠精神。
2. 具备文字功底，并具有文字逻辑表达能力。

【课前学习】

1. 课前在线学习
加入学堂在线"新媒体文案写作"在线课程,根据教师要求学习相关内容。

2. 课前任务
课前任务名称:寻找我最喜欢的品牌故事。

课前任务说明:寻找 2~3 篇品牌故事,收集文案相关图片和文字资料,并分析这些品牌故事有什么共同点。

课前任务成果:形成 200 字以内的文字稿,总结品牌故事的写作特点。

【案例导入】

谭木匠品牌理念与部分品牌故事

谭木匠是一个专心做梳子的品牌。在不计其数的消费品品类中,梳子只是其中一个很小的细分品类,但谭传华开设了集梳理用品、饰品于一体的专业化公司,并将其打造成为知名的木梳品牌,还在中国香港成功上市。谭木匠成立于 20 世纪 90 年代,奉行"我善治本""好木沉香"的方针,将传统工艺与现代专利抛光、插齿技术等结合起来,对我国传统木梳技艺进行了传承和精进,从而保障消费者舒适的使用感受。同时,谭木匠进一步将实用与艺术结合,创造了多样的梳体造型,满足了消费者的审美需求。在品牌建设上,谭木匠形成了"城市、劳动、快乐"的企业文化,确立了"做全球的一把梳子"的理念,坚持"传承"与"创新"融合,"坚守"与"精进"并行,以此成就了如今"东方美梳"的称号。

谭木匠的品牌故事很多,有创始人谭传华从一个失去右手的农村孩子成了老师,又选择浪迹天涯,最终选择回乡创业的经历,也有讲述企业经营过程及员工的故事。谭木匠的员工中,近一半是残疾人,其品牌故事不仅体现了企业的人文情怀——一种关于"美好"与"爱"的情感,还有对制作工艺和细节的介绍,很好地体现了谭木匠的匠人精神。

这些故事成为谭木匠开拓电子商务营销之路的重要情感媒介。谭木匠引入传统文化因素,并开发"凤求凰""自在锦鲤""金玉满堂"等系列商品,在消费者心中留下了"手工艺""传承""创新""传达爱"的品牌形象。

案例解析:品牌文案是针对品牌文化写作的,用于树立品牌形象、推广宣传品牌、促进商品销售的一种文案。因此,要写作品牌文案,需要先认识品牌文化,并掌握品牌故事写作的相关知识。然后在此基础上将文字与品牌文化融合起来,写出既能体现企业精神,又能够打动消费者的文案。

【知识储备】

品牌对于企业或产品本身十分重要，品牌定位的最终目的是树立受众的潜在认识，将产品打造得具有品牌效应，积极引导受众的消费行为。品牌文案并不直接卖货，甚至不是为了促进销售，而是为了给卖货创造更大的势能。能够提升品牌地位的文案、能够化解公关危机的文案、能够引起更多关注的文案，都属于品牌文案。

一、认识品牌文案

（一）品牌文案的概念

品牌文案是一种用于传达品牌理念、价值和特色的文字表达形式。它通常包括品牌的名称、标语、口号、宣传文案等，旨在通过文字的力量，激发受众对品牌的兴趣、认同和信任，从而推动产品销售和品牌发展。

品牌文案是展示品牌精神和品牌个性的载体，是增强受众对品牌信任的依据。好的品牌文案能够赋予品牌特殊的情感，加深受众对品牌的认知与理解，传递品牌理念和产品诉求。品牌文案虽然没有强烈的销售色彩，但明显地传递着品牌的定位、形象。持续的理念传播能够强化受众对品牌的"基础认知"。品牌文案看重的"走心""调性""金句"等，能够提升受众对品牌的好感，降低受众的决策成本，提升品牌的溢价空间。

（二）品牌文案的特点

一个好的品牌文案应该具备有调性、重情感、利传播的特点。

1. 有调性

"调性"一词源于音乐，不同的调性带给人的感受是不同的，有些调性会给人以欢乐、轻快的感觉，而有的调性则给人以低沉、忧郁的感觉。品牌文案也同样具有调性，而这个调性是欢快、平和的还是动感刺激的，都是由品牌个性所决定的。

而品牌调性是基于品牌的外在表现而形成的市场印象，品牌调性包括品牌核心价值定义阐释、品牌价值诉求、品牌标识语、品牌故事等。品牌调性不同于品牌符号，通俗地解释，品牌调性是一种品牌传达给受众的印象记忆，品牌符号可以是品牌名、Logo、颜色、宣传语、包装、代言人等。再通俗点讲，品牌调性就是受众对品牌的看法。

品牌调性虽然不显化，但不意味着无法被感知，它会在品牌的所有行为下被映射出来，不同品牌个性也决定了文案的调性和广告形象均有所不同。品牌文案可以从视觉、文字、听觉、行为四大方面突显品牌调性。

视觉调性：视觉效果是人们接收外界信息的重要渠道，所以品牌选择的色系、字体、产品等都是品牌调性的体现。

文字调性：品牌文案带给人的意境和感受，体现着品牌的独特价值和精神，如典型的案例"江小白"。

听觉调性:不同的音乐类型带给人的感受不同,品牌传达的声音带给人们的情绪,也是品牌调性的体现。

行为调性:品牌喜欢在哪里进行品牌传播,如何进行传播,如何做品牌公关,如何向受众传达理念等行为,都能直接反映这个品牌的态度和调性。表 5-1 是品牌人格化的七种调性。

表 5-1 品牌人格化的七种调性

调性	表现	典型文案
坦诚	表现为脚踏实地、诚实、有益的和愉快的	海尔的文案"真诚到永远"就表现了坦诚的特质,并且通过一系列的文案甚至互动来体现,语言风格就像是在受众身边的一个亲近朋友
刺激	表现为大胆、生机勃勃、富有想象力和时尚的	百事可乐的文案"突破渴望",表现出激情澎湃的品牌人格。不论用哪个品牌形象代言人,都在体现这样一种人格特质,并且在广告片的画面中也能够感受到时尚和想象力
能力	表现为可靠、聪明和成功	大部分的汽车广告文案,都在塑造一个成功人士的形象
精致	表现为上流社会的和有魅力的	香奈儿的一系列经典文案也在体现这一人格——"时尚会过去,但风格永存"
粗犷	表现为户外的和坚强的	户外品牌骆驼的广告文案:"10 年努力与忍耐,终获硕果。有骆驼,带你走更远。""山那边是什么?还是山。其实很无趣。不过,去过的才有资格说,单挑世界,骆驼凶猛。"运用这一人格可以使品牌给人以耐用、舒适,具有男人味和力量感的印象
平静	和谐、平衡和自然	无印良品的文案都散发着平和、安静、与自然和谐共处的感觉。如"像水一样"的主题文案"无印良品以水自许"。水是沉稳、不可少的,总是在人们身旁,提供休憩与滋润
世界观、人生观、价值观	让品牌人格更生动	台湾大众银行广告《梦骑士》,通过一群老年人的形象表现出品牌的人生观——人要为了梦想而活

【案例课堂】

梦骑士

"人为什么要活着?为了思念?为了活下去?为了活更长?还是为了离开?"

（人物旁白）去骑摩托车吧。

"5个平均年龄为81岁的老人，1个重听，1个得了癌症，3个有心脏病，每一个人都有退化性关节炎。6个月的准备，环岛13天，1 139公里，从北到南，从黑夜到白天，只为了一个简单的理由：人为什么要活着？梦，不平凡的平凡大众，大众银行。"

文案没有华丽的辞藻，没有形容词的叠加，但表现出的人生观及人物事件不仅具有坦诚的人格，更具有激情澎湃的人格魅力，让消费者感受到大众银行并非银行业常见的严肃而专业的形象，而是不仅值得信赖，更是有追求、有激情的品牌形象，这就是大众银行的调性。

2. 重情感

抽象的情绪很难打动人的内心，品牌传播文案可以通过诉说受众身边正在发生的人与事来制造情感连接，通过情感沟通引起受众的注意和共鸣，从而达到以情动人的效果，让受众喜欢该品牌文案，进而对文案中的产品产生好感。比如，黄金饰品常被购买用作嫁妆，广告中常以父母和女儿的感情故事为基础，激发父母对即将出嫁的女儿的不舍与浓厚的感情，进而推出广告产品。

再比如国庆佳节，许多人喜欢在朋友圈发布照片，路虎抓住这个切入点，创作了"你缺的不是最好的相机，而是最好的风景"这句文案，激发了受众的旅行兴趣。激发受众的兴趣后，路虎再用一句话关联品牌"国庆开着路虎去取景"，给予受众一个明确的产品使用场景。

【案例课堂】

下面是美的的母亲节温情广告《马小冬的冰雪夏天》（如图5-1所示）。

图5-1 美的的海报文案

绿豆汤的温度为100 ℃

炸鸡腿的温度不低于180 ℃

爆炒虾仁的温度高达300 ℃

妈妈们平均每年待在厨房里的时间

超过 43 800 分钟

每顿饭的背后

妈妈们都在忍受高温的煎熬

如果爱可以用温度计量

我们希望不要超过 26 ℃

母亲节是品牌情绪渲染的最佳时机，各大品牌纷纷发力，但真正能够调动人情感的屈指可数。在美的这支母亲节广告中，讲述了一个中国人的厨房鲜少有人注意到的事情，那就是炎热的厨房没有空调。

内容表现上运用两条主线：一条线是妈妈面对儿子的美好幻想承诺自己会魔法，不辞辛苦去找冰运冰凿冰，给儿子制作冰镇美食；一条线是儿子也想给妈妈惊喜，从小卖铺买了一根冰棍飞奔回家却因为天气太热雪糕没到家就化了。他们都想着对方，这种对比使广告片的情感基调变得十分温馨。

3. 利传播

通过品牌文案所提倡的世界观、人生观、价值观，促进受众主动地分享与传播；在传播的同时，不仅提高了品牌的曝光率，更增进了受众对于品牌的认识和情感。

二、品牌文案的写作策略

（一）体现品牌文化，适当融入故事性情节

品牌文化可以以故事为主导，如公司创始人的创业经历、品牌的来历等。将真实事例用故事性的语言表达出来，给予受众更强的代入感，让受众对这个品牌的印象更加深刻、具体。

（二）体现品牌优势，使受众产生共鸣

品牌优势可以从企业本身实力、企业团队实力、专业技术等方面去表现。同时，也可以通过给受众树立一种具体的形象来体现。

例如，教育类企业可以在品牌文案中给受众树立一个智者形象，这样的文案相比枯燥的广告，会让受众感觉更亲切，也更有说服力。

（三）善用修辞手法

目前，有很多品牌认识到了文案的重要性，并策划出一系列的品牌文案，表现形式有点类似于诗词，这就会用到很多修辞手法，如排比、比喻、顶针、双关、象征、对偶等。新媒体文案从业者在写作品牌文案时，巧妙地利用这些修辞手法，会起到画龙点睛的作用。

（四）善抓热点

新媒体文案从业者可以根据一些节日、社会热点等热门话题去糅合创意，写作时

文、热文。这些有趣的文案有利于品牌的传播，甚至能引起一些目标受众的自动转发。

写作品牌文案需要新媒体文案从业者对品牌有着深刻理解，新媒体文案从业者配合故事性的情节、具象化的品牌形象、生动的表达方式、热门话题的高讨论度，以及自己的创意和想法，就能写成独一无二的品牌文案。

三、品牌文案的写作流程

品牌故事是蕴含一定理念，可以引发受众思考的真实故事，是可以放到企业生产经营、管理实践的背景中进行审视的。品牌故事是品牌文化建设的情景故事，品牌在叙述这个故事的同时，还可以在其中加入品牌的观点和看法。写作品牌文案的流程如下：

（一）收集与整理资料

要想写出生动的品牌故事，就必须深入地探究与分析品牌本身，了解品牌的定位是什么、有什么样的文化内涵、需要表达什么样的诉求、品牌面对的受众有哪些、竞争对手是谁。在具备这些深厚的知识储备后，才能写出超越竞争对手的品牌故事。因此写作前，新媒体文案从业者首先要做好信息的收集与资料的整理工作。

（二）提炼并确定主题

品牌主题是指品牌在品牌本体因素和环境因素的双重约束下，在品牌设计中对品牌价值、内涵和预期形象做出的象征性约定，它来源于品牌历史、品牌资源、品牌个性、品牌价值观和品牌愿景等，包括基本主题和辅助主题，通常透过品牌名称、标志、概念和广告语等来表达传递。

当收集到了足够的信息后，新媒体文案从业者就可以从这些信息中提炼出品牌所要表达的思想，通过对品牌创造、巩固和扩展的故事化讲述，将与品牌相关的时代背景、文化内涵、社会变革或经营管理理念进行深度展示。

（三）撰写初稿

完成以上两项准备工作后，新媒体文案从业者就可以着手准备品牌故事的写作了。在通过故事介绍品牌时，一定要将品牌理念和品牌的各种内在因素一一表达出来，让受众可以容易地、完整地了解品牌的全部信息。同时，还要注重故事情节的表现。故事可以是浪漫的、励志的，也可以是温馨的、感人的，但要想写出好的故事，就要有起伏的情节和丰富的人物感情，这样才能带动受众的情绪，给受众留下深刻的印象。

一般来说，品牌故事的撰写角度有三种：

（1）从技术的发明或原材料中发现故事，如可口可乐配方的故事。

（2）品牌创建者的某段人生经历，如王老吉创始人王泽邦曾用几味草药治好某清朝官员。

（3）品牌发展过程中所发生的典型故事，如李宁的品牌创始人在鸟巢奥运会"高空漫步"点燃火炬。

在写作品牌故事时,新媒体文案从业者要从真实出发,通过赋予品牌人性化的故事背景来打动受众,使他们从心底接受品牌、认同品牌。产品、感情、人是品牌故事中不可缺少的要素,只有将产品与人紧密联系在一起,再融入真挚的情感,才能让故事变得饱满,吸引并感动受众,最终达到品牌传播的效果。

(四) 斟酌、修改稿件

在写作品牌故事的过程中,语言组织不当、逻辑不通等情况可能造成故事阅读不流畅,因此新媒体文案从业者在写作过程中需要仔细斟酌用词,选择适合品牌主题且能够表达品牌理念的词语或优美的句子来阐述。写作完成后,新媒体文案从业者还要通读和校对稿件,修改稿件中的错误,保证故事中没有错别字、语法不通等问题。

另外,品牌故事还会根据企业的发展而发生变化,此时新媒体文案从业者还要根据企业发展过程的变化来进行写作,将企业新的理念和产品特色融入故事。

(五) 定稿发布

完成品牌故事的写作和审查后,品牌故事就可以不再修改。接下来就是在适当的时机进行品牌故事的传播,以获得目标受众的认同,并在他们心中留下深刻印象。

四、品牌文案的写作

品牌文案中一般包含品牌形象、品牌精神、品牌传播,对应的是品牌介绍、品牌故事、品牌广告。

(一) 品牌介绍

品牌介绍不仅可以增加产品可信度,传递产品价值,还可以增加产品曝光度,让更多人了解和记住品牌。但品牌信息不宜过多,否则容易引起受众的阅读疲劳和视觉疲劳。一般选择优质的产品图片,搭配可以体现品牌风格和特色的简单文案即可。品牌介绍一般做成图文结合的形式,必须保证视觉效果。一般来讲,品牌介绍包含以下要素:

1. 品牌简介

这是品牌介绍的开场白,简明扼要抓重点,告诉大家:你是谁,你来自哪里,你是做什么的。有成绩就说成绩,有过硬的资质要亮明。

2. 产品/服务介绍

产品特征:产品在功能、技术、结构、规格、材质、工艺、款式等方面所具备的差异化特征。

产品优点:基于产品特征,产品所产生的独创性优点。

产品价值:产品优点能给用户带来的具体好处。

3. 品牌理念

品牌的精神内核就是品牌理念,它如同一个人的信仰,影响着品牌的行为。没有品牌理念，就无法进行品牌识别和传播。

4. 品牌优势
强调品牌核心竞争力，突出品牌将给合作伙伴和用户带来什么利益。

5. 品牌使命
品牌使命包括：品牌存在的意义，解决的问题，为什么是我们来做这件事情。

6. 品牌愿景
做事情要有一个目标，品牌更应该有愿望理想。根据品牌的阶段性发展，设定一个理想，理想可大可小。

7. 品牌价值观
支撑品牌行动的思想准则称为价值观。价值观塑造着品牌，价值观品牌。

8. 品牌故事
品牌故事能让受众产生情感共鸣，以此实现价值链接。

好的品牌介绍，可以将以上八个方面融会贯通，以贴合品牌质感、富有调性，让受众感知品牌形象，全面了解品牌的核心价值，从而达成后续的经济效益。

（二）品牌故事

1. 品牌故事撰写的要素

故事就是通过叙述的方式讲述一个带有寓意的事件，侧重于对事件发展过程的描述，是一种表达思想感情的叙事类文体。在写作品牌故事文案时，新媒体文案从业者需要将故事的背景、主题、细节和结果写出来，还需写出故事能够给人带来的感悟。

（1）背景。故事背景是要向受众交代的故事的基本情况，包括故事发生的时间、故事的主要人物、故事发生的原因等，即故事的时间、地点、人物、起因等。背景介绍并不需要面面俱到，只要说明故事的发生是否有什么特别的原因或条件即可。

【案例课堂】

良品铺子的崛起与困局

2006年，在武汉广场对面，悄然冒出一家新店，面积不大，门脸是喜庆的红色。

名字叫：良品铺子。

这家店在商铺林立的街上，除了颜色鲜艳，没有其他任何特点。

开业之初，有几个身影在店里悠闲地等着客人上门。

老板杨红春亲自守店。

一家默默无名的小店没有引起路人的注意力，尽管杨红春含情脉脉望眼欲穿，但生意依然很惨淡。

做营销出身的杨红春没有坐以待毙，咬咬牙决定主动出击。

第二天，杨红春带头走出门店，大声吆喝：

"走过路过别错过，瞧一瞧看一看，精品零食，免费试吃。"

这一举动成功地引来了注意力，很多人走进来吃免费的零食。

但是吃的多，买的少。

试吃就吃了 1 400 元，营收才 1 300 元。

杨红春不信这个邪，连续试吃了一个星期，这一个星期人气是不错的，亏损更是不错的。

一周后，活动取消，没有免费的了，人气立马一朝回到解放前。

杨红春不得不信了这个邪。

当月就亏损10万元，连续三个月亏损50万元。

就这样一个巨亏的小店，是怎么做到如今将近200亿元市值的？

（2）主题。主题是指故事内容的主体和核心，是新媒体文案从业者对现实生活的认识、对某种理想的追求或对某种现象的观点，通俗地说就是新媒体文案从业者要表达或表现的内容。主题表现的好坏往往决定作品价值的高低，文案主题不像论文主题那样明明白白地展示出来，也不是由新媒体文案从业者生硬地写在故事中，而是需要融入人物形象、情节布局、环境描写中，让受众整体把握、分析和挖掘。

主题可以通过以下五种途径进行表述：

①背景。背景可以更好地深入分析人物形象，把握故事主题。

②人物。人物是故事思想主题的重要承载者，人物形象的塑造可以很好地反映故事所要表达的主题思想，揭示某种思想或主张。

③环境。通过对社会环境或生活环境的描写来揭示或暗示某种思想，同时结合人物思想性格的背景描写，可以很好地表述故事所要表达的主题。

④情节。情节在故事中起着穿针引线的作用，它可以将故事的开始、发展和结束串联起来，形成一个完整、鲜活的整体。情节的展开可以推动故事的发展，让故事层层深入吸引受众浏览。

⑤抒情语句。故事的主题一般不会直白地表达出来，有时会通过一些抒情的语句来表现。

例如，某饰品品牌用"有故事的跨界原创饰品"，总结了该品牌诞生的原因及文化理念，向受众传达了产品"有故事""跨界"的特点，深化了品牌形象。

（3）细节。细节能够使故事情节更加生动、形象和真实。细节一般是新媒体文案从业者精心设置和安排的，是不可随意取代的部分。恰到好处的细节描写能够起到烘托环境气氛、刻画人物性格和揭示主题的作用。

常见的细节描写方法有语言描写、动作描写、心理描写和肖像描写等，不管采用哪种描写方法，新媒体文案从业者都需要事先认真观察，选择具有代表性、概括性，能反映主题的细节进行描写，这样才能突出故事，给受众留下深刻印象。

（4）结果。一个完整的故事，必须有结果，以加深受众对品牌的印象。例如，海尔砸冰箱事件就让受众对"海尔"有了深刻的印象。

（5）感悟。感悟是指对品牌故事所讲述的内容和反映的主题发表自己的看法，用于升华故事主题。在写作品牌故事文案时，新媒体文案从业者只有针对故事本身表达自己的看法，才能更好地引起受众的共鸣和思考。

2. 品牌故事的写作方式

几乎每一个成功的品牌背后都有一个精彩的故事，这些故事能塑造品牌形象，提高附加值，从而使商家获得商业利润。新媒体文案从业者应根据自身条件和品牌特性找到能引起受众共鸣的地方，写出能打动受众的内容。

视频："文青版"坚果手机，卖的是情怀

（1）历史型。讲述品牌的历史故事，是撰写品牌故事的常用方式。存在时间的长短有时是评判品牌优劣的标准之一，在漫长岁月中，只有优秀的品牌才能存活下来，并做到历久弥新。历史型品牌故事通过展示品牌从创建至今的经历，变相地展示品牌经得起时间和用户的检验。这类品牌故事一般包括以下内容：品牌从创建到走向成功所经历的困难，品牌发展过程中发生的感人小故事，品牌每个发展阶段的关键举措，品牌所取得的成绩和获得的荣誉。历史型品牌故事可以传达品牌坚持不懈的精神，并表现出品牌有一定的文化积淀，值得受众信赖，以此打动受众，从而使受众对品牌产生好感。

当然，并不是所有品牌都拥有悠久的历史，新成立的品牌也可以撰写历史型品牌故事。若某历史人物对新品牌的产品情有独钟，那么新媒体文案从业者在为该品牌写作品牌故事时，也可将这种关联作为切入点。

（2）创业型。创业并不总是一帆风顺的，其中往往有许多坎坷，而在品牌有一定知名度后，人们往往会回顾这些故事，以此获得经验和激励。而对于品牌本身而言，关于创业经历的故事也可以展现不服输、不放弃的精神，这也是品牌理念和品牌态度的体现。例如，白象品牌从"烂摊子"发展到品牌巨头的经历。

（3）人物型。人物型故事也是品牌故事的重要类型之一。这里的人物主要包括两种，一种是品牌的创始人，另一种是品牌的管理人员或普通员工。

①品牌的创始人的故事。品牌的创始人通常会经历一个艰苦奋斗的过程，在很多次的失败后才能获得最后的成功，拥有或大起大落，或屡败屡战，或兢兢业业的经历。把这些经历写成一个品牌故事，通常能带给受众正能量，表现出该创始人坚定的创业精神，或者该创始人希望通过努力，用自己的品牌和产品改变受众生活，带给受众幸福和快乐的坚定信念。

【素养提升园地】

工匠精神是一种职业精神，一种专注品质、精益求精的优良品质。这是企业竞争发展的品牌资本，也是个人成长发展的道德指标，同时也承载着职业精神的核心价值，让人能干一行、爱一行、精一行。新媒体文案从业者可以在文案中体现和弘扬工匠精神，同时自己也要践行工匠精神，做到执着专注、追求卓越、创新突破，努力成为专业的文案写作者，助力个人价值的实现。

②品牌的管理人员或普通员工的故事。品牌的管理人员或普通员工的故事主要通过普通人的人生经历或闪光点来感动受众。故事主人公是品牌的管理人员或普通员工，讲述的也都是发生在这些人物身上的真实故事，真实地展现人物、事件和品牌产品。另外，生活化且自然的语言也让受众有亲近感，因而更容易对品牌产生好感。以管理人员或普通员工作为品牌故事的主人公，不仅容易塑造品牌个性化的形象，而且能够源源不断地提供新的素材。

（4）传说型。传说型故事通过讲述一个传说故事或神话故事来表现品牌的特征。这个故事可以是流传至今的故事，也可以是改编的故事。下面是关于橄榄树和希腊首都雅典的神话传说，很多橄榄油品牌都将其作为品牌故事，从原材料方面来说明产品的优势和品牌的价值。

【案例课堂】

在古希腊神话中，相传智慧女神雅典娜和海神波塞冬都想用自己的名字来命名一座不知名的山城。于是两人便发生了争执，最后主神宙斯提议："谁能给人类一件最有用的东西，这座城就用谁的名字命名。"

于是，海神赐给人类一匹白马，他说："马能耕地、拉车，会给人类带来很多的财富。"雅典娜则把手中的长矛往地上一戳，只见地上长出一棵枝繁叶茂、果实累累的橄榄树。她说："这棵树的全身都对人类有用，果实既能食用又能酿酒、榨油；树身能制作药材，还可提炼燃料，用来照明。这棵树必将给人类带来丰收与和平，是人类自由的保证。"

宙斯听了雅典娜的话觉得很有道理，于是就决定用她的名字来命名这座山城，这就是今天希腊的首都雅典。目前希腊已成为世界上主要的橄榄油出产国。

（5）理念型。理念型故事以品牌追求的理念、品牌风格和品牌定位为传播内容。理念型故事适合走差异化路线的品牌，受众只要听到某种理念或风格，就会马上联想到这个品牌。

品牌理念主要通过输出品牌态度来表现，品牌态度则通常会在品牌的产品设计、功能、风格、包装、销售环节、传播等方面展示一致性。例如，三只松鼠的品牌态度是要做国内互联网第一坚果品牌；良品铺子的品牌态度是"让嘴巴去旅行"，给人们提供各地零食。

3. 品牌文案撰写公式模板解析

好故事 = 人物 + 困境 + 尝试摆脱困境，如此循环上升、最后成功的过程。而好的品牌故事，就在这个模板基础之上融入品牌相关的元素——品牌创立、产品研发、品牌用户等，讲一个能让受众代入自己的故事。

（1）创立故事。

品牌创立故事＝品牌的梦想＋遇到的困境＋克服困境取得成功

【案例课堂】

在小米十周年发布会上，雷军讲了一个小米"闹革命"的故事。

雷军说：我作为一位手机发烧友，也作为一个创业者，我有点不服气。虽然我从来没有做过手机，但我们有了这样的梦想——"做全球最好的手机，只卖一半的价钱，让每个人都能买得起。"（梦想）

一个从来没有做过手机的外行，一个从"0"开始的小公司，要做全球最好的手机，谈何容易。（困境）

如何实现这个看起来不靠谱的目标？

雷军有一个"脑洞大开"的想法：这些巨头都是硬件公司，假如我们用互联网模式来做手机呢？（尝试摆脱困境）

然后他开始了组团队、做系统、做硬件，历经困难请来各路大神，做出初代MIUI系统，在日本地震核泄漏时冒险造访夏普，感动了夏普高层，成功搞定了硬件。（接近目标）

眼看新机就要成功上线，意料之外的事发生了：原本宣称卖1 499元的手机，因为对品质要求太高导致成本超出预期，不得不将售价改为1 999元。（新的困境）

结果出乎意料的是，手机发布会当天到场助阵的米粉多到雷军自己都挤不进去。当他公布1 999元售价的时候，现场的欢呼长达半分钟，首波订购就达到30万台，最终小米新机的销量达到了惊人的700万台。（成功）

（2）产品故事。

品牌产品故事＝亟待解决的问题＋遇到的困境＋通过产品解决问题

【案例课堂】

设计师贾伟曾经讲过一个55 ℃杯的故事。

2014年一个周六的下午，贾伟陪着女儿在家看动画片，女儿渴了想喝水，于是贾伟给她倒了一杯刚烧开的热水，怕烫到女儿特意把杯子放在桌子中间。但孩子太渴了，就跳起来够杯子，结果杯子倒了，一杯开水泼在女儿脸上和胸口上，瞬间皮开肉绽。

到了医院，贾伟看到和女儿同病房的全都是被热水烫伤的孩子，每个孩子都在发出撕心裂肺的叫声。目睹这一切的贾伟泪流满面，陷入了痛苦的沉思：一个简单的水杯到底烫伤过多少人，又有多少人将要被烫伤。作为一个获奖无数的产品设计师，他竟然

连自己的孩子都保护不了。(遇到难题)

在这之后,贾伟用3个月的时间做出了55 ℃杯,倒上开水摇晃1分钟水温可以降到55 ℃左右,一个有些烫嘴却不会烫伤的温度。(解决难题)

这款产品也成为他设计的所有产品中销售最火爆的一款。

(3) 用户故事。

品牌用户故事 = 用户理想 + 现实阻碍 + 在产品陪伴下实现理想

【案例课堂】

一个家境不好的哑巴女孩,特别喜欢小提琴,她从小就在街边看一个老人拉小提琴,一天老人送给他一把琴,她开心地开始练习小提琴。(用户理想)

学校里有一个学钢琴的女孩,家境很好,她看不起那个学小提琴的女孩,处处刁难她,小提琴女孩只能忍气吞声。(现实阻碍)

在老人的帮助下,小提琴女孩的琴技进步迅速,已经可以和老人一起在街头表演。(接近理想)

一次小提琴女孩得知一个古典音乐比赛,想去参加,为此她开始刻苦练习。碰巧钢琴女孩也准备参加,当她看到小提琴女孩练得越来越好不由心生恨意,在比赛前她找了一帮人把老人打伤了,还踩坏了女孩的小提琴。(新的困境)

但小提琴女孩并未放弃,她变得更加勤奋,下定决心要赢得比赛。在这个过程中,陪伴小提琴女孩的除了那把小提琴,还有她的一头乌黑靓丽的长发,当她练琴的时候,飘逸的长发与小提琴的旋律相得益彰,散发出一种独特的魅力。(接近理想)

在比赛当日,钢琴女孩凭借出色发挥赢得全场掌声,当她以为胜券在握时,主持人宣布还有一位选手登场,正是小提琴女孩。她拿着用胶带粘好的小提琴登上舞台,闪亮的长发,让她散发出无比自信的气场,和先前自卑的样子判若两人。

观众都以为她是来"打酱油"的,但当她的小提琴发出第一个音符时,全场都呆住了。小提琴女孩一番精彩的演奏,美妙的旋律让观众惊艳叹服,而此时她的长发也变得无比闪耀。最后场上爆发出雷鸣般的掌声,钢琴女孩在一旁黯然失色。(实现理想)

然后广告语出现:You can shine (你能闪耀)。

(三) 品牌口号

品牌口号就是品牌的广告口号,或者说是广告标语。品牌口号对一个品牌而言有着非常重要的作用,它可以宣传品牌精神,反映品牌定位,丰富品牌联想,呈现品牌名称和标志等。好的品牌口号,不仅可以向受众传达产品的独特卖点,展现品牌的个性魅力,激发受众的购买欲望,还能引起受众的共鸣和认同。

1. 一句话描述产品功能特点

品牌口号一般都比较简短精练,有些品牌就采用一句话描述产品功能的方法确定品牌口号，展示品牌产品的卖点。例如，汰渍的品牌口号是"有汰渍，没污渍"，汰渍本来就有去污渍的含义，通过这短短 6 个字，很容易把产品去污的特点传达出来。同时，这两个短句前后对应且句尾押韵，富有音韵美，十分利于传播，因此该口号深入人心。

2. 突出受众体验感

品牌可以从受众的使用感受出发，突出受众体验感，这有利于受众形成对产品的使用认知；特别是将非常棒的消费感受作为品牌口号，更能促进受众的购买行动，如雀巢咖啡的品牌口号"味道好极了"。

3. 与行动、场景相结合

在撰写品牌口号时，将品牌与行动、场景相结合，也就是将产品与现实场景联结起来，让受众产生代入感。一句简短的品牌口号就能为品牌营造适当的代入氛围，如香飘飘的品牌口号"小饿小困，喝点香飘飘"。

4. 表达品牌主张

有些品牌的口号是以品牌的目标、主张为诉求点的，是该品牌在市场营销时的承诺，一般比较简洁、短小、精练、有内涵，有一定的外延深度和广度，传达了一定的品牌态度。例如，美的的品牌口号"原来生活可以更美的"，文案中的"美的"既是品牌的名称，还有"美好的事物"的意思，该口号一词两意，将美的电器与美的事物挂钩，直接向受众传递出美的可以成就意想不到的美好生活的品牌主张。

5. 引起情感共鸣

品牌口号的写作中也常采用引起情感共鸣的方法，打动受众内心。只要新媒体文案从业者在写作品牌口号时触动了受众情感，就很容易加深受众对品牌的印象并勾起他们的需求与购买欲，如步履不停的品牌口号"只要步履不停，我们总会遇见"。

视频：星巴克用内容和创意传播品牌文化

【边学边练】

德懋恭，中华老字号，始建于清同治十一年（1872 年）。店主取其注重商业信誉、谦恭待人、希望事业茂盛发达之义，选用"予懋乃德"之句给店铺定名为"德懋恭"。被誉为"秦式糕点之首"的德懋恭牌水晶饼选料上乘、工艺考究、其馅晶莹透明，是古城西安的名片式产品，清末被皇家钦点为贡品，进而身价倍增，如今是世界各地游客西安之行的必选珍味。

请你根据品牌故事的写作步骤，确定品牌故事的背景、细节、结果等要素，形成一篇故事文案。

任务二　产品文案写作

【学习目标】

➤ 知识目标

1. 了解产品文案是什么，了解产品文案的本质。
2. 熟悉产品文案的常见类型和特点。
3. 掌握产品文案的写作技巧。

➤ 能力目标

1. 能够分辨电商产品文案的种类。
2. 能够撰写产品标题文案和详情页文案。

➤ 素质目标

1. 具备创新精神，不墨守成规，勇于创新。
2. 具备全局观念和团队合作精神，能够协作完成任务。

【课前学习】

1. 课前在线学习

加入学堂在线"新媒体文案写作"在线课程，根据教师要求学习相关内容。

2. 课前任务

课前任务名称：寻找我最喜欢的产品文案。

课前任务说明：寻找2~3篇自己最喜爱的产品文案，收集文案相关图片和文字资料，并分析这些文案最能触动自己内心的原因。

课前任务成果：形成200字以内的文字稿，简要介绍选择文案的原因。

【案例导入】

农夫山泉有点甜

农夫山泉成立于1996年，以矿泉水起家，在全国有十多个水源地。在国内瓶装饮用水市场竞争日益激烈、每年都有新品牌不断涌入市场的情况下，农夫山泉仍然能够树立自己的品牌，形成独家占有的新概念，离不开创意营销、新媒体营销的续航发力。

每当看到"农夫山泉"这四个字，你的脑海中是不是首先闪现的是那句出色的广告语——农夫山泉"有点甜"（如图 5-2 所示）？这句广告语是农夫山泉一则有趣的电视广告中的。——一个乡村学校里，当老师往黑板上写字时，调皮的学生忍不住喝农夫山泉，推拉瓶盖发出的砰砰声让老师很生气，说："上课请不要发出这样的声音。"下课后老师却一边喝着农夫山泉，一边称赞道："农夫山泉有点甜。"

图 5-2　农夫山泉广告文案

随着"课堂"广告在中央电视台播放，"农夫山泉有点甜"的声音飞越千山万水，传遍大江南北，品牌知名度迅速打响。广告还被《人民日报》等新闻媒体评为 1999 年最好的广告语。中文有"甘泉"一词，解释就是甜美的水，农夫山泉的水来自千岛湖，是从很多大山中汇总的泉水，经过千岛湖的自净、净化，完全可以说是甜美的泉水，因此"农夫山泉有点甜"成为产品卖点。

案例解析："有点甜"以口感承诺作为诉求差异化，借以暗示水源的优质，使农夫山泉形成了感性偏好、理性认同的整体策略，同样也使农夫山泉成功地建立了记忆点。

【知识储备】

一、产品文案的概念

"产品文案"一词很早之前就出现在了大众的视野，例如，通过招牌、报纸、广播及路边橱窗、霓虹灯广告等传统形式进行产品宣传。那么，什么是产品文案呢？在新媒体时代，当我们要对一款产品进行营销推广的时候，除了设计、采用丰富华丽的图片和视频，关于产品性能、产品特点和产品优势劣势等方面的全方位介绍，都是通过文字，也就是文案来展示给大众的。因此，产品文案就是通过文字展示产品信息来进行产品推广。

二、产品文案的本质

（一）文案与产品的关系

产品文案的主要目的是让公司所经营的产品更有认知度和销售力，更好地获得受众的认知，更有效地把产品价值传达给目标受众。文案离不开产品，产品更离不开文案，任何产品本身是不具有语言表达能力的，它们只能依靠本身的属性对外传递信息，而文案则是给受众介绍产品是什么。

对于产品来说，两款品牌、型号、颜色都相同的标品产品传递给受众的信息是一样的，对受众购买决策的影响力也是一样的。因此，它们需要通过文案向受众展示"我是谁，我能给你带来什么价值，我有什么竞争力"，把自己的优势特征推荐给受众。

对于文案来说，文案是关于受众感受的设计，而不是将创造这些感受的文字进行单纯的设计和堆叠。产品卖不出去，并不一定是产品的错，也有可能是因为没有给产品配一个好的文案。

产品与文案相辅相成，互相成就。经典的文案可以广为流传，为产品营销和口碑宣传带来积极的作用。优秀的产品好评一片，为文案的传播添加了真实性，这就是产品文案的魅力所在。

（二）文案的核心目标

随着产品同质化越来越严重，好的产品文案对于电商企业来说至关重要，具有说服力和吸引力的文案将极大地提高产品的转化率。那么，文案的核心目标就是用文字去影响人的认知和行动。比如，"我们不生产水，我们只是大自然的搬运工"，告诉受众农夫山泉矿泉水的水质很健康；"生活可以更美的"，告诉受众美的产品可以让生活更美好；"如果没有联想，世界将会怎样"，告诉受众使用联想电脑，人类的想象力就会提高。

三、产品文案的种类

在互联网及新媒体时代下，商家可以通过现代化互联网手段，利用微信、微博、贴吧等新兴媒体平台工具及电子商务平台进行产品宣传、推广、产品营销。在此过程中的产品文案主要分为两类：

（一）产品标题文案

只有对产品有了充分了解，才能更好地进行下一步工作。因此，在写作电商产品文案前，梳理产品的属性及卖点是一项重要的工作。表 5 – 2 是三种产品情况梳理。

表 5 – 2　三种产品情况梳理

产品名称	产品卖点	日常售价/元	直播售价/元	核心卖点
ROMOSS/罗马仕 20 000 毫安大容量充电宝便携正品移动电源	大容量，方便携带，双USB连接端口，自动调节输出电量	178	89.9	快速充电，兼容华为、苹果等多款手机及平板电脑

续表

产品名称	产品卖点	日常售价/元	直播售价/元	核心卖点
皮尔卡丹雪纺衬衫女长袖2021年早春季新款时尚上衣打底小衫女立领秋装衬衣亲肤针织黑	流行元素：印花，拼接，纽扣； 穿着方式：套头； 图案：圆点； 面料：雪纺	230	159	版型不错，颜色百搭，简单大方
百驼真丝连衣裙春夏新款杭州大牌直筒桑蚕丝印花长裙	流行元素/工艺：褶皱，拼接，拉链，印花； 风格：通勤； 材质成分：桑蚕丝100%	388	199	高档桑蚕丝，亲肤亮色，不缩水，不掉色

产品标题可以说是产品的灵魂，再好的产品如果没有标题，电商平台也没办法把它匹配给用户。产品标题是由关键词组合而来的，它往往能够反映出用户的搜索意图，包括核心词、属性词、品牌词及营销词。在电商平台，能够被用户快速找到的标题就是好标题。电商产品标题文案写作的原则如下：

（1）所有的关键词都要保持高度相关性。相关性是指搜索关键词与网店要素之间的相关匹配程度要高，用来反映两者要素之间的关联性。也就是说，标题文案中的关键词之间在类目、属性等方面要有高度的相关性。相关性越高，标题文案的质量越高。

（2）标题要能激发受众兴趣。标题文案能否吸引受众，其关键在于能否满足受众需求。标题要具有可读性和价值性，才能激发受众的点击兴趣。因此，新媒体文案从业者要分析受众的潜在需求，搜索关键词及购买动机，分析关键词的搜索指数、商业价值，以及关键词在网站或新媒体平台上的质量，选取合适的关键词制作产品标题。

（二）产品详情页文案

详情页是电商企业在网店运营与推广过程中的无声推销员，既是店铺展示产品详细信息的网页，也是与同类型店铺或产品竞争的主战场。产品详情页的跳失率是考核产品详情页是否有效的关键指标。

产品详情页里既包含产品展示的图片、视频，也包含对产品的详细描述。产品详情页中既要体现出产品属性、产品使用场景等信息，也要体现出能够为用户解决的痛点、诉求等重要信息。而产品详情页文案则是指店铺详情页中以文字来表现的内容，包括产品介绍、宣传语、促销信息、售后条款、购物指南、支付与配送等信息。

1. 产品全貌

产品全貌可以让受众对产品有个整体的观感，提高受众对产品的了解。

2. 产品属性及设计

将产品设计的灵感来源、设计师的设计点等作为卖点进行罗列,提高受众对该产品的了解。

3. 产品操作演示

在产品文案中介绍产品的组成结构、成分及使用方法。

4. 产品细节

细节的描述能让受众对产品的品质更加放心。

5. 产品促销信息

受众都会有求廉心理,比较重视产品的性价比。

6. 产品的其他信息

不同的产品,对目标受众展示的信息不同。例如,在详情页底部展示支付与配送信息、购物须知等信息。

【案例课堂】

图 5-3 是陕北米脂黄小米在淘宝平台上的产品详情页。该产品详情页包括图片、视频和文案,其中文案内容不仅有对产品属性的详细介绍,还有售后承诺、产品产地背后的故事、储存方式等内容,既向用户展示了产品的基本信息和功能属性,又向用户展示了产品的使用场景,使用户感同身受,增加其购买欲望。

图 5-3 陕北米脂黄小米在淘宝平台上的产品详情页

图 5 – 3 陕北米脂黄小米在淘宝平台上的产品详情页（续）

四、产品文案的写作技巧

（一）直接描述产品属性

不同的产品类目具有不同的功能属性。直接描述产品属性是指罗列最基础的产品属性，如衣服的产品属性描述，就可以罗列颜色、材质、尺码、适合季节、厚薄、适合年龄等内容，用表格等方法进行可视化表达。红富士苹果产品属性描述如图 5 – 4 所示。

品牌：红运道	系列：红富士苹果	型号：MDPG
价格：0~50元	产地：中国大陆	省份：陕西省
城市：西安市	是否为有机食品：否	同城服务：同城24小时物流送货上门
包装方式：包装	售卖方式：单品	套餐份量：3人份
套餐周期：1周	配送频次：1周2次	水果种类：红富士
热卖时间：1月 2月 3月 4月 5月 6月	净含量：1500g	重量（不含箱）：3斤 5斤 9斤
生鲜储存温度：0~8℃	苹果果径：65mm（含）~70mm(不…	口感：脆爽清甜

图 5 – 4 红富士苹果产品属性描述

（二）直观展现产品的使用场景

制作产品使用场景展现的第一步，是要结合产品的特点，针对不同的受众，挖掘提炼不同的产品需求，并且进行有效的转换。

新媒体文案从业者需要了解目标受众一天的常规行程，仔细观察他们在哪些场景下需要使用产品，然后将产品巧妙地植入（如图5-5所示），让人感受到在他的生活中的某个场景、某个时刻，因为有了这款产品生活变得更加美好。

图5-5 产品使用场景

（三）利用产品的感官占领技巧

为了吸引受众进一步点击和购买，可以运用感官占领的方法进行产品描述。设身处地地去感受产品，想象自己打开一个包裹，里面放着这款产品，记录你的感受——耳朵听到什么，眼睛看到什么，鼻子闻到什么，舌头尝到什么，身体感受到什么，心里想到什么，最后通过文字描述出这些感受。

（四）善用恐惧诉求吸引受众

人们在生活中总有一些恐惧的东西，恐惧生病、死亡、变丑变老、没有收入、分离等。抓住人们恐惧的痛点进行产品描述（如图5-6所示）是一种常见的方法。

图5-6 产品恐惧诉求文案

（五）采用对比方法吸引受众的注意力

在物质条件比较丰富的时代下，大多数产品的卖点是"更好"，采用对比的方法（如图5-7所示）会给人一目了然的感觉。

图 5-7 某产品利用对比文案

（六）巧用买家反馈间接描述产品优势

通过电商购物的买家，非常重视来自其他买家的反馈。用心的卖家，一定要善于收集正面的买家留言。收集留言最重要的是：收集能击中买家核心需求的留言。卖家可以精选几条生动的买家留言，用买家真实的使用感受证明产品的优质（如图 5-8 所示）。正面的买家留言既能激发买家购买欲望，又能增强买家对产品的信任感，是少数能"一箭双雕"的文案写作方法，威力强大。

图 5-8 某产品用户描述文案

（七）赋予产品性格，营造购物氛围

虽然电商是互联网平台上的活动，存在于虚拟空间中，但购物氛围的营造也非常重要。在产品详情页中，除了对产品的特点进行展示，往往还需要对产品的性格进行包装，营造一个能激发受众购买欲望的氛围。

图 5-9 是北极星挂钟的促销文案。该案例中的产品文案，通过展示产品全貌使受众对产品有了整体的观感，直接展示产品卖点"静音准时、全球可用、自动对时"突

出产品优势，并展示促销信息"20元""8折大促"、活动时间等重要信息，利用人们的求廉心理营造出紧张的购物氛围。

图 5-9 北极星挂钟促销文案

【边学边练】

1. 任务背景

针对陕西省农副产品年货节专场直播活动，即腊月初一10：00—13：00的直播，相关筹备人员做了以下策划准备工作：

直播间产品：陕北米脂黄小米、大荔冬枣、富平柿饼、紫薯、临潼甜石榴、秦脆苹果。

主推产品：陕北米脂黄小米。

主推产品介绍：米脂小米，是陕北黄土高原米脂县的一种特产。因延安革命圣地的历史影响，又称延安小米。它色泽金黄，颗粒浑圆，晶莹透亮，质优味香。该原粮谷子，储存数年，害虫难蚀，米质不变，最适合国家长期战略储备。该成品粮小米，焖成干饭，香甜爽口，越嚼越香。煮成稀饭，黏糊适口，回味余香。米汤表面，可以揭起三层油皮，故名米脂米。米脂小米，明清之际，即享誉全国，敕封为朝廷四大贡品小米之一。后因毛主席带领红军北上抗日，又成为世界亮点——"小米加步枪"的八路军军需小米。米脂小米营养丰富。据测定，其蛋白质含量达11.2%~13.4%，脂肪含量达4.5%，比普通小米高1%~3%，且其蛋白质及脂肪含量均高于大米、面粉。米脂小米所含的人体必需的8种氨基酸含量丰富而比例协调，如赖氨酸0.22%~5.24%，蛋氨酸0.4%，色氨酸0.25%，亮氨酸1.87%，苏氨酸、异亮氨酸及缬氨酸等含量在0.42%~2.88%。其维生素的含量亦较丰富，而粗纤维的含量又是几种主要粮食作物中最低的。因此，米脂小米为产妇、幼儿及老人的滋补佳品。

产地环境：米脂县位于陕西省北部，陕北黄土高原中部，无定河中游丘陵沟壑区。全县总土地面积1 212平方千米，总耕地53万亩，总人口22万，其中农业人口18万，是一个纯农业县。土壤类型主要为黄绵土，占土壤总面积的96%，土壤缺氮、少磷、钾丰富，有利于小杂粮等作物生长，加之光热充足、昼夜温差大、雨量适中，具有发展无公害、绿色食品得天独厚的自然条件和产业基础。米脂县种植谷子已有五千年历史，其小米质优味美营养高，"米汁如脂"誉满全国，成为我国"四大著名小米"之一。根据米脂县志记载："米脂城以地有米脂水，沃壤宜粟，米汁渐之如脂，故以名城。"

2. 任务要求

请根据任务背景信息，撰写合适的电商产品文案，并根据所学知识，完成下面 3 个任务，并填写表 5-3。

表 5-3 课后任务记录

任务 1 对主推商品进行深度剖析，提炼出产品的核心卖点	
产品名称：	销售季节：
产地：	有无特定人群：
主要特点：	
核心卖点提炼：	

任务 2 针对任务 1 提炼的产品卖点拟定产品营销的标题
产品标题：

任务 3 根据主推产品特点选取比较合适的方法撰写产品文案
卖点选取：

续表

任务 3　根据主推产品特点选取比较合适的方法撰写产品文案
确定描述方法：
产品描述文案：

任务三　活动文案写作

【学习目标】

➢ 知识目标

1. 了解活动文案的策划思路。
2. 熟悉活动文案的写作方法和技巧。

➢ 能力目标

1. 能够完成活动文案的策划。
2. 能够完成活动文案的写作。

➢ 素质目标

1. 培养用户心理洞察能力。
2. 培养活动策划能力。
3. 培养逻辑思维能力。

【课前学习】

1. 课前在线学习

加入学堂在线"新媒体文案写作"在线课程,根据教师要求学习相关内容。

2. 课前任务

课前任务名称:寻找我最喜欢的活动文案。

课前任务说明:寻找2~3篇自己最喜爱的活动文案,收集文案相关图片和文字资料,并分析这些文案吸引自己的原因。

课前任务成果:形成200字以内的文字稿,简要介绍选择文案的原因。

【案例导入】

小米手机活动预热文案

按照企业社交营销惯例,产品在投放市场之前,往往会对市场进行预热,目的是培育和发掘需求,为下一阶段的新品上市做好宣传和造势工作。市场预热具有前期性和基础性的作用,产品能否在市场上站稳脚跟,取得发展,市场预热作为初始工作,起着关键性作用。所以,加强产品市场预热工作成为众多品牌新品上市准备工作的核心内容。当然产品上市预热的方式有很多种,通过软文或宣传图片预热是比较通行的一种方法,图5–10为华为新品发布会的宣传图片。

HarmonyOS 3
及华为全场景新品发布会
高能来袭!
在HarmonyOS 开发者社区企微直播间
一起见证 HarmonyOS 的又一次智慧进化
扫码预约直播,与您不见不散!

案例思考:

(1)什么是活动文案?

(2)活动文案有什么特点?

图5–10 华为新品发布会的宣传图片

【知识储备】

活动文案是一种为营销活动而策划的文案。营销活动主要包括促销活动、品牌推广活动、庆典活动、节庆活动、会展活动、会员活动、公益性活动及企业文化活动等。营销活动策划通常需要经过长时间的准备，明确活动的每一个细节和流程，确认活动要达到的目标。活动文案包括活动的整体计划和执行方案，也包括具体的活动推广文案。

一、活动文案写作的特点

活动运营策划者在写作活动文案时，需要思考如何提高品牌曝光率和活动参与人数的转化率，让更多的受众看到活动。因此，一则好的活动文案需要具备以下特点：

（一）具有大众传播性

宣传活动的策划文案，要注重提升受众的参与性及互动性。有的文案会把公益性也引入宣传活动中，既与权威媒体的公信力相结合，又能够提高品牌在受众心中的美誉度，甚至活动本身就具有一定的新闻价值，能够在第一时间传播出去，引起受众的注意。

例如，陕西文旅在2024年元宵佳节的邀约活动——"共观灯火璀璨 共感陕西文化"（如图5-11所示）。

春节期间，我们同声诗颂三秦，同感山河神韵，同颂生活美好；元宵佳节，陕西文旅再邀约，让我们共观灯火璀璨，共享月圆时光，共感陕西文化。

图5-11 陕西文旅元宵节活动视频截图

绵延几里的航拍龙灯视频加上独有的陕西文化底蕴，吸引着全国各地的观众前来观看，观众留言："好美！"

（二）具备公关职能

活动文案要最大限度地树立起品牌的形象，使受众既享受产品的使用价值，又能因自己选择的品牌具有良好的形象而得到精神层面的满足。

例如，乐高的"让盲文变得有趣"创意营销活动。为了帮助视障儿童通过游戏学习盲文，乐高玩具公司推出了盲文积木，将盲文中的单个字母与乐高砖块上的圆形触点进行数字上的匹配，并印制了该盲文对应的字母，视力健全的家长或孩子可以一起进行多人的互动参与，最终通过触摸学习来熟悉盲文的书写方式。乐高将盲文积木免费捐赠给特殊儿童教育学校，通过结合公益性的活动，让更多的目标受众了解产品。

（三）具备"宠粉"优势

传统的广告宣传形式已经进入成熟期，广告宣传的收费标准也越来越透明，价格折扣余地较小。企业通过传统的广告宣传形式进行品牌宣传，动辄需要上百万元、上千万元的广告费。相较而言，新媒体平台上的一次宣传活动的推广成本，远远低于传统广告宣传的费用，因此，企业更有可能留存预算用于给新老用户发放福利。

福利的形式可以多种多样，如甄选最佳留言赠送礼物，转发抽取奖品，集满一定的点赞数即可领取优惠券等。新媒体文案从业者可以策划体贴又有趣的创意福利，吸引更多用户关注和传播品牌活动，增强用户黏性。

（四）具有延时性

新媒体平台上的活动文案更方便企业进行二次传播。所谓"二次传播"，就是一个活动发布出来之后，别的媒体或个人纷纷转载，活动的影响力延时发酵。新媒体文案从业者在写作活动文案时，一方面要对活动效果的延时性了然于心，另一方面也应该注意延续时间不能过长，否则容易与整体的宣传活动脱节，无法形成合力。

视频：4小时逃离北上广，是如何做到持续传播两周的？

二、活动文案的写作要素

活动文案一般包含活动标题、活动概况、活动特别介绍、活动说明四个要素。

（一）活动标题

活动标题要能够概括活动主题，文字简明扼要，有号召力，突出活动吸引点，图片及标题均要与主题紧密相关，能让受众快速获得活动的关键信息，对活动的价值一目了然。

（二）活动概况

活动概况主要是向受众介绍活动时间、活动地点、活动形式、活动目的及活动的关键内容。活动时间需考虑哪个时间段更容易吸引目标受众，包括活动的开始时间和结束时间，必须精确到具体时间；活动地点则不限于现实生活中的地理空间，微信、微博、头条等平台也可以被当作活动地点；活动形式即受众参与活动的方式。

（三）活动特别介绍

针对受众不易理解或者想让受众知道的内容，将此部分独立出来强调说明。

（四）活动说明

非重点但必须说明的内容，包括参与方式、参与次数、报名是否成功等补充说明，活动奖品的参数、适用范围、发放方式、发放通知等补充说明，防作弊违规说明、最终解释权说明等。

活动文案是为活动服务的，目的是描述清楚活动详情，引导受众参与活动。因此，在写作活动文案时，一定要清晰全面具体，便于受众理解，这样才能让受众很快地参与到活动中来。

> **课堂讨论**：你知道哪些具有影响力的活动？这些活动主办方的文案有哪些可取之处？找出 1~3 个案例，说说你的看法。

三、活动文案写作时需要注意的细节

（一）控制好品牌的曝光率

要控制好品牌的曝光率。过低的曝光率，受众可能读完活动文案都不知道这个活动具体是谁办的，是什么活动；过高的曝光率，容易引起受众的反感，对活动产生抵触情绪。建议品牌进行三段式曝光，前段曝光引起大家的关注；中段曝光推出品牌商，提升转化率；后段曝光挽留转化率。

视频：文案新招——连锁反应

（二）利用文案内图片的信息量

在文案中插入存在信息量的图片也可以获得很好的效果，如在图片中备注品牌往期活动现场、参与者口碑等。

（三）把握好文案场景代入的节奏

活动文案的写作也要有故事性和逻辑性。因此，在撰写文案的过程中，要特别注意故事的节奏和逻辑。好的文案不是套路，而是情绪，真诚是文案打动受众的良药。

四、活动文案写作禁忌

（一）文案和活动内容不符

活动文案最大的禁忌就是文案与实际活动不符。这种情况一般来自推广素材制作和页面制作的割裂，引流的人用引人注目的文案和图片吸引流量完成引流的关键绩效指标，却没有关注引入流量的质量。例如，文案中说明全场 2 折起，但实际只有几款产品做促销；再如文案中是今日限时秒杀，但实际一直都是这个价格。

（二）文案不知所云

文字优美，但不知道想要表达什么，毫不在意受众实际需要了解的信息是什么，这样的文案就没有达到宣传推广的作用，宣传效果会大打折扣。

（三）文案使用只有内部员工才懂的词汇

活动文案写作还比较容易出现的一个问题是，写作中使用内部使用的一些简称和专业词汇。虽然本领域或本专业的人非常熟悉这些词汇，但并不意味着受众都能理解其含义，这样会使得受众对文案不感兴趣。常见词汇有大促、加购、预约、限秒等。

(四)文字堆砌过多,不简洁

用最少的文字表达清楚意思,把重点想要强调的内容提前。切忌长篇大论,堆砌文字。

图 5-12 和图 5-13 是典型的活动文案。

图 5-12 蘑菇街"比舞招亲,给你好看"系列海报文案

图 5-13 携程旅行七夕海报文案

【边学边练】

任务描述:为麦秆画做一次推广活动文案。

任务四　短视频文案写作

【学习目标】

> **知识目标**

1. 了解短视频的概念、特点和类型。
2. 掌握短视频标题文案的写作技巧。
3. 理解短视频内容文案的框架结构。

> **能力目标**

1. 能够使用短视频标题文案技巧创意标题。
2. 能够对短视频文案框架结构进行拆解，并模仿撰写。

> **素质目标**

1. 具备分析能力，能够形成对短视频文案的观察力和分析力。
2. 具备创造性思维，能够独立进行创意。

【课前学习】

1. 课前在线学习

加入学堂在线"新媒体文案写作"在线课程，根据教师要求学习相关内容。

2. 课前任务

课前任务名称：寻找我最喜欢的短视频文案。

课前任务说明：寻找2~3篇自己最喜爱的短视频文案，收集短视频资料和文字资料，并给出本文案打动你的3~5个理由。

课前任务成果：简要介绍喜欢这些短视频文案的原因。

【案例导入】

春节结束的后备厢，塞满了全中国的家乡宝贝

每年伴随着春节假期的结束，全国各地必将上演这样一幕：大包小包塞满后备厢，回家一趟成了进货商。后备厢一开，满满当当装不尽家人的爱，后备厢一关，千山万水此去又是一年。2024年春节期间，淘宝发起了"家乡宝贝请上车"活动，把藏在后备厢里满满的爱，落地成了一个创意和一项公益。

当一个个游子把装得满满的后备厢关上，那一刻大家仿佛都有了一个共同的身份——再次启程前往他乡的人，也是身后有人在眷顾着的人。而也正是在这样交织着离愁别绪和整装待发的春节返程高峰期，淘宝找到了一个能引发人们的情感共鸣，也能激发人们的参与的公益传播机会。它通过一个个后备厢，链接起了全国各地的家乡宝贝，也联结到了每一个想要家乡宝贝被更多人看见的人。下面摘录了短片中的部分文案。

无论多大的后备厢
返程时都会装满一整个家乡

当女朋友爸爸
拿出"明太鱼干"的那一刻
你就知道这下有戏了

你还没醒
一个个"酸菜水饺"
就塞满了妈妈沉甸甸的爱

你只是说了句"巴适"
他们就在后备厢里塞下了一整个重庆

喝再多的心灵鸡汤
都不如一碗老妈牌"老火靓汤"

你说家乡特产有啥稀奇
爸爸就搞来"淡水澳龙"为你送别千里

错过了云南的花开
就别再错过"鲜花饼"和奶奶的偏爱

下一次是什么时候他们不知道
但这一次，就想把最好的留给你

家乡有太多宝贝值得被看见和分享
淘宝邀请你
向全中国种草你的家乡宝贝
我的家乡
我来宝贝

越来越多的家乡宝贝
不仅塞上了返程的私家车
还搭上了淘宝的购物车

2024 年

愿更多的家乡宝贝

加入淘宝购物车，种草全中国

这些后备厢就像是一个个缩影，里面满载和投射出来的，既是中国 34 个省级行政区的家乡宝贝，也是家人对游子的爱意与眷恋。哪怕里面没有你钟爱的家乡宝贝，它们也可以成为一条条视觉线索和一个个味蕾符号，撩拨起每个人心目中，所念念不忘的那一道道家乡味。

对淘宝来说，把全国各地的家乡宝贝用后备厢呈现出来，还只是它这次传播中的一部分。它更想做的，是带动起那些对自己家乡引以为豪的人，一起加入宝贝自己家乡的公益行动中来。

（资料来源：根据微博短视频《家乡宝贝请上车》整理而成，https：//weibo.com/tv/show/1034：5002388306853916？from = old_pc_videoshow）

【知识储备】

在当今这个信息爆炸的时代，短视频已经成为人们获取信息、娱乐休闲的主要方式之一，同时也越来越受到大众的喜爱。短视频创作包含非常多的元素，文案、拍摄、语速、镜头感、表现力、封面、镜头语言等，但决定受众能否关注品牌的最重要因素就是文案。在这个不断迭代更新的时代，人们习惯了碎片化的阅读方式，每条爆款的短视频背后都有吸引眼球的优质文案。优质的文案能使受众快速接收信息并留下深刻印象，提升视频的完播率，获得更多的推荐，扩大影响范围。

一、什么是短视频

短视频是指一种视频长度以秒计数，主要依托于移动智能终端实现快速拍摄和美化编辑，可在社交媒体平台上实时分享和无缝对接的新型视频形式。它融合了文字、语音和视频，可以更加直观、立体地满足人们的表达、沟通需求，满足人们之间展示与分享的诉求。短视频因其自身的特点，迅速超越图片、文字等信息传播渠道，成为最受欢迎的信息传播渠道之一。

（一）短视频的特点

与传统长视频相比，短视频具有视频长度较短、传播速度更快、生产流程简单化、制作门槛更低、参与度广泛、社交媒体属性强等诸多特点。

1. 视频长度较短，传播速度更快

首先，短视频时长都比较短，一般不会超过 60 秒，这种短小、精练的视频模式使即拍即传成为一种可能；其次，随着移动互联网的发展，移动客户端成为短视频传播的主要途径。人们只需几分钟的时间，就可以拍摄一段短视频并发布；同时，即时观看使短视频的播放更加便捷，也为其快速传播提供了有利条件。

2. 生产流程简单化，制作门槛更低

相比专业化的长视频制作，短视频简化了内容生产流程，制作门槛相对较低，依托智能终端设备就能实现拍摄、制作与编辑。此外，目前大多数主流短视频制作的 App 中，添加了现成的滤镜、特效功能，可使内容更加专业化。

3. 参与度广泛，社交媒体属性强

短视频不是视频网站的缩小版，而是社交的延续，成为信息传递的一种方式。一方面，人们通过参与短视频话题，突破了时间、空间、人群的限制，参与线上活动变得简单有趣，使人们更有参与感；另一方面，社交媒体为人们的创意和分享提供了一种便捷的传播渠道。表面上看，短视频 App 的竞争是点击量的竞争，但实际上较量的是各自社交方式带给用户的体验，以及用户背后社交圈的重构。

（二）短视频的分类

过去的几十年，从文字、图片到视频，互联网内容不断更新迭代并形成错综复杂的组合，信息量越来越大，可视性越来越强，短视频的表现形式也越来越丰富。目前活跃在互联网的短视频类型主要有搞笑"吐槽类"、路人访谈类、舌尖美食类、生活技巧类等八大类。

1. 搞笑"吐槽"类

搞笑"吐槽"类短视频非常受人们的喜爱与关注。"吐槽"一般是指从他人话语或某个事件中找到一个切入点进行调侃的行为。搞笑"吐槽"类短视频就是将当下实时热门话题或者一些社会关注度较高的话题，用自己的风格加以描述，以脱口秀的方式录制的短视频，或者是具有一定故事情节但通常有意料之外的剧情反转的情景短视频。这类短视频能够缓解人们的紧张心情，释放压力，愉悦身心。

2. 路人访谈类

路人访谈类短视频一般选择人们关心的话题，展现人们的真实想法，贴近人们的兴趣，吸引更多的参与者与观众。这类短视频有两种表现形式：一种是，当一个被采访者回答完问题后，提出一个问题让下一个人回答；另一种是，所有的被采访者都固定回答同一个问题。路人访谈类短视频的卖点通常是问题的话题性及路人的颜值，只要话题选得好，被采访的对象颜值高，视频的播放量一般不会低。在抖音中以"街访"为关键字进行搜索，可以看到大量做这一类短视频的账号和相关的短视频。

3. 舌尖美食类

美食承载着国人丰富的饮食文化，"吃"在我们每个人的生活中都占据着重要的位置，所以美食类短视频更容易引发人们的情感共鸣，仿佛隔着屏幕都能闻到食物的气味，从而享受美食带来的快乐。美食类短视频不仅可以向受众展示与美食相关的技能，还能体现拍摄者及出镜人对生活的乐观与热情。美食类短视频可以细分出多种类型，如以故事为主线的美食短视频、以教学为主线的美食短视频、以记录吃饭为主题的美食短视频等。

4. 生活技巧类

生活技巧类短视频通常以生活小窍门为切入点，创作者把自己擅长的生活技巧展示出来，制作出精彩的技能短视频，然后通过抖音、微博、微视等平台进行传播。总体来说，这类短视频的剪辑风格清晰，节奏较快，短小精悍，视频的整体色调和配色都较明快，能够吸引受众驻留观看。

5. 影视解说类

影视解说类短视频要求旁白声音有较高的辨识度，有自己的风格特色，而且在影视素材的选择上有讲究，要选择有一定代表性的电影或电视剧，通过幽默搞笑的语言把自己的思想观点表达出来。这是非常吸引受众的，再配上剪辑后的剧情画面，或者以网友推荐一些优秀的影视作品为内容来进行创作。

6. 时尚美妆类

时尚美妆类短视频主要面向追求和向往美丽、时尚、潮流的女性群体，她们选择观看这类短视频主要是为了从中学习一些化妆技巧来使自己变得更美。这类短视频的兴起体现了人们对美的一种追求心理。时尚美妆类短视频通常可以分为测评类、技巧类和仿妆类等三种。

7. 清新文艺类

清新文艺类短视频主要针对文艺青年，其内容与生活、文化、习俗、传统、风景等有关，短视频内容的风格给人一种纪录片、微电影的感觉，短视频画面塑造的意境唯美，色调清新淡雅，富有艺术气息。这类短视频受众相对较少，所以相对于其他类型的短视频来说播放量较少，但粉丝黏性高，较容易实现商业变现。

8. 个人才艺类

才艺不仅仅指唱歌、跳舞，只要是自己会，而其他很多人不会且不能在短时间内学会的技能，都可以叫才艺。当今时代，一个人如果有自己独特的才艺，就能在自己擅长的领域创造出更多的花样，从而激发人们的好奇心，引起围观，甚至受到追捧。

二、短视频文案框架

很多时候，视频选题虽然是受众想要看到的，但是内容并没有能够一下子吸引住受众，受众自然就会略过。短视频不仅仅需要抓住受众的喜好，而且也要发掘受众可能想要了解的内容。

获取用户流量密码的主要基石就是一则好的短视频文案，短视频能否成为爆款取决于文案是否足够吸引人。短视频文案由标题和内容构成，在撰写短视频文案时，我们可以利用一些技巧进行框架构建，从而吸引受众停留。

(一) 短视频标题文案

1. 短视频标题文案的重要性

标题是短视频的眼睛,占了80%的重要性。标题之所以重要,是因为它是受众观看视频时第一眼获得信息的地方。它决定了受众能否被吸引并点开视频观看,以及看完视频之后是否留言和作者进行互动,而使视频获得更大的点击量,进而更容易获得平台的推荐。标题文案字数一般为15~20字,占据1~2行的位置,最多55字。

2. 短视频标题文案的关键点

(1) 新媒体文案从业者需要明确目标用户画像及受众需求。标题要有针对性和目标性,得知道对方的内心需求是什么。爆款视频背后需要新媒体文案从业者把大众分成你、我、他,同时考虑:对方想要什么?我应该如何满足他的需求?他看我的视频是想要解决什么问题?我可以提供什么方法让他实践?

(2) 标题要直率、直言,必须让对方说话。新媒体文案从业者需要考虑:受众看视频标题时是什么反应?如果是励志类的,他会因为标题文案或者声音而变得内心有力量,变得坚定有信心吗?如果是情感类的,他会感动吗?他会被标题带入要讲的故事里吗?

3. 短视频文案标题的写作技巧

(1) 在标题中说真话。北京豆汁闻名全国,喜欢的人特别喜欢,不喜欢的人特别不喜欢。下面这个标题很坦白地把受众当朋友,说出豆汁难喝的真心话。同时用了一个反转的技巧,豆汁难喝,但是来晚了却没得喝,勾起受众的好奇心。

例:豆汁难喝到连北京人都不喝,来晚了却没得喝!

(2) 在标题中使用"特写镜头"。有个视频标题是"显高的穿衣效果",这个标题目标人群是关注时尚穿搭的人,但没有聚焦到具体的受众,当受众不够具体的时候,无形中就流失了。更具体的方法就是使用特写镜头把镜头从远处拉近,聚焦在人群中的一位女生。视频文案在与受众沟通的过程中,更需要与受众近距离交流,清楚受众是谁,特征是什么,再从其特征推敲需求。例如:

原标题:显高的穿衣效果。

新标题:150~165 cm的女生怎样变高挑?

(3) 使用"对比变化"技巧来改写标题。标题中,体现出人们对结果的向往,突显出前后的变化,以结果为导向,运用"对比变化"的技巧,缩短改变的过程,以对比的词语展现一个技巧,或者让一件事变得容易,既形象,又容易理解,简单直接。使用这类句式,视频的内容最好与标题配合,出现前后对比。例如素颜变美妆、陋室变豪宅、短变长、胖变瘦、矮变高、小变大等。

(4) 标题强调"痛点与爽点"。当今社会,产业和产品越来越细分,其中很重要的原因是企业在开发产品时,是针对用户痛点来解决问题,或者刺激用户的爽点为其带来快乐。短视频文案也同样如此,针对痛点拟定标题是一个非常有效的方式。爆款短视频都有意无意在使用"痛点与爽点"进行文案写作,痛点和爽点都来自对生活细致入微的观察。人们在观看视频时,能够感受到视频拍摄者的用心程度。例如:

原标题1:小物件收纳。

新标题1:治愈出门找不到钥匙的你。

原标题2:多肉绿植。

新标题2:这样养多肉,绿植杀手变身绿植高手!

（5）标题中体现"迫切感"。标题中表达紧迫感,使受众知道能在短时间内解决一个小问题,事情一旦有了迫在眉睫、立竿见影的感觉,那么受众就会恨不得马上行动起来。例如:

马上花一分钟赶走你的腰间赘肉。

立即学会这3个超实用的英语单词。

（6）在标题中体现"这怎么可能"。猎奇是人的共性,受众会点赞转发那些看起来不太可能实现,结果却令人大吃一惊的视频。无论在哪个平台上,讲到超自然、外星人甚至猎奇的电影等,都会获得大量的观看。新媒体文案从业者可以利用人们的猎奇心理,结合生活、情感、励志、创业等话题,给视频打上"这怎么可能"这样的标签。例如:

原标题1:擦玻璃的小妙招。

新标题1:居然不花一分钱玻璃擦得闪闪亮。

原标题2:护肤秘诀。

新标题2:你从来没想过的1分钟护肤秘诀。

原标题3:糖醋汁的用法。

新标题3:1种糖醋汁竟然能配20道菜!

（7）在标题中表达"先人一步"。受众观看视频,要么是解决已有的问题,要么是准备面对未知的问题。如果是后者,新媒体文案从业者可以在标题上,表达出自己的视频"先人一步",当受众看完视频后,有一种比别人知道得多的感觉。采用这种方式的标题,不仅可以夺人眼球,也能体现出视频的品位,关注潮流,快人一步。例如:

今年秋天最流行的颜色,极致灰!

还没开锅,就香得一塌糊涂的地三鲜!

（8）"观众知音"型标题。视频文案需要拉近自己与受众的距离,而拉近距离的方法是让受众觉得你是他的知音,视频所讲的每一点都在表达出你懂他。用这种诚恳带着关心的对话,或者直击灵魂的发问来作为标题会更加亲切、更吸引人。在写这类标题时,需要多站在受众的角度去想一想。例如:

你的体型够标准吗？

还在喝奶茶？牛奶+杞果比奶茶好喝多了。

钱不多，想换个新形象？

（9）"看别人，说自己"式标题。市场营销学里常常被提及的"群体效应消费行为"，是从群体出发的，新媒体文案从业者可以将其演变成一种视频标题写法——"看别人，说自己"。这种写法聚焦他人的看法，利用群体带动个体，使更多的个体加入进来，用群体行为来促使受众行动，相当有效。例如：

300万粉丝都爱死的一件毛衣！

地球上所有成都人都超赞的辣子鸡！

宿舍所有男生都爱玩的游戏！

这小猫咪，100万人看哭了。

（10）标题做到"心中有数"。能够被量化的，也是最容易被理解接受的。数字让受众能够轻松掌握最精要的内涵，运用数字表述，逻辑性强，简单直接，符合今天直接快捷的时代特点。标题中使用数字有五个作用：令事情变得更具体清晰，突显事物的重要性，增加权威性与可信性，增加获得感，引发好奇心。例如：

原标题：西餐礼仪须知。

新标题：西餐吃得有教养，记住这3条。

（二）短视频内容文案写作技巧

和短视频标题一样，短视频内容也需要精心策划。短视频是要在一两分钟内表达完所有的内容，密集输出的内容要求短平快，但也不能过早暴露自己的企图，所以同时还要短精深。这个时候对文案的要求就非常高。通过分析爆款短视频文案结构，可以总结出短视频文案写作结构主要包含以下五种结构模型。

1. 冲突模型

冲突是短视频的主角，人性使然，人人都喜欢看冲突。这个模型的构建一共有四步：提出热门问题，引出具体的情况，点出实际的冲突，给出有力的回答。例如，"大V"打假视频文案：

大家好，手指不小心被502胶水粘到了怎么办？不要着急，今天教你一招，我们先倒上一点白醋，再撒上一些食盐，轻轻反复搓动，手指很容易打开，而且胶水完全融化，对皮肤没有任何伤害。生活小妙招，来，我们也试一试，手上滴上502粘得非常结实，然后我们倒上白醋，没有任何反应，我们再加上食盐搓一下，也没有任何反应。我就想问一下这手怎么办？在线等答案。

文案拆解：

第一步，提出热门的问题，手指不小心被502粘到了怎么办？

第二步，引出具体的情境，展示了之前某些博主的生活小妙招。

第三步，点出实际的冲突。我照着你说的去做，结果我的手指粘住了，完全无效。

第四步，给出了有力的回答。

2. 平行模型

一个主观点嵌套着多个平行的小观点，用不同的事例验证这些小观点，进而让主观点牢不可破。这种多重事例论证的方式可以很容易就征服受众。例如，销售大玩家的视频文案：

有时候讲话的顺序比内容更重要。卖东西的时候是从高价往低价卖还是从低往高卖？注意一律从高往低卖。留意一下西餐厅的酒水单，一定是最后两位最便宜，而且我还能告诉你是倒数第二位，卖得最好，利润还很好。做促销的时候是产品写在前面还是价格写在前面？68 块钱 15 片面膜，还是 15 片面膜仅收 68 块？记住一定是产品及数量写在前面，人们先留意的是获得，你把价格写在前面，人们更多考虑的是付出，两种方式成交率的差别能超过 40%。有两款产品，一款贵的，一款便宜的，位置该怎么放？告诉你把贵的放在右手边，因为大部分人是右撇子，更容易拿起来，成交率会更好。我的问题来了：想找老板涨工资，我该怎么提？

文案拆解：

首先引出一个主观点：讲话的顺序比内容更重要。为了论证这个主观点，后面举了三个小观点，第一个小观点是关于报价从低到高好，还是从高到低好？结论是从高到低更好。第二个观点是关于先讲产品还是先报价，最后得出的结论是先讲产品再报价。第三个观点是贵的产品要放在右手边，因为大部分人是右撇子。通过这三个观点来论证讲话的顺序比内容更重要。

3. 破解模型

高手最擅长用这种模型，因为他们经常有一些独到的见解，而这些独到的见解往往能形成强烈的冲击，让受众更喜欢这样的作者。这个模型共分三步：第一步是提出有力的问题；第二步给出独到的见解或解释；第三步是说出一个好的解决方案或破解方法。例如，销售大玩家的热门视频文案：

为啥现在销售电话这么难打？因为你总在做自我介绍，还没介绍完，别人就把你的电话给挂了。"你好，我这边是某个公司的，有没有兴趣到我们这边来做推广？效果还是很好的。"这句话就相当于说："大哥，我感觉你挺有钱的，你有没有兴趣到我们这儿来花点钱。"你要直击本质，我来示范一下。我会尝试用这几个问题来组成我的开场白："你好，请问是某某装饰公司吗？工装的单子你们家能不能接？我们刚刚有一个 200 多平方米新五路和青山街交叉口处店面装修的活了玩家装饰，这是玩家装饰上月从我们这边接到的第七个订单。我看您这边资质也不错，有没有兴趣合作一下？我把类似的订单也介绍一部分给你。"确认信息，业务询问，包装诱饵，合作表达，他从来都不会对你感兴趣，但是他对订单一定有兴趣，我是玩家，我在人间做销售。

文案拆解：

第一步，提出一个有力的问题："为啥现在销售电话这么难打？"这样就会引发目标受众销售群体的共鸣:是好难打。

第二步,给出一个独到的解释,这个解释是你总是在做自我介绍,这个是很少见、很独特的一个观点,所以会引发好奇。

第三步,说出一个好的破解法——四步法,即确认信息、业务咨询、包装诱饵、合作表达。

这个例子是不是一个完整的结构,这种一气呵成的内容是不是让人印象深刻?

4. 解读模型

这种模型是一个万能百搭的模型,经常会用在交流或即兴演讲当中。第一步抛出观点,第二步说明理由,第三步举出例子,第四步升华观点。例如,樊晓琪的教育视频文案:

你还相信寒门出贵子?昨天说了学区房,今天聊聊寒门出贵子,其实这句话和富不过三代一样,全是一部分人的自我安慰,人才的培养和家庭是分不开的。现在越是牛的高校,孩子的平均家庭条件越优越,优秀的家长除了能给孩子提供更优质的教育资源,还能给孩子更高的格局和视野。有些人只看到马克思的伟大,但不知道他小时候家庭有多殷实,他的伟大是建立在优质的教育基础上。我曾经问过一个家境非常好的孩子,为什么大学要学法学?是为了好就业?结果人家跟我说,他的目的是让咱们国家的司法系统变得更加完善,这就是格局的差距。越是优秀的父母自律性越强,言传身教,给孩子的压力也越小,教育不只是拼孩子,更是拼爹妈。在要求孩子之前先看看自己做得怎么样,与其让孩子为了你的理想去拼命,不如你去努力,给孩子创造更好的条件,将来让孩子有做更多选择的权利。

文案拆解:

第一步,抛出了一个观点,人才的培养和家庭条件分不开。

第二步,说明理由,优秀的家长可以给孩子提供优质的教育资源,还能打开孩子的格局和视野。

第三步,举出例子,马克思的例子和法学生的例子。

第四步,升华观点。教育不只是拼孩子,更是拼爹妈,所以要努力地做好爹妈。

5. 故事模型

很多人都想用 Vlog(Viedo Blog,视频博客或视频日志)来记录自己的美好生活,但是不知道用什么样的结构框架。常用的故事模型很多,下面这个是现在"大V"们都在用的:第一步先讲背景,包括时间、场景、人物、事件等;第二步,讲冲突,包括人与人之间的冲突,或者人与事之间的冲突;第三步,冲突产生后会有一个转折,决定了故事的走势;然后进入第四步,描述故事最后的结果,也就是结局;第五步评价,对这个故事做一次评价,引出自己的观点、感受、启示和感悟。例如,it's real 的《我在西北偏北》(有删改):

柴达木盆地无人区上午11时,我需要马上给车加油。

车辆发出第一次低油警告，只剩 66 公里。感觉越开越没有加油站，对于还要不要继续往前，路上拦一个人问一下好了。我看见的第一辆车没停，第二辆车又没停，出现第三辆车完全没有要减速的意思，这是我遇过最深刻的无助感。

第二次警告就剩 59 公里了，遇见一个废弃的加油站，白高兴一场，我现在迫切希望自己站在五道口的街口，感受嘈杂的人声。

第三次警告还剩 30 公里，在绝对安静的环境下寂寞得快要疯掉。无人区带给我最大的恐惧并不是表面看到的危险，而是冲击心灵的孤独和压抑。听说在沙漠里遇见骆驼会有好运，发现了几只骆驼，果然，还剩 12 公里了，我看到有辆大卡车停在这儿，唯一的希望了。

"请问一下最近的加油站在哪儿？"

"唯一的一个还有 14 公里。"

还有 14 公里就有加油站了，人还是社会动物，尽管我知道我肯定开不到加油站了，但是会因为另一个人的存在而让我重燃希望。

还剩 5 公里，尽管雨下得比之前大了，但心里是晴朗的，就在距离加油站最后一公里车子抛锚。

我看到希望，最后一公里我决定走过去，拿出我空着的小绿油桶。这里也太干燥了，地都裂了那么大的缝，帽子变成了挡风沙的工具，尽快迎着风走有点慢，但是终于拿到了油。

现在到了，世界上最好吃的是穿越无人区后第一口本地西瓜，吃上的第一口正经饭，是有水能洗掉身上的沙。其实每个人的心中都有一个无人区，穿越它最好的方式就是深陷泥沼，但不轻言放弃。这就是我在无人区的故事。

文案拆解：

第一步背景，是在柴达木盆地的无人区。

第二步冲突，低油预警报了三次都没有车停下来帮忙。

第三步转折，看到了一辆大卡车，司机说离加油站还剩 14 公里。

第四步结局，开到了加油站的附近，走过去拿到油。

最后做个评价，每个人心中都有一个无人区，穿越它最好的方式，就是尽管深陷泥潭也不轻言放弃。怎么样，这是不是一个万能的故事模型？

【边学边练】

练习一　短视频文案拆解练习

任务描述：请你在课前任务收集的短视频基础上，进一步分析其标题文案的写作技巧，以及内容文案的框架结构，并在课堂进行分享。

练习二　短视频文案创意撰写

任务描述：请你根据短视频类型进行独立创意选题，结合当下热点进行创意撰写，填写表5-4，并在班内进行分享。

表5-4　短视频文案创意撰写

项目	内容
标题文案	
内容文案	

任务五　直播脚本写作

【学习目标】

➢ 知识目标

1. 了解什么是直播脚本。
2. 了解直播预热文案的写作技巧。
3. 了解直播文案的写作技巧。
4. 了解不同类型直播文案的写作技巧。

➢ 能力目标

1. 能够设计出引流效果好的直播预热文案。
2. 能够根据直播目标，设计出有效的直播文案。

➢ 素质目标

1. 具备团队精神，与团队成员沟通顺畅。
2. 具备一定的抗压能力。
3. 具备创新意识和创新精神。

【课前学习】

1. 课前在线学习

加入学堂在线"新媒体文案写作"在线课程，根据教师要求学习相关内容。

2. 课前任务

课前任务名称：直播助农，我能行。

课前任务说明：直播助农作为乡村振兴和网络扶贫深度融合发展的新兴产物，正在引领农村电商模式不断创新。为了给农产品找到新出路，越来越多的人走进了直播间。为了确保直播时，团队之间的信息保持同步，沟通顺畅，执行到位，让主播很好地掌控直播间的节奏，提高带货转化效果，运营团队需要提前根据直播目的设计好直播脚本。

课前任务成果：请针对自己家乡的农产品，设计一场 1 小时的直播脚本。

【案例导入】

陕西历史博物馆探馆直播文案

假设我们要进行一场关于陕西历史博物馆的直播，目的是展示博物馆内丰富的文化遗产和展品，吸引历史爱好者，并增加观众的互动和参与，以下是针对这场直播设计的文案示例：

1. 开场文案

大家好，我是×××，今天的直播非常特别，我们将在陕西历史博物馆进行一次穿越时空的旅行。这里藏有中国数千年的历史秘密，从古代的青铜器到唐代的金石文物，一件件展品讲述着一个个精彩的故事。准备好随我一起去探索中国灿烂的文化遗产了吗？让我们的探索之旅现在开始！

2. 互动促进文案

在我们深入探索之前，我有个问题想问大家："如果你可以穿越回中国的任何一个历史时期，你最想去哪个朝代呢？是文明初期的夏朝、盛世唐朝，还是其他朝代？快在评论区分享你的想法，我很好奇大家的选择！"

3. 内容分享文案

现在，我们所看到的这件唐代三彩马，不仅是唐代陶瓷艺术的代表，也是丝绸之路贸易繁荣的见证。这匹马造型生动，色彩鲜艳，展现了当时工匠的高超技艺和唐代文化的开放性，它让我们不仅能感受到唐代的繁荣，还能窥见古代中国与世界的交流。

4. 推销文案

对于热爱历史的朋友们，陕西历史博物馆的官方网店提供了与这些珍贵文物相关的纪念品，包括复制品、图书和其他文化创意产品。这些纪念品不仅是知识的传播，也是文化的传承。直播期间下单，可以享受特别优惠哦！这是将历史带回家的绝佳机会。

5. 互动回应文案

看到评论区有朋友对这件唐三彩马的历史背景很感兴趣，很高兴你们能提出这样的问题。唐三彩是唐代陶瓷的一种，以红、绿、黄三色为主，这件三彩马就是其中的精品，它不仅展示了唐代的陶瓷工艺，还反映了当时社会的繁荣和对美的追求。

6. 结尾文案

亲爱的朋友们，今天的直播就要结束了。非常感谢大家陪我一起在陕西历史博物馆进行了一场精彩的历史之旅。希望今天的直播能够让你们对中国的历史文化有更深的了解和更大的兴趣。如果喜欢今天的内容，请不要忘记关注和分享。期待在下次的直播中再见到大家，再见！

（资料来源：根据陕西历史博物馆官网视频资料整理而成，https://www.sxhm.com/info/news/detail/16072.html）

案例解析： 通过这一系列文案，直播不仅介绍了陕西历史博物馆的珍贵展品和中国丰富的文化遗产，还有效地提高了观众的互动和参与，激发了他们对历史的兴趣和好奇心，同时也提供了购买纪念品的机会，增加了文化传播的可能性。

【知识储备】

一、直播脚本的概念

直播脚本是在直播前制订的关于直播过程的计划，用于直播运营人员把控直播节奏，规范直播流程。制订一份清晰、详细、可执行的直播脚本，是一场直播能够流畅进行并取得效果的有力保障。

二、直播预热文案的写作技巧

直播不但非常火爆，而且门槛也低，所以很多人都开通了直播。每场直播之前，必不可少的就是直播预告，如抖音短视频直播预告、站内站外预告等，这些都离不开直播预热文案的写作。好的预热文案能起到画龙点睛的作用，戳中用户痛点，勾起他们的好奇心。下面是直播预热文案的写作技巧：

（一）传递直播价值

受众看直播除了打发时间，还关心直播可以为他带来什么，是价格优惠的产品，还是值得收藏的干货？直播预热文案必须明确告诉他直播的主题和直播能给他带来的价值。

（二）设置直播福利

在直播预热文案中，可以为受众设置充满诱惑力的福利活动，如买一赠一、抽奖、万元红包、特价等。在预热文案中应该重点强调这些福利活动，让受众看了就会预约这场直播，来参加直播福利活动。

（三）设置直播悬念

通过设置悬念，激发受众好奇心。一场直播一般几个小时，直播预热文案无法介绍完所有的内容，所以要像写剧本一样，学会设置悬念，留一半藏一半。在文案设计上，可以采用"填空题"的形式，满足受众的好奇心！例如，下面这个倒计时预热文案：

倒计时 5 天

如果不是全网最____

怎么会让上千万人

挤在一个屋子里买东西？

倒计时 4 天

如果不能帮忙节省更多的____

怎么会让有事做的人

也在这里待上好几个小时？

倒计时 3 天

如果没有大量地发____

怎么会让路人也兴奋地

大呼小叫？

倒计时 2 天

如果不能涨____

怎么会让这么多的人

花了钱之后还心怀谢意？

倒计时 1 天

如果不是全程都____

怎么会让不买东西的人

也舍不得离开？

（四）打造直播场景

单纯地用文字可能无法让某些受众感受到直播的价值，这时可以通过营造与直播主题相关的场景来吸引这些受众的注意力。比如，服饰类直播间可以摆放衣架或者衣柜，衣服要摆放整齐；同时，直播间的空间要大一些，方便直播时更直观地展示衣服的上身效果，让受众看得更清楚。

三、直播文案的通用写作技巧

直播文案的好坏是直播成功与否的关键因素之一，它需要吸引受众的注意力、激发受众的兴趣，提高观看量并促使受众参与互动，直播运营人员想要写作出这样能够吸引受众、传达信息、提高互动和促进转化，并规范整个直播流程的有效直播文案，需要综合运用以下几个技巧：

（一）了解目标受众，明确直播的主题和目标

首先，确定直播的主题和目标是什么，是分享知识、展示产品、提供娱乐内容，还是其他目标？明确了目标后，文案写作才有方向。同时要了解目标受众是谁，他们的兴趣爱好是什么，他们在什么平台上活跃，这有助于写作出更贴近目标受众、更能引起共鸣的文案。

（二）写作引人入胜的标题

标题是吸引受众点击进入直播的第一步。一个好的标题应该简洁明了突出核心，能够激发受众的好奇心或直接告诉他们能从直播中获得什么价值。

（三）文字简明接地气，亮点突出

使用生动、有趣、易于理解的语言，避免过于专业或枯燥的表达，避免冗长和复杂的句子。在文案中突出直播的亮点和看点，如特邀嘉宾、独家内容、互动环节、优惠活动等，让受众觉得这是一次不容错过的直播。

（四）讲述故事调用情感

人们喜欢故事，用故事来包装信息，可以更有效地吸引和保持受众的注意力。无论是激发兴奋、幽默、同情还是紧迫感，情感的触动可以大大增强文案的影响力。

（五）呼吁互动与订阅

鼓励受众在直播中参与互动，如提问、投票、分享直播等。可以在文案中提前告知受众将有互动环节，增加他们的参与意愿。最后，不要忘了加入明确的行动号召，告诉受众如何参与直播，如"订阅直播""关注直播间"等。

四、不同类型直播文案的写作策略

直播文案是网络直播时主播或者推广人员用以吸引受众、介绍内容、促进互动和销售产品的文字材料。这些文案通常根据直播的目的、内容、目标受众和平台的不同而有所差异。根据直播的内容和流程划分，常见的直播文案类型有开场介绍文案、互动促进文案、内容分享文案、推销文案、结尾文案、紧急情况文案等。每种文案类型都有其特定的功能和目标，有效的直播应结合直播的具体情况，灵活运用不同类型的文案，以达到最佳的直播效果。

（一）开场介绍文案

开场介绍文案用于直播开始时主播介绍自己及直播的主题和内容，目的是让受众对直播有初步的了解，增加他们的兴趣和期待。

目标：吸引受众注意力，建立兴趣。

策略：使用吸引人的问句或引人入胜的故事开头，简明扼要地介绍主播和直播内容。

示例："大家好，欢迎加入我们今晚的直播！今天我们将带来一些非常特别的内容……"

（二）互动促进文案

互动促进文案是用于提高受众参与度的文案，如提问、投票、参与评论等。这类文案的目的是增加受众的互动性，让受众感到自己是直播的一部分。

目标：增加受众的参与度和互动，及时回应受众反馈，维持直播的活跃气氛。在直播过程中，主播需要及时回应受众的评论和问题。这类文案是即兴的，需要主播根据实际情况灵活应对，但也可以事先准备一些常见问题的答案。

策略：提出开放式问题，鼓励受众发表意见，或设置小游戏、投票等互动环节。保持积极、友好的态度，即使面对负面评论也要冷静应对。

示例："这个问题很好，我来详细解答一下……""大家觉得 A 和 B，哪个更适合夏天呢？在评论区留下你的选择吧！"

（三）内容分享文案

内容分享文案用于直播中具体内容的分享，无论是产品展示、教学内容、生活方式分享还是其他任何主题均可。这类文案需要详细且有吸引力，能够让受众对直播内容保持兴趣。其中，教学文案用于教育或技能分享类直播，详细介绍教学内容、课程安排和学习目标，这类文案旨在传递价值，增加受众的学习兴趣；娱乐文案适用于娱乐、游戏或生活方式分享类直播，通过幽默、趣味性的语言吸引受众，让他们在放松娱乐的同时保持对直播的兴趣。

目标：详细介绍直播内容，保持受众兴趣。

策略：结构清晰，用故事化元素包装信息，使内容更加生动有趣。

示例："这款产品的设计灵感来自……，它独特的地方在于……"

（四）推销文案

如果直播的目标是销售产品或服务，推销文案将重点介绍产品的特点、优惠活动和购买方式。推销文案需要具有说服力，能够激发受众的购买欲。

目标：激发购买欲，促成销售。

策略：强调产品的独特价值和限时优惠，使用证据支持（如用户评价、销量数据）。

示例："仅剩 20 件特价，错过今天就没有了！现在下单还能享受额外折扣哦！"

（五）结尾文案

结尾文案用于直播结束时总结直播内容、感谢受众参与、提醒受众关注和分享直播，以及预告下一次直播的时间和主题。这类文案旨在留下良好的印象，增加受众的回归率。

目标：总结直播，留下良好印象，鼓励后续行动。

策略：感谢受众参与，提醒他们关注以免错过下次直播，可以提供一些悬念或预告。

示例："非常感谢大家今晚的陪伴，下次直播我们将带来更多惊喜，别忘了关注哦！"

（六）紧急情况文案

紧急情况文案用于直播过程中出现技术问题或其他意外情况时，向受众说明情况并提供解决方案或道歉的文案。

目标：以真诚和热情打动受众。

策略：先进行道歉，再解释原因，然后感谢大家的谅解，最后可以和大家有个约定。

示例："非常抱歉，今天出现了一些意外情况，直播不能继续了，请大家原谅我的爽约，下次我会准时回来，祝大家今天愉快！"

每种类型的文案都扮演着不同的角色，对于提高直播的质量和受众的参与度至关重要。有效的直播文案写作需要结合具体的直播主题、目标受众及直播平台的特性，精心设计每一部分的内容，以达到最佳的互动效果和传播效果。

【边学边练】

任务背景：针对"年货节"专场直播活动，即腊月初一 10：00—13：00 的直播，筹备人员做了以下的策划准备工作。

直播间产品：坚果、纯牛奶、果干、麦片。

主推商品：坚果。

直播间营销信息：直播间商品两件 8.5 折，新用户下单立减 10 元。

促销活动：满 200 元减 20 元店铺优惠券，满 60 元减 10 元店铺优惠券，直播间不定时红包。

任务要求：结合直播策划，了解直播脚本的要素，明确直播脚本所包含的具体流程，并根据直播脚本流程，完成脚本内容设计，填写表 5-5。

表 5-5 "年货节"专场直播活动直播脚本

直播主题：			直播时间：		
直播目标：			直播人员：		
内容提纲：					
直播流程					
序号	时长/分钟	流程	步骤	直播内容	备注
1					
2					
3					
4					
5					

项目五 新媒体文案的写作

【项目小结】

本项目系统介绍了品牌文案写作、活动文案写作、产品文案写作、短视频文案写作及直播脚本的基本概念、特征和类型,并对品牌文案、活动文案、产品文案、短视频文案的写作方法进行了详细分析。

【知识检测】

(1) 品牌文案具有哪些特点?
(2) 产品文案的类型有哪些?
(3) 活动文案的写作要素是什么?
(4) 短视频文案的写作技巧有哪些?
(5) 直播文案的通用写作技巧有哪些?

【实战训练】

小明在某电子商务平台上经营一家服装网店,在年终大促来临之际,他想要将一款双面呢大衣打造成该网店的爆款产品,该款大衣具有100%纯羊毛、柔软、亲肤、保暖等特性。目前,小明已经初步制定了营销策略,从站内和站外两个维度共同发力,即在电商网站内部进行搜索引擎优化和搜索引擎营销(Search Engine Marketing,SEM)推广,在抖音上做短视频宣传和直播卖货。但令小明头疼的是,不知道如何去撰写产品详情页文案及短视频文案,不知道如何去直播。请同学们3~5人组成一个小组,帮助小明完成以下三个任务。

(1) 从功效、包装、样式、物流等方面撰写产品详情页文案。
(2) 先确定短视频的类型,结合短视频标题及内容的写作技巧,撰写短视频文案。
(3) 假设直播时间为22:00—24:00,根据直播流程撰写相应的直播脚本。

【实训项目评价】

该实战项目以电子商务企业为背景,令学生扮演网店经营者,从不同渠道全面策划一场线上营销活动,撰写产品文案、短视频文案、活动文案及直播脚本,不仅能够锻炼学生的文案写作能力,还能锻炼学生的团队协作能力和组织协调能力。学生填写表5-6,教师填写表5-7。

表 5-6　学生自评表

序号	技能点/素质点	具体表现	达标	未达标
1	创新意识	能够在新媒体文案写作过程中提出有创意的写作和表现手法		
2	沟通和交流	能够顺利与他人交流并完成访谈、调研等工作，能够进行有效表达，并有针对性地进行展示		
3	团队合作	能够进行有效的团队合作，并充分发挥各自的特点，互帮互助，共同完成任务		
4	资源整合能力	能够借助网络收集文案素材资料，能通过网络调研等手段了解优秀的新媒体文案的写作流程		

表 5-7　教师评价表

序号	技能点/素质点	具体表现	达标	未达标
1	创新意识	能够在新媒体文案写作过程中提出有创意的写作和表现手法		
2	沟通和交流	能够顺利与他人交流并完成访谈、调研等工作，能够进行有效表达，并有针对性地进行展示		
4	团队合作	能够进行有效的团队合作，并充分发挥各自的特点，互帮互助，共同完成任务		
5	资源整合能力	能够借助网络收集文案素材资料，能通过网络调研等手段了解优秀的新媒体文案的写作流程		

【岗课赛证融通】

"1+X" 融媒体内容制作职业技能等级证书

"融媒体内容制作职业技能等级证书"立足于"1+X"作为职业教育制度设计这一根本，对标 1+X 证书体系，帮助学校优化相关专业人才培养方案，重构课程体系，加强师资培养，并逐步完善实验实训条件，促进书证融通，与岗位结合，通过进一步提升学生专业知识与职业素养，提升学生的就业竞争力。

证书层级可分为初级、中级和高级，基于 HTML5 技术的融媒体内容制作面向新技术、新应用、新规范，符合信息技术应用发展趋势，其主要应用于媒体、营销、教育、数字出版等众多领域，定位新媒体、广告、运营、教育课件等内容制作岗位。利用国产化平台，用可视化无代码方式制作融合了图文、音视频、VR、动画及各类移动交互方式的 H5 融媒体内容，培养学生的核心职业技能。

证书对应的企业岗位包括：网站开发、网页设计与制作等计算机互联网类岗位；平面设计、动画设计、广告设计等设计类岗位；美术编辑、记者、影视制作等新闻出版传媒类岗位；市场营销、设计等市场营销类岗位；人力资源、培训、行政等人力资源类岗位。

【素养提升】

同升一面旗，共爱一个家

五星红旗是中华人民共和国国旗，是国家的象征，中央电视台播出过一则震撼人心的公益广告——《同升一面旗 共爱一个家》。在这则短视频广告中，一共有十一个场景。

第一个场景：在天安门城楼前，三名解放军迈着整齐的步子面向升旗台走去，他们高大的背影透露出无与伦比的坚定，此时他们保护的国旗就是他们的整个世界！

第二个场景：在中国海军的一艘军舰上，一位海军战士手捧着五星红旗，迈着正步一步一步走向升旗台，他双手平稳一丝不动，就好像他捧着的是整片海洋，不远处战舰全体官兵一齐举着军礼向着国旗致敬，他们神情肃穆目光坚定地注视着国旗一动不动。

第三个场景：在首都机场，几位空姐在朝霞的微光中迈着轻松的步子准备开始一天的工作，虽看不清她们的面容，但从她们的身影可以看出，此时的她们充满着希望充满着坚定昂扬！

第四个场景：在群山环绕的小山村中有一所小学，操场上三名孩子一起用他们那不大却有力的小手捧着国旗，一步一步用一生中最坚定的步伐迈向升旗台，不远处同学们都用纯净的目光注视着，小小的脸上有着严肃的表情，眼中射出了希望的光！

第五个场景：在香港紫荆花广场上，晨起的阳光还没有完全照亮整片天空，几名香港警察已经手捧着国旗迈着正步走向升旗台，他们一丝不苟神情肃穆，在这晨起的阳光下是最美的风景。

第六个场景：在北京天安门广场上，天空被金色的光芒所覆盖，一名解放军战士将手中的五星红旗扬起，坚定的脸上透着无限的郑重，一眨不眨的双眼紧紧地盯着国旗，好像要把国旗就这样印在眼中刻在心里！

第七个场景：在群山环绕的小山村的小学中，国旗正在缓缓升起，国旗下孩子们整齐地敬着少先队礼，他们注视着国旗，眼睛一眨不眨，此时他们小小的背影也仿佛高大起来！

第八个场景：在国外的某个机场里，三名空姐站在国旗下向着祖国的方向张望！此刻她们面带笑容，眼中放射出的光芒透露着对祖国浓浓的思念、对亲人的想念以及她们对祖国深深的热爱！她们头顶上方的国旗也显得更加鲜艳！

第九个场景：在群山环绕的边防站前，一面国旗正在迎风招展，鲜艳的颜色好像要与这晨起的阳光争辉，环绕的群山好似它的卫士在护卫着它，国旗下十几名官兵整齐敬着军礼向国旗致敬，被群山包围的他们显得孤零零的，但看着国旗的他们透出一股无与伦比的豪情！

第十个场景：北京天安门广场上，此时人们都聚集在此，他们都以自己的方式表达着他们对国旗的敬意。远处太阳已映红了半片天空，耸立的天安门此时也与国旗交相呼应，形成一幅和谐的画面。

第十一个场景：整个画面被一面飘扬的五星红旗所覆盖，在画面的右边浮现两行字：同升一面旗，共爱一个家。

【案例分析】

公益视频中，从北国边陲到南方都市，从贫困山区到经济特区，从广阔乡村到繁华都市，从军营部队到机关学校，不同地域、不同民族、不同职业、不同年龄的中华儿女同升一面国旗，表现了强烈的爱国主义情怀，能够唤起人们爱国爱家的思想情怀。

【案例启示】

升国旗，是庄重的仪式、是深情的表达，更是刻入骨髓的信仰。雄壮的国歌奏响，五星红旗冉冉升起，中华人民共和国成立 73 周年之际，天安门广场、香港、海外他乡、天南海北……海内外中华儿女同升一面国旗，体现的是拳拳赤子心。

【拓展阅读】

淘宝天猫违禁词

淘宝网根据《中华人民共和国广告法》《中华人民共和国价格法》《中华人民共和国商标法》《中华人民共和国反不正当竞争法》等法律法规的规定，结合淘宝网卖家实际经营情况，明确了淘宝天猫不能使用的违禁词，请卖家仔细阅读以下内容，避免和防范行政执法及民事诉讼的法律风险。

若卖家违反前述法律法规规定，将会被执法部门处以数额较大的罚款，并有可能被消费者起诉而承担民事责任。

（1）最系列：最佳、最具、最爱、最赚、最优、最优秀、最好、最大、最大程度、最高、最高级、最高端、最奢侈、最低、最低级、最低价、最便宜、史上最低价、最流行、最受欢迎、最时尚、最符合、最舒适、最先进、最后、最后一波、最新……

（2）绝对系列：绝对高端、绝对实用、绝对贴身、绝对适合、绝对新潮、绝对实惠、绝对推荐……

（3）全网系列：秒杀全网、全网底价、全网首家、全网抄底、全网受欢迎、全网之冠、全网之王、全网销售冠军……

（4）超级系列：全球级、世界级、顶级、极致体验、极致工艺、极致追求、性能极强/极佳、将××做到极致……

（5）唯一系列：独家原创、唯一设计、独家材质、独家做工、唯一渠道、唯一选择、独家工艺、唯一授权……

（6）第一系列：全国第一、人气第一、行业第一、口碑第一、淘宝第一、排名第一……

（7）价格系列：全网最低、击穿底价、全网秒杀、史上最低、行业最低价……

（8）诱导系列：点击领奖、全民免单、点击有惊喜、点击获取、万人疯抢、卖疯了……

上面给大家罗列了一系列电商违禁词，接下来总结一下所有电商产品或服务的相关要求。

（1）不得在商品包装或宣传页面上使用绝对化的语言。

（2）不得在商品包装或宣传页面上使用"驰名商标""中国名牌"的字样、图案。

（3）不得在商品包装或宣传页面上使用或者变相使用中华人民共和国国旗、国徽、国歌、军旗、军徽、军歌；不得使用或者变相使用国家机关和国家机关工作人员的名义。

（4）不得含有淫秽、色情、赌博、迷信、恐怖、暴力的内容；也不得含有民族、种族、宗教、性别歧视的内容。

（5）医疗、药品、医疗器械、保健食品广告不得利用广告代言人作推荐、证明；不能利用未满10周岁的未成年人做广告代言人。

（6）除医疗、药品、医疗器械广告外，禁止其他任何广告涉及疾病治疗功能，并不得使用医疗用语或者易使推销的商品与药品、医疗器械相混淆的用语。

（7）广告使用数据、统计资料、调查结果、文摘、引用语等引证内容，应当真实、准确，并标明出处。引证内容有适用范围和有效期限的，应当明确标示。

（8）在促销活动中，请谨慎使用"原价"字样，"原价"是指经营者在本次促销活动前7日内在本交易场所成交、有交易票据的最低交易价格；如果前7日内没有交易，以本次促销活动前最后一次交易价格作为原价。

（9）经营者采用与其他经营者或者其他销售业态进行价格比较的方式开展促销活动，应当准确标明被比较价格的含义，且能够证明标示的被比较价格真实有依据，否则构成价格欺诈行为。

参考文献

[1] 尹莹,辛岛. 新媒体文案写作教程[M]. 北京:人民大学出版社,2023.

[2] 陈芳. 新媒体文案写作[M]. 北京:人民大学出版社,2022.

[3] 陈倩倩. 新媒体文案写作与编辑[M]. 2版. 北京:人民大学出版社,2022.

[4] 秋叶. 新媒体文案写作(慕课版)[M]. 北京:人民邮电出版社,2021.

[5] 史伟. 网络软文写作[M]. 2版. 北京:人民大学出版社,2024.

[6] 叶小鱼,勾俊伟. 新媒体文案创作与传播[M]. 2版. 北京:人民邮电出版社,2021.

[7] 苏芯. 进击的文案:新媒体写作完全指南[M]. 北京:电子工业出版社,2020.

[8] 夏晓墨. 秒赞短文案:新媒体文案写作速成[M]. 北京:清华大学出版社,2024.

[9] 乔辉,麻天骁. 新媒体营销与运营(慕课版)[M]. 人民邮电出版社,2021.

[10] 南京奥派信息产业股份公司. 直播电商基础[M]. 高等教育出版社,2021.